石井正己［編］

国語教科書の定番教材を検討する！

教科書でつくられる日本人の教養

三弥井書店

目次

高等学校編

なぜ国語教科書の定番教材を検討するのか

新美南吉の「ごんぎつね」、太宰治の「走れメロス」、夏目漱石の「こころ」と言えば、おそらく誰もが知っているにちがいない。それは、私たちがそれぞれ個人的に読んだからではなく、小学校・中学校・高等学校の国語教科書に掲載されてきたことによる。しかも、世代を超えて誰もが知っているというのは、これらの作品がどの国語教科書にも長期にわたって掲載されてきたからに他ならない。

このような、どの教科書にも長く掲載されてきた教材を、俗に「定番教材」と呼んでいる。俗にと言うのは、定番教材は国語辞典に登録され、広く認知された言葉ではないからである。この言葉は教師ならば誰でも知っているが、児童や生徒はもちろん、保護者も知らないだろう。言わば、教育界に限られた業界用語であり、教師という職業の中だけで通用する隠語であると言っても差し支えない。

この言葉がいつから、どのような文脈で使われたのかを、まだ確かめることができない。だが、戦後の教科書検定制度の中で、国語教科書について言われるようになったことは間違いない。他の教科と違って、国語教科書の場合、新たに書き下ろされた文章もあるものの、大半はすでに存在する作品を教材として採択して編集されている。定番教材は、そうした国語教科書の編集方法の中で生まれたのである。

だが、学習指導要領はだいたい一〇年ごとに改訂され、教育目標が変わってきたのではなかったか。確かに、時代に即して教材が変わってきた一面があるものの、奇妙なことに、定番教材は教科書の改訂のたびに増える傾向が見られる。ある教科書の採択が多く、その中に新しい作品が含まれていれば、次の改訂ではそれを他の教科書も取り入れる。「定番教材を並べれば、教科書の採択が伸びる」とさえ言われる。皮肉なことだが、教科書検定制度が定番教材をつくってきた、と言っても言い過ぎにはならない。

改めて強調したいのは、定番教材が果たしてきた役割である。「ごんぎつね」「走れメロス」「こころ」を誰もが知っているというのは、それが日本人の教養になっていることを意味する。定番教材は、カノン（聖典）が成り立ちにくくなった時代の、最後のカノン（聖典）になっている、と言っていい。そもそも教科書は国民をつくる最大の装置であり、国語教科書は「国語」という教科名が示すように、ナショナリズムとの親和性が高い。私たちは意識していないだけで、そうした呪縛から逃れることは容易ではない。

おもしろいのは、この三作品が典型だが、新しい高等学校の学習指導要領の「論理国語」と「文学国語」という分類にならえば、定番教材は、古文・漢文も含めて、「文学国語」の範疇に入る。すでに、大学受験を意識したときに、「論理国語」が重視され、「文学国語」は軽視されるのではないかと危惧されている。だが、「文学国語」の軽視は今に始まったわけではないことからすれば、それでも定番教材は生き延びるにちがいない。

実は、定番教材が教師に喜ばれる背景には、誰も明言しないものの、「新たな教材研究をしなくてすむ」という感覚があるからだ。確かに、教師はたいへん忙しい。情報化は教師の生活を楽にするどころか、ますます忙しくしている。しかし、だからと言って、それを理由に定番教材に安住していいわけではない。定番教材の場合、個人的な経験と親切な指導書、ネット上の情報に依存した授業が繰り返される危険性が高い。その結果、被害を受けるのは他ならぬ児童と生徒ではないか。

思えば、今、文学研究は中心を失って拡散し、専門化と言えば聞こえはいいが、細分化が進んだ。人類学や社会学の影響を受け、構造分析や記号論の恩恵に浴し、メディアやカルチャーに圧倒され、内発的な研究方法を開拓してはこなかった。それに追い打ちをかけるように、「文学無用論」の嵐が吹き荒れ、研究と教育の基盤である文学部は大幅に縮小され、すっかり自信を失ってしまった。

一方、国語科の授業は学習指導要領に束縛され、金科玉条のごとくに信奉して、批判的に捉え直すような理論と実践は乏しかった。それと連動して、教育内容を検討するよりは、情報としての国語を教える教育技術が重視され、スキルを磨くことに腐心してきた。新型コロナウイルス感染症の感染拡大に伴って推進されるＩＣＴ（情報通信技術）を活用した教育は、それに拍車を掛けるように感じられる。

その結果、教師が教材研究に先立って、最新の研究成果をもとに作品やテクストを読むという行為はいちじるしく軽視されつつある。アクティブラーニングによる主体的・対話的な授業形態は、お題目としては聞こえがいい。だが、現実的な問題を考えれば、それを実現する教師の実力が保証されなければ、活発な意見が交わされたように見えるだけで、創造的に高めることは難しい。

このような状況を認識しつつ、今、ここに本書を編集したのは、国語教科書の定番教材を系統的にとらえ、内からも外からも見えやすくしたい、と考えたことによる。具体的には、小学校・中学校・高等学校を見通し、現代文・古文・漢文を越境するような仕掛けを用意した。その中で、最新の研究を踏まえて定番教材を読み直すことによって、マンネリ化した授業を再生する契機をつくりたいと願った。

幸い、私の思いに賛同して、二二名の研究者・教育者が力を込めた文章を寄せてくれた。論文集にはしたくなかったので、一項目を六ページに厳しく制限し、小学校・中学校・高等学校で各一〇項目を立てた。記述にあたっては、「作品の成立・刊行」「教科書採択の歴史」「作品の研究」「教材の評価」「関連する作品」「新しい読みの提案」といった基本的な枠組みを用意した。それによって、研究と教育の相互交流を図りたいと考えた。

定番教材の個別の論文は増えてきたが、総合的に分析したものはこれまでなかった。本書は、国語科の授業に携わる先生方はもちろん、これから教師になろうとする学生にも読んでもらいたいが、それだけではない。今、まさに「国語」の勉強している高校生をはじめ、多くの一般の方々が読んで、この課題を共通の認識にしてくだされば、実にうれしい。本書には、自明のものとされてきた「国語」を再認識し、私たちの教養の源泉を知り、それを脱構築してゆくためのヒントがあちらこちらに散りばめられている。

二〇二〇年一〇月

石井正己

01

おおきなかぶ

——累積昔話の構造を意識した授業へ

加藤康子

作品の成立・刊行

おじいさんが育てたかぶが大きくなり、一人では抜けず、いろいろな助力を得て最後にかぶが抜けるという話。

ロシア昔話の再話で、小学校一年生の教材として採択されているが、教科書の文章は内田莉莎子か西郷竹彦によるものがほとんどである。内田の文章は、A・トルストイ再話、内田莉莎子訳、佐藤忠良画の絵本『おおきなかぶ』（福音館書店、「こどものとも」として一九六二年五月刊行、「こどものとも傑作集」として一九六六年六月刊行、二〇一八年二月に一七七刷）で発表された。西郷の文章は、副読本『はぐるま』第一集（部落問題研究所編、部落研究所、一九六七年）に発表された。教科書ではその他に、福井研介の訳とするもの、執筆者名記載なしのものもある。

教科書以外では、大正期半ば頃に幼年雑誌や児童誌に掲載され始め、大正期末期に全訳が一般向けに出版された後、小学生に文章と綴り方を指導する『鑑賞文選』や「欧米小学読本」シリーズなどの副読本、児童劇の脚本、そして、紙芝居、絵本などとして刊行され続けている。

教科書採択の歴史

『読んでおきたい名著案内　教科書掲載作品　小・中学校編』（日外アソシエーツ、二〇一〇年）および東書文庫蔵書検索によれば、日本の教科書に最初に採択されたのは、一九五五（昭和三〇）年の学校図書『しょうがっこうこくご　一年中』の「大きなかぶら」。その後、学校図書では五七、五八、五九、七七年に一年の教材として採択された。これらは福井研介の訳という。執筆者名が記載されていないものは、大日本図書の一九六一、六五年、信濃教育会出版部の一九六八年、日本書籍の一九七一、七四、七七年に採択されている。

内田莉莎子訳、佐藤忠良画の『おおきなかぶ』が出版されると、教育出版の一九六八～二〇二〇年、学校図書、東京書籍の一九八〇～二〇二〇年、日本書籍の一九八〇～二〇〇二年、大阪書籍の一九八九～二〇〇五年、日本書籍新社の二〇〇四年、三省堂の二〇一一～二〇一五年に採択された。

西郷竹彦の文章のものは光村図書で一九七九～二〇二〇年に採択されている。

光村図書の「おおきなかぶ」については、一九八〇年代初めに教科書問題が生じた。当時の自民党が社会科や国語科の教科書を攻撃し、「おおきなかぶ」は集団労働や団結を学ばせる社会主義的な民話であると非難し、教科書協会会長の光村図書稲垣房男社長は「おおきなかぶ」を貧乏物語とされた「かさこじぞう」と共に教科書から外すと発言した。しかし、この二作品を大事にしている人々からの抗議が出、最終的には二作品を残した。だが、佐藤忠良は光村図書の姿勢を批判し、絵の掲載を許さなかった。そのため、光村図書は「ソ連の画家によるオリジナルさし絵が必要である」として、ヴェ・ローシンに挿絵を依頼した。ローシンの描いたかぶは黄色く、ロシアの風土を踏まえている。一方、佐藤のかぶは白いが、日本人にとって典型的なかぶのイメージによって普遍性を持つ昔話らしさが生きると言われている。

作品の研究

ロシア語圏の児童文学・絵本とその日本での受容などを研究している丸尾美保によれば、内田莉莎子訳、佐藤忠良画の『おおきなかぶ』は、福音館書店の調査によって、『ロシア昔話集』（A・トルストイ再話、ラチョフ挿絵、ジェトギズ出版、一九六〇年）を基にしていることがわかったという。この再話は押韻を踏んだリズミカルな文章であるという。

内田は日本の読み物にするために三点の工夫をしたと書いている。第一点は、原文にない「うんとこしょ、どっこいしょ」のかけ声を加筆。第二点は、ロシア語ではたたみかける短い繰り返しであるのに対し、「まごがおばあさんをひっぱって、おばあさんがおじいさんをひっぱって」と「ひっぱって」を挿入。第三点は、「ところが」「それでも」「まだまだ」「まだまだまだまだ」「それでも」「やっと」の接続詞を添付。これらの工夫によって、ロシア語よりも日本語はテンポが遅れたり、語尾が重くなる欠点を補い、緊張感を高めながら読者を引っ張っていくことに成功した。そして、繰り返しが中心の累積昔話を一人ひとりの力を合わせることを読み取れる物語に変化させたという指摘がある。また絵は、彫刻家でシベリア抑留の経験がある佐藤忠良が、編集の松居直から「絵本におけるリアリズム」を依頼され、人の動きの描き方、全部を描かない画面の構成に工夫を凝らしたという。

丸尾以外にも、加古有子の、内田の文章と光村図書教科書の西郷の文章を比較した考察、齋藤君子の、内田訳に対する累積昔話の視点からの指摘、藤本朝巳の、佐藤の絵に注目した絵本としての表現の考察、など様々な指摘がある。

教材の評価

内田と西郷の文章を比べた加古によれば、内田は一粒のかぶの種を丁寧に埋めるイメージを重視して「うえる」という表現を使っている。ただし「苗を植える」と誤解されやすい。一方、西郷は、種は「まく」ものだという日本語の言語感覚を重視して「まく」を使っている。ただし、「ばらまく」と誤解されやすい。さらに、内田が「まごがおばあさんをひっぱって、おばあさんがおじいさんをひっぱって、おじいさんがかぶをひっぱって」と表現するところを、西郷は「かぶをおじいさんがひっぱって、おじいさんをおばあさんがひっぱって、おばあさんをまごがひっぱって」と逆に表現している。西郷訳の目的語が先にくる文型は一年生には難しいが、かぶを起点として引っ張る人物を前から後ろへとたどるのは動作化しやすく、大きく強いものから小さく弱いものへとの加勢の流れがあるので、最後に少しの力でかぶが抜ける感動が生じる。ただ、齋藤や花井信は、累積昔話の原話を意識すれば、後から来たものから前へという順がよいとしている。加古も「主語+目的語+述語」の文型は一年生にもわかりやすく、新たに登場するものから馴染みのものへと進み、視点が移動していった先のかぶが抜けることは安心感のあるなめらかな流れと述べている。一方、西郷の訳は、主題や教材としての意味を重視しているという、菅邦男の指摘もある。原田留美は、内田の文章は幼児教育・保育に、西郷の文章は小学校国語学習にふさわしいと指摘している。

関連する作品

一　ロシアの昔話について

ロシアとシベリアの民話の研究者齋藤君子によれば、ロシア昔話「かぶ」は、アファナーシエフ、ベッソーノフ、オンチュコーフ、ニキーフォロフがそれぞれ編纂した資料集に四話が記録されている。一八六四年にはK・ウシンスキーの再話が木版画の挿絵付きで世に出て、ロシア全土に広まった。その後も、一九三六年にA・トルストイ、一九七六年にO・カピーツァなど、種々の再話が出た。ロシア以外では、ウクライナ、リトアニア、スウェーデン、スペインで記録され、かなり珍しい話であるとする。

齋藤や田中泰子の指摘を整理した加古によれば、ロシア民話の四原話、二再話の内容は以下の①〜⑥の通り。

原話①はアファナーシエフ編『ロシア民話集』(一八六三年)。おじいさんがかぶの種をまく。かぶを引っ張るのはおじいさん、おばあさん、孫娘、子犬、一本足五本。原話②はベッソーノフ編『童謡集』(一八六八年)。①とほぼ同じ内容。ただし、かぶに大きくなれと呼びかける。編者の注から足を引っ張りながらかぶを抜く遊戯歌と思われる。原話③はオンチュコーフ編『北方の昔話』(一九〇八年)。かぶに甘く大きくなれと呼びかける。かぶを引っ張るのはおじいさん、おばあさん、孫息子、孫娘、鼠。鼠がかぶを食べて引っこ抜く。原話④はニキーフォロフの資料集（一九六一年）。おじいさんとおばあさんが風呂小屋の上にかぶを植える。かぶを引っ張るのはおじいさん、おばあさん、マーシカ、孫娘、犬のジューチカ、猫、鼠。引っ張る人を前から後ろへとたどる。抜けたかぶを半分、また半分と分けていく。

再話⑤はK・ウシンスキー再話（一八六四年）。おじいさんがかぶを植える。かぶを引っ張るのはおじいさん、おばあさん、孫娘、犬のジューチカ、猫のマーシカ、鼠。再話⑥はA・トルストイ再話（一九四〇年）。⑤とほぼ同じ。ただし、かぶに大きくなれ、甘くなれと呼びかける。猫に名はない。

二　日本の受容について

丸尾によれば、ロシア昔話「かぶ」の日本での受容では、内田莉莎子訳、佐藤忠良画の『おおきなかぶ』は欠くことができない。これ以前の受容では、「オヂイサンガカブラヲウヱマシタラ……」（『幼年の友』第一〇巻第二号、一九一八年一月、シルエット画付き、文作者・訳者記載なし）が最初。その後、大正期に五点、昭和戦前に一〇点、昭和戦後に三四点を数え、内田と佐藤の『おおきなかぶ』に至る。

それらの受容状況を概観すると、以下の六点が指摘できるという。①最初の受容の「オヂイサンガカブラヲウヱマシタラ……」でシルエット画は原典のビョームの絵に似ているが、日本人の姿で描かれ、おじいさん、おばあさん、太郎坊、お花坊、ポチ、猫が文章に、絵にはねずみも加わり、日本化が見られる。②富士辰馬訳「蕪（かぶら）」（『少年』第二三一号、一九二二年）や中村白葉訳「蕪菁（かぶら）」（『世界童話大系　第五巻　露西亜篇　アファナーシエフ童話集』、一九二四年）によってロシア昔話の一本足が五本出てくる話が紹介された。③吉田薫訳「かぶら」がロシアオリジナルと思われる絵と共にヨーロッパの国語教科書を紹介するシリーズの一つ『ロシア小学読本　第一学年』（一九二五年）に掲載され、ロシアの話との認識が広まった。おじいさん、おばあさん、孫、犬、猫、鼠が出てくる。④先の②の一本足が登場する中村白葉訳の話は『鑑賞文選』に一九二五、一九二七年一月と二回紹介され、二回目には日本の着物を着て擬人化された足も挿絵に描かれている。一九二七年七月の三回目ではおじいさん、おばあさん、孫、犬、猫、鼠となり、おじいさん、おばあさんは着物姿で描かれている。⑤児童劇脚本としては闘猛の「大きなかぶ　一幕」（斎田喬『学校劇選集（低学年用）』北海出版社、一九三四年）が最初で、その後学校劇としていくつもの脚本が出版されている。⑥戦後最初の単行絵本は『ミンナノチカラ』（春本尋子文、大石哲路画、二葉書店、一九四六年）で、アファナーシエフ再話であると明記されているが、一本足以降は省略され、犬が来てかぶが抜ける。ロシア風俗の絵、協力の大切さを教えているという解説が付いている。

これらの、内田と佐藤の『おおきなかぶ』以前の受容について、丸尾は、絵の魅力と累積昔話の面白さ、ロシアの代表的な話としての認識、口調の良さ、遊びの要素、劇にしやすい要素などから取り上げられたと推測し、受容には日本化の表現が見られると指摘している。

さらに、この時期には学校図書と大日本図書の国語の教科書に取り上げられている。学校図書ではロシア昔話を踏まえているようだが、犬と猫が同時に来て一本足や鼠は登場せず、ロシア昔話との記載はなく、挿絵は日本化されている。また、児童文学者協会編『世界文学読本　小学一年生』（河出書房、一九五〇年）の「おおきなかぶら」と文章が一致しているところがある。大日本図書では児童劇の栗原登脚本「大きなかぶ　一幕」と内容が一致し、読み合い、紙芝居、劇としての指導も想定されていて、学校劇脚本を物語に書き換えて掲載されたと推察している。

内田と佐藤の『おおきなかぶ』以降、単行の絵本は、丸尾によれば、二〇一八年三月までに三七点。一九六二〜九〇年の内田と佐藤の『おおきなかぶ』の影響を受けたもの、一九九〇〜二〇〇〇年の物語にアレンジや変更が加わり、絵にもストーリー以外のものが盛り込まれたもの、二〇〇〇年以降の物語にアレンジが加わり、デザイン性の強い絵が増加したものに三分類される。現代では、アニメ風なデフォルメ、布のコラージュ、仕掛け絵本、デジタル絵本、カード付き、一枚絵、パロディ絵本など多様に出版されている。

新しい読みの提案

就学前の幼児期を対象とする幼児教育・保育の分野では、絵本の読み聞かせ、絵本を基にした遊びや劇が取り入れられるが、「おおきなかぶ」の話は内田と佐藤の『おおきなかぶ』を中心にした実践が多く見られる。これはリズミカルな言葉の表現や繰り返される動作や筋の展開が幼児期のリズミカルな繰り返しの表現を心身で楽しむ特性に合致しているからであろう。小学校一年でもその延長として味わう実践も見られるが、原田が指摘しているように、光村図書の教科書が採用している西郷竹彦の訳によって筋の展開を理解し、登場するものの気持ちになって想像し、力を合わせることの大切さを理解する読解を試み、物語を読む学習を実践していることが多いようだ。内田の訳でも読解の学習が見られる。

だが、本来のロシア昔話「かぶ」は典型的な累積昔話である。齋藤によれば、累積昔話は構成上、文体上独特の特徴を有する昔話群で、同じ動作の反復の集積が話の骨格を成しているのが特徴という。累積昔話を生み出した人々は時間と空間を普遍化、抽象化するのではなく、プリミティブな思考を一つ一つたどりながら進む叙述を行った。結果、陽気などんちゃん騒ぎを繰り広げた後に無または混沌が訪れるのが累積昔話の世界であるという。累積昔話の起源は古く原始時代に遡る。言葉とリズムと繰り返しを行いながら、笑いや高揚を経て、混沌、無に至る原始的な話の世界を味わえるものといえる。その世界は子どもに根強い人気がある。齋藤は、原話に一本足が出てくることから、「かぶ」がリズミカルなリフレインの表現による遊戯歌であったと指摘している。

累積昔話が伝承文化の一つであり、言葉の持つリズムや繰り返しの構成が原始的な話を体感できることを踏まえれば、それを最も新鮮に感受できる年齢である小学一年生で、遊戯歌として複数の人数によって動作と共に言葉を体感する授業展開を新しい試みとして考えることはできないであろうか。

＊参考文献＊

・菅邦男「二つの「おおきなかぶ」―西郷訳と内田訳をめぐって―」『風　国語と教育』第三号、一九八二年一〇月
・V・プロップ著、齋藤君子訳『ロシア昔話』せりか書房、一九八六年
・田中泰子「「おおきなかぶ」のはなし」、同「その2」『カスチョール』第一六、一七号、一九九八年一〇月、一九九九年一〇月
・藤本朝巳『絵本はいかに描かれるか―表現の秘密―』日本エディタースクール出版部、一九九九年
・丸尾美保「佐藤忠良と内田莉莎子によるロシア昔話絵本―ロシア・イメージの伝達についての一考察―」『絵本学会研究紀要』第五号、二〇〇三年三月
・齋藤君子「大きな「かぶ」の六つの謎（ロシア）」小長谷有紀編『「大きなかぶ」はなぜ抜けた？　謎とき　世界の民話』講談社現代新書、二〇〇六年
・花井信「「おおきなかぶ」の日本への紹介と変容―成立」『静岡大学教育学部研究報告（教科教育学篇）』第三九号、二〇〇八年三月
・原田留美「「お話遊び」から「国語の授業へ」―「おおきなかぶ」の場合―」『新潟青陵学会誌』創刊号、二〇〇九年三月
・齋藤君子「累積昔話とはなにか」『昔話―研究と資料―』第三九号、二〇一一年三月
・加古有子「教科書・絵本・記憶のなかの「おおきなかぶ」研究」『愛知教育大学大学院国語研究』第二六号、二〇一八年三月
・丸尾美保「ロシア昔話「おおきなかぶ」の受容研究―『おおきなかぶ』（福音館書店、一九六二）以前を中心に―」『梅花女子大学心理こども学部紀要』第九号、二〇一九年三月
・丸尾美保「日本で出版された「おおきなかぶ」絵本の変遷」『梅花児童文学』第二七号、二〇一九年六月

02

いなばの白うさぎ
——義務化された神話教育の曖昧さ

石井正己

作品の成立

八世紀初めの七一二（和銅五）年成立の『古事記』、七二〇（養老四）年成立の『日本書紀』にはいわゆる記紀神話が載り、天地開闢から始まる神話で天皇制の起源を説明した。また、七一三（和銅六）年に命の出た『風土記』にも国々に伝わる神話が載り、地方神話を豊かに記録した。

戦後、比較神話学の成果によって、日本の神話には世界の神話に共通する話が含まれることが指摘され、さまざまな方面から日本に神話がもたらされたことが明らかにされた。その結果、『古事記』『日本書紀』が天皇制の根拠を示すテクストとして記紀神話を組み込んで書き残された内実が次第にわかってきた。

国定教科書の時代

文明開化に伴って国家神道が台頭するのを受けて、二〇世紀前半は文部省が唯一の教科書を発行する国定教科書の時代が続いた。その際に、『日本書紀』を参考にしながらも『古事記』に基点を置いた神話教材が皇民化教育を目的として積極的に導入された。

なかでも、一九三四（昭和九）年から一九三八（昭和一三）年の第四期国定国語教科書を見ると、低学年から高学年にかけて、「白兎」「天の岩屋」「八岐のおろち」「少彦名のみこと」「天孫」「二つの玉」だけでなく、「神武天皇」「日本武尊（川上たける、草薙剣）」「弟橘姫」「古事記の話」が並ぶ。「白兎」は前に出ているが、その後は『古事記』の順序で配列された教材であり、最後は序文に書かれた編纂の経緯で締めくくる。この配列によって、神の時代から天皇の時代になる変遷が学年を追って理解できる仕組みを用意した。個々の神話を断片的に扱うのではなく、体系的に捉えて教材化したことに驚く。この仕組みは続く第五期でも踏襲されている。

それはそれとして、ここでは、現在の教科書に載る「いなばの白うさぎ」と「ヤマタノオロチ」との関係で、「因幡の白兎」と「八岐の大蛇」が国定教科書にどのように載っていたかに絞って見ておきたい。

まず、第一期・一九〇三（明治三六）年の『高等小学読本一』に「因幡の兎」が載る。これは、天照大神の甥・大国主命が憐れみ深く、海辺で毛が抜けて泣く兎に会い、わにざめをだました結果だいう話を聞いても正しい治療法を教え、それで治った兎に未来を祝福されて、出雲大社に鎮座するという話である。『古事記』と同じ入れ子型の構成をとり、天皇家の系譜に連なる大国主命の事績を語る話に、『古事記』には見られない出雲大社の鎮座を付加している。

第二期になると高等科から尋常科の教科書に移り、一九一〇（明治四三）年の『尋常小学読本　巻四』に「白ウサギ」が載る。しかし、構成や表記・表現はすっかり変わり、前半は白兎がワニザメをだまして失敗する話で、後半は神様方と大国主命がそれぞれ対応する話となっている。大国主命の系譜や出雲大社の鎮座はなく、低学年向けにやさしくし、大国主命の偉大さより白兎の失敗と治癒に重点を置く。それ以降、第三期・一九一九（大正八）年に「白ウサギ」、第四期・一九三四年と第五期・一九四一（昭和一六）年に「白兎」として再録された。この話が教材として好まれたことは間違いなく、国定教科書に一貫して載った神話はこれだけだった。

代表的な出雲神話には、もう一つ「八岐の大蛇」がある。第二期・一九一〇年の『尋常小学読本　巻九』に「草薙剣」が載る。前半は素戔嗚尊の大蛇退治の話であるが、後半は日本武尊が東征の際に草を薙ぎ払った話となっている。話題の中心は皇位継承に関わる三種の神器の由来になっていることがわかる。

第三期・一九一九年の『尋常小学国語読本　巻五』の「大蛇たいぢ」は、素戔嗚尊が大蛇を退治し、剣を天照大神に献上する話である。第四期・一九三五（昭和一〇）年と第五期・一九四二（昭和一七）年では、教材名を「大蛇たいぢ」からそれぞれ「八岐のおろち」「八岐のをろち」に改めて再録された。第四期・一九三八（昭和一三）年の『小学国語読本　巻一二』には「出雲大社」が載り、大社への参拝を述べる中に国譲りの話が入る。

こうして見るだけでも、国定教科書では、「因幡の白兎」と「八岐の大蛇」という出雲神話が重視されたことがわかるが、これらもやはり皇民化教育の中にあったと見なければならない。しかも、「因幡の白兎」と「八岐の大蛇」はそれぞれ、植民政策の中で編纂された台湾・朝鮮・南洋群島・満州の教科書や、移民政策の中で編纂されたハワイ・アメリカ・ブラジルの教科書に載った場合があることも明らかになってきた。日系の子供たちにふるさと・日本の神話を教えただけでなく、アジアの子供たちに支配者・日本の神話を強いた歴史は、忘れてはならない。

教科書採択の状況

六〇年以上の時を隔てて、二〇〇八（平成二〇）年度告示の小学校国語の「学習指導要領」には、新たに「伝統的な言語文化に関する事項」が設けられた。小学校段階から古典に親しむこととし、それまで批判的だった暗記や暗唱が積極的に取り入れられるようになった。低学年では、「昔話や神話・伝承などの本や文章の読み聞かせを聞いたり、発表し合ったりすること」と規定した。

その際の大きな変更は、「神話」が明記されたことであった。すでに見たように、国定教科書には『古事記』に取材した神話が数多く入れられていた。しかし、それらは皇民化教育を推進したため、戦後の教科書からは排除された。神話教育は半世紀以上にわたってタブーだったが、ここに来て必須の課題に変わったことになる。

小さなことだが、「昔話や神話・伝承など」とあるのには、やはり違和感がある。少しでも口承文芸の研究に関わった者ならば、「伝承」は人々によって信じられた話である「伝説」であるべきことはすぐに気がつく。国語科教育の研究者は、児童文学に興味はあっても、民俗学が蓄積した口承文芸の研究についてまったく知らないことが露呈している。

それはともかく、この指導要領にもとづく教科書が二〇一一（平成二三）年度から使われはじめた。その際に載った「神話」は「因幡の白兎」と「八岐の大蛇」に拠るものであった。どちらもかつて国定教科書に載った神話であり、出雲神話の物語性が評価された結果にちがいなく、天皇制の起源に直結する天孫神話は微妙に避けられたかと推測される。

掲載にあたっては、『古事記』そのものではなく、低学年にふさわしい文章として、平易に書き改められている。「いなばの白うさぎ」は児童文学作家の宮川ひろ、中川李枝子、小説家の福永武彦、「ヤマタノオロチ」は児童文学作家・翻訳家の木坂涼が書いているが、東京書籍はそれぞれの話の一節を紹介するにとどめる。

この「いなばの白うさぎ」の書き改めには、よく似た点が見られる。中川は「むかし、むかし、大むかし」と始め、他の二人も同様である。昔話と神話の違いは考えず、昔話風に書き改めている。学術的には批判があるかもしれないが、教育的にはお話を聞いて楽しむことが大切だと考えた結果にちがいない。

『古事記』では、大国主命の兄弟は八上比売に求婚に行く途中で、この出来事に出会っている。しかし、求婚を書くのは中川だけで、冒頭でわずかに触れたものの、それ以上の話題になることはなく、その結果は曖昧になっている。神の結婚は神話の重要なテーマであるが、すっかり切り捨てられてしまったと言っていい。

興味深いのは文章の構成である。『古事記』では、兎がサメをだまして失敗する話は、大国主命に問われた兎が話すことになっている。中川と福永は『古事記』の構成と同じであり、この話を入れ子型にするが、宮川は『古事記』の構成から離れて、この話を前半に持ってきて、兎がサメをだました話を最初に書く。国定教科書との関係で言えば、前者は『高等小学読本　一』のタイプであり、後者は『尋常小学読本　巻四』のタイプである。宮川ひろ（一九二三～二〇一八）は自分が幼いときに学んだ国定教科書を念頭に置いて書いたにちがいない。

やはり小さなことだが、「読み聞かせ」ということで言えば、『古事記』の原文の「鰐」をめぐる問題がある。これを文字どおりワニだとする説と出雲方言でワニはサメだとする説があるが、教科書は一様に後者の立場をとる。国定教科書は「わにざめ」「ワニザメ」であった。宮川は「サメ」とするが、福永は「わに」であり、中川は「わに」とするが、「ここでは、さめのこと」と注記する。中川の文章は混乱を招くだけでなく、福永の文章に添えられた挿絵はサメを描くので、矛盾が生じている。「読み聞かせ」が目的であるならば、単純にサメとする方が聞いて理解しやすいことは間違いない。

むしろ、「読み聞かせ」ということを重視するならば、東京書籍のような立場を取るのが正当ではなかったか。「言いつたえられているお話をしろう」という単元の中に、宇都宮の「でいだらぼっちのお話」（これは巨人伝説）を引き、さらに「神話」として「いなばの白うさぎのお話」「やまたのおろちのお話」「海さち山さちのお話」をそれぞれ一節だけを引く。

「いなばの白うさぎのお話」は、「むかしむかし、おきのしまという小さいしまに、一ぴきの白うさぎがいました。うさぎは、毎日はまべに出ては、海のむこうがわに見える大きなりく地に行きたいものだと、そればかりかんがえていました。そしてある日、よいことを思いついて、海のわにざめに言いました。「きみのなかまとぼくのなかまと、どちらがおおいかくらべっこしようよ。」」とある。

これは、先のタイプで言うと、『尋常小学読本　巻四』と宮川のタイプに一致する。「わにざめ」とするのは国定教科書の影響であろう。しかし、引用は前半の冒頭で終わってしまい、後がない。指導書を見ると、出典は『一日一話・読み聞かせ　おはなし３６６（前巻）』（小学館、一九九五年）であり、続きの文章は付属のCD—ROMに収録されている。東京書籍の場合、児童に文章の全体を示さず、教師が読み聞かせをするのを耳で聞いて楽しむことを考えているのである。

東京書籍を追ってみると、二〇一五（平成二七）年版では、水戸の「だいだらぼうのお話」に変わり、「海さち山さちのお話」は削除された。同じ「いなばの白うさぎのお話」であるが、文章は「うさぎがくるしんでころげ回っているところへ、大きなにもつをもったおおくにぬしのみことが、おくれてやってきました。」と改められた。出典は『きょうのおなしなあに　春（改訂版）』（ひかりのくに、一九九七年）の川村たかしの文章で、この一節は後半に位置する。先のタイプで言うと、『高等小学読本　二』と中川・福永のタイプに属するが、入れ子型の話は早く兄神とのやりとりの中に出てくるので、同じではない。このようにして途中の一節を提示するのはかえってわかりにくく、先の二〇一一年版の方がすっきりしているのではないかと思われる。

「ヤマタノオロチ」と「やまたのおろちのお話」については、詳述しない。それらも含めて、端的に言うならば、文章が易しく書き改められているため、同じ「いなばの白うさぎ」でも、実は相当に違いがあることを認識しておく必要がある。それぞれの教材を比較・検討することは教材研究の基本だと言っていいが、同時に重要なのは、『古事記』を教師が読んでいることだろう。そうでなければ、それぞれの書き改めが抱える課題について、実感をもって認識することはできない。

新たな読みの提案

今、こうした教材で日本中の子供たちが神話を学びはじめているが、その際に、神話教育がこれまでの歴史の中でどのようであったかを知っておく必要があるのではないか。だが、皮肉なことに、それを熱心に進めれば進めるほど、かつての皇民化教育にからめとられてしまう危険性があるということは言っておきたい。それは、そもそも『古事記』という作品がそうした経緯の中で編纂されたものであるからにほかならない。

こうした日本神話の置かれた呪縛から解放するために、戦後の神話研究では比較神話学に力を注いで、世界的な類話の中で『古事記』を考えようとしてきた。「因幡の白兎」の場合も、丸山顯德「環太平洋神話への眼差し—『古事記』稲羽の素兎の事例—」（『花園大学日本文学論究』第一号、二〇〇八年二月）が出て、南アジアからシベリアに類話があることを明らかにした。だます陸の動物が兎、だまされる海の動物が鰐という話は、日本の南方にしか見られないので、この話は黒潮に乗ってやって来たことを示唆する。

さらに、門田眞知子編『比較神話から読み解く　因幡の白兎神話の謎』（今井出版、二〇〇八年）も続いて、山陰地方の伝説と国際的な比較研究を総合した成果をまとめている。なかでも、兎とワニの渡海のシンボリズムを説明する篠田知和基、兎が医療の起源を語ることを重視するフィリップ・ヴァルテール、韓国の兎と亀の葛藤譚との類似を指摘する依田千百子、兎の皮剥ぎを北東アジアの類話と結び付ける荻原眞子、「因幡の白兎」に関わる文明の力学を展開する小島瓔禮の論考は、この神話の本質や位相に迫るものとなっている。

国語という枠組みで考えるならば、高等学校になると、教科書に『古事記』の原文が載るようになる。しかし、『古事記』は大学入試に出題されにくいこともあり、この作品を本格的に扱う機会は乏しい。そのようにして国語から疎外されているだけでなく、日本史でも、文献以前の歴史は考古学の成果が中心になっているので、本格的に神話を扱うことは考えにくい。

思えば、文学研究では、この間、記紀神話を相対化するために、寺社縁起に関わる「中世神話」、琉球王朝の成立に関わる「琉球神話」、アイヌが伝えた「神謡」（カムイ・ユーカラ）に神話の概念を拡大してきた。教育出版が六年で、北海道の『アイヌ神謡集』と沖縄の『おもろそうし』に触れているのは、よく目が行き届いた採択である。こうした経緯を考えるならば、国語という規制をもっと緩やかに拡大して、神話をどう考えるのかという課題は、小学校と高等学校の現場においても検討する必要があるのではないかと言っておきたい。

＊参考文献＊

・石井正己『図説　古事記』河出書房新社、二〇〇八年
・石井正己「出雲神話と教育　上・下」『山陰中央新報』二〇一二年三月一九日、二〇日
・石井正己「「因幡の白兎」と教科書」『日本海新聞』二〇一三年二月二二日
・松村一男・研究代表者『平成三〇年度科学研究費補助金基盤研究（C）研究成果報告書　学校教育における神話教材整備のための予備調査』和光大学、二〇一九年

03

かさこじぞう■岩崎京子■

――作者が伝えようとする「清福」の思想

加藤康子

作品の成立・刊行

昔話「笠地蔵」を岩崎京子が再話し、絵を新井五郎が担当し、ポプラ社の「むかしむかし絵本」（全三〇巻三〇話）のシリーズの一つ、絵本『かさこじぞう』が成立し、一九六七（昭和四二）年に刊行された。

岩崎によれば、児童文学を志向する中で民話に気づき、民話作家の大川悦生と文庫活動や民話の勉強を共にした。大川がポプラ社の「むかしむかし絵本」を監修することになり、岩崎にも一巻一話を書くように声かけがあり、地蔵の話を考えたところ、「笠地蔵」の話を勧められた。瀬田貞二の『かさじぞう』が一九六一（昭和三六）年に刊行されたが、励まされ、題名を「かさこじぞう」にして出版に至ったという。

教科書採択の歴史

『読んでおきたい名著案内　教科書掲載作品　小・中学校編』（日外アソシエーツ、二〇一〇年）と東書文庫蔵書検索などによれば、昔話「かさじぞう」が小学校の国語教科書に採択されたのは、一九五六（昭和三一）年の大阪書籍『改訂しょうがくこくご　二年下』が最初である。その後「かさじぞう」は、大阪書籍で六一年、学校図書で五九、六一、六五、六八、七一、七四年、大日本図書で六一、六五年、教育出版、二葉で六二年に採択されている。

岩崎京子の「かさこじぞう」は、一九七七（昭和五二）年に学校図書、教育出版、東京書籍、光村図書で採択された。その後、光村図書は八九年まで、学校図書、教育図書、教育出版は二〇二〇年まで採択が続いている。その他、日本書籍が一九八六～二〇〇二年、日本書籍新社が二〇〇五年、大阪書籍が一九八九～二〇〇五年、三省堂が二〇〇一～二〇〇五年に採択していて、定番の教材と言えよう。

小山惠美子は、岩崎の「かさこじぞう」が取り上げられた経緯は、松崎正治の「「かさこじぞう」の教材史」（『小学校国語教科書における文学教材の史的研究』財団法人教育調査研究所、一九九五年）に詳しく、主に当時の民話ブームと民間教育研究団体が進めた教材の自主編成運動によるという。

「かさこじぞう」については、「おおきなかぶ」と共に一九八〇年代初めに教科書問題が生じた。当時の自民党が社会科や国語科の教科書を攻撃し、「かさこじぞう」を貧乏物語として批判したのである。石井一朝は「新・憂うべき教科書問題」（『じゅん刊・世界と日本』二五三・二五四合併号、一九七九年一〇月）で、民話の暗さを教科書教材として不適切と批判している。

　また、安藤操は岩崎の絵本『かさこじぞう』を子ども向けとして評価していたが、民話の再話者としての立場から教材として見直した結果、問題点を挙げて批判している。小山は、批判の内容を以下の三点に整理している。第一点は、いくつかの採集記録を参考にしていて、特定の一地域の昔話を再話したものではない上に、風土性が薄く、内容が盛りだくさんで、大歳の市で売られているものが不自然であること。第二点は、地蔵が擬人化され生きている存在のように幼い子どもに語られていること。第三点は、昔話の語りであっさりと語られるところが、表現が工夫されることによって民話独特の語り口や面白さが半減してしまっていること。

　北原保雄は文学教材の表現を考える中で、『かさこじぞう』を取り上げ、民話の言葉について具体的に言及している。民話らしい効果的な言葉遣いがあると共に、方処的にも時代的にも具体的には特定できない非現実の話の世界が作者の思惑で設定され、民話がより純化され普遍性をもつことになったと認めている。だが、表現が不統一とも指摘している。

　岩崎自身、「かさこじぞう」が教科書教材になったことで、様々な質問・疑問・批判が寄せられ、その対応に苦労したことに触れている。寺田守によれば、一九七七年に採択されてから各社で作者承諾の上の書き換えが行われ、複雑な種類の本文が生まれたが、東京書籍の教科書編集に岩崎自身も加わり、編集会議の中で表現の矛盾が指摘され、自らも書き換えていったという。一九八六年版の掲載に当たり、作者から各社に要請し、統一した本文が使われることになり、二〇一九年現在、教科書に掲載されている本文、絵本として出版されているものの本文は統一されている。

作品の研究

　絵本『かさこじぞう』は、昔話「笠地蔵」を踏まえ、児童文学を志向し、民話に関心を寄せていた作家岩崎京子が再話し、新井五郎の絵と共にできあがった作品であり、さらに教科書教材になった。そのために、昔話の再話、絵本、国語の教材、それぞれの立場から研究され、問題点が挙げられ、批判もされることになった。だが、根強い人気を得ている。絵本としては二〇〇〇年に七一刷に至り、教科書採択も一九五六～二〇二〇年にわたって採択される定番教材になっている。その魅力を分析している研究が複数見られる。

原田留美は、瀬田貞二の『かさじぞう』と文章を比較し、同じ昔話の再話でストーリー展開はほぼ同じだが、描写の力点の置き方や表現方法等に違いがあると指摘している。

岩田英作は、他の絵本や紙芝居の「かさ（こ）じぞう」と文章を比較し、岩崎の『かさこじぞう』と松谷みよ子の紙芝居『かさじぞう』（松山文雄絵、童心社、一九七三年）が、餅を手に入れられなかったおじいさんとおばあさんが餅つきの真似をして歌うシーンが入っていることに注目した。

寺田守は、丁寧な描写表現で、書き言葉の小説の特徴が見られると、叙述を細かに読み込み、併せて教科書教材になってから繰り返された文章の書き換えに注目した。地蔵たちが正月を祝う品々を運んでくるときに「じさまのうちはどこだ ばさまのうちはどこだ」と歌っているのに、間違えずにたどり着くことはなぜかという疑問に対し、「じいさまが、思わず、『ここだ。ここだ。』と大声出したら、うた声はぴったりとまりました。」の一文が削除されたことを指摘した。

鶴田清司は、この変更について「じいさまの無欲さをよりいっそう強めようとする」評価を紹介し、このじいさまの大声は地蔵たちの歌声に自然に対応していて、「庶民のたくましさ、生きる力のようなものが表れていて、話にリアリティが出てくるように思われる」と指摘している。

この書き換えをきっかけとして、寺田はおじいさんとおばあさんの無欲な人物像に改めて注目し、金持ちになりたいのではなく、よい正月を迎える準備をしたかったという願望を持つ二人に地蔵たちは荷物を運んできたのだろうという。

山下直は、鶴田の、『かさこじぞう』は精読に堪える作品であり、昔話の類型的な人物造型を考えれば、おじいさんとおばあさんの気持ちを考えるのではなく、やさしさがわかるところを考えさせる授業展開が必要であるという指摘を取り上げ、その前におじいさんの餅を手に入れたいという思いが、地蔵に笠を被せて安心して家に帰るまでにどうなったかを考える教材研究がなければならないと指摘している。山下は、餅を手に入れたいのはおばあさんに対する思いやりであり、そのように考えることで作品世界の一貫性を捉えることができ、地蔵が二人に荷物を届けたのは恩返しであるという捉え方はしない、という。森田政利、深川明子も同様である。山下は、おじいさんとおばあさんが互いを信頼し、思いやる心の深さに気が付く読みの重要性を指摘している。

岩田は、二人の心の持ちようや生き方と、岩崎が「清福」と言う絵本のあとがきから、餅つきの真似のシーンは意図的に挿入されたと推察。「清福」とはモノでもたらされる幸福以上の幸福であり、地蔵たちが届けた正月支度は貧しいながらも「清福」に満たされた二人への寿ぎと捉えている。

小山惠美子は、岩崎の『かさこじぞう』を民話として位置づけることに疑問を投げかけ、その物語性に注目して教材としての価値を考えようとしている。

教材の評価

岩崎京子の「かさこじぞう」は、児童文学作家が昔話の再話を絵本としてまとめたものを教材としたために、昔話を記録する、昔話を再話する、児童文学として創作する、絵本として絵との連携を取る、教材として読み込むなど様々な立場からアプローチされた。そのため多くの批判も受け、本文の改訂を繰り返すことにもなった。その過程を探る研究や岩崎自身の回想などを見ると、これだけのアプローチを受けながらも、岩崎が投げ出すことなく作品を育て上げていった過程を見出すことができる。そこには、作者が、絵本のあとがきで書いている「清福」というおじいさんとおばあさんの生き方を昔話から感じ取り、そこをぶれることなく作品の中心に置いて子どもたちに伝えたいという思いを貫いていく姿勢がある。教材研究を重ねていく中で、この作者のメッセージにたどり着くことによって、長く取り上げられる教材としての評価が定まっていったと思われる。その結果、昔話ながら、物語として読み込む学習を構築する実践が多い。

ただ、小学校二年生にふさわしい活動を経ながら読み込んでいく方法が様々に提案されている。小山惠美子は、音読・朗読・劇化を提案し、場面を分けてグループごとに活動しながら作品を読み込んでいく学習を提案している。

関連する作品

稲田浩二・大島建彦・川端豊彦・福田晃・三原幸久編『日本昔話事典』（弘文堂、一九七七年）によれば、昔話「笠地蔵」は、善良な爺が地蔵から幸運を授かる昔話。貧乏な爺と婆がいた。正月の買い物をする金がないので、婆の織った布、あるいは爺の取った薪を爺が売りに行く。途中に、地蔵が雪に濡れて立っている。爺は布または薪を売った金で笠を買い、地蔵に被せて帰る。米も餅もないままに、爺と婆は寝てしまったが、夜中に地蔵が米、餅、金などを運んできた。そこで、二人は良い正月を迎えることができたという話。爺が地蔵に笠を被せること、お礼をもらうことの二点を柱として、細部に変化は見られるが話型は全国的に分布している。

昔話「笠地蔵」の絵本は様々あるが、岩崎京子の『かさこじぞう』に並んでよく取り上げられるのが、瀬田貞二再話、赤羽末吉画『かさじぞう』（福音館書店、「こどものとも」として一九六一年一月刊行、「こどものとも傑作集」として一九六六年一一月刊行、二〇一四年一二月で一〇〇刷）である。原田留美によれば、岩崎の『かさこじぞう』が小学校国語教科書に教材として採択され定着したのに対し、瀬田の『かさじぞう』は保育者養成校向けの言葉の領域の教科書で推奨されることが多く、幼児教育・保育の場で広く親しまれてきたという。原田は両者の文章の比較、小学校の「かさこじぞう」の指導例の調査を踏まえて、昔話の類型的な人物造型、昔話らしい簡素な語り口がされている瀬田の『かさじぞう』は、昔話を味わうのにふさわしく、岩崎の教材「かさこじぞう」は低学年にもなじみやすい昔話の枠組みを利用した登場人物の内面を深く読み込む物語になっている、と指摘している。

他に、紙芝居『かさじぞう』(松谷みよ子文、松山文雄絵、童心社、一九七三年)、絵本『かさじぞう』(中島和子文、倉石琢也絵、ひかりのくに、一九九三年)、絵本『かさじぞう』(織田道代文、木葉井悦子絵、鈴木出版、一九九五年)、絵本『かさこじぞう』(平田昭吾文、成田マキホ絵、ポプラ社、一九九八年)、紙芝居『かさじぞう』(川崎大治文、二俣英五郎絵、童心社、一九九八年)、紙芝居『かさじぞう』(長崎源之助文、箕田源二郎絵、教育画劇、二〇〇〇年)、絵本『かさじぞう』(松谷みよ子文、黒井健絵、童心社、二〇〇六年)、絵本『かさじぞう』(山下明生文、西村敏雄絵、あかね書房、二〇〇九年)、絵本『かさじぞう』(広松由希子文、松成真理子絵、岩崎書店、二〇〇九年)、絵本『かさじぞう』(柏葉幸子文、村上勉絵、小学館、二〇〇九年)など、昔話を意識した絵本や紙芝居が多く刊行されている。

岩田英作は、岩崎と瀬田の絵本に七作品を加えて比較し、「岩崎京子「かさこじぞう」は、松谷みよ子「かさじぞう」とともに、モノでは買えない幸福を描いて、他の「かさ(こ)じぞう」とは一線を画す」、その独自性は、「餅つきの真似の場面に象徴される〈清福〉を、作者はモノでもたらされる幸福以上の幸福として考えている」ことと指摘している。

新しい読みの提案

伝統的な生活を踏まえた昔話の場合は、現代では身近に見られなくなった衣食住の様々な様子や物を描くことになる。ここに昔話絵本の絵がいかに伝統的な生活を再現しているかの課題が生じる。教科書教材の場合、絵本の絵に比べて限られた絵しか描かれないが、昔話理解のためには重要である。そのために教科書の昔話教材や昔話絵本の絵には、いかに伝統的な生活を再現するかの知見や技術が込められている。そこで、教科書の絵を入り口として昔話絵本の絵を見ながら、伝統的な生活の道具や方法を昔話の内容に応じて調べて発表し合う学習が可能であろう。この学習には、昔話の内容の理解を深めるねらいがあるが、伝統的な生活や仕事を知り、そこに生きた人々の思いを想像して、昔話の持つ生きるための知恵や勇気を理解し、生きる力を得る目的も考えられる。

岩崎京子には「かさこじぞう」の成立、絵本や教科書教材となったいきさつ、反響や批判、それらへの対応について話したり、書いたりする機会があり、それらをまとめた資料には作者側からの情報が見出せ、絵本の絵に触れたものがある。文章で例えば「ごちそう」とあれば、絵としてはどのように描くかという課題があった。岩崎は画家とともにこの課題に向き合っていた。絵本『かさこじぞう』の画家新井五郎も「日本の民話を、絵巻風に描いてみることを念願していた」と絵本のあとがきに書いている。新井は、「かさこじぞう」の「物語を一貫する、春のようなほのぼのとしたムードをいか」しながら、具体的なリアルな描写をしている。

現代の子どもたちにとっては、絵本『かさこじぞう』の絵に描かれている地蔵、囲炉裏、笠、手拭い、石臼、箕（み）、蓑（みの）、藁靴、臼、杵、自在鉤、屏風、行灯（あんどん）、箱枕、樽、橇（そり）、俵、叺（かます）、三方（さんぼう）などは見慣れない物であろう。また、日常的におじいさん、おばあさんが身に付けている着物も子どもたちの日常生活の中にはないと思われる。これらの中から選んで、作品の中でどのように出てくるのか、どのような道具か、使い方や作り方を調べ、発表し合う学習が作品理解の上でも、伝統文化や昔話を身近に感じてそこに込められた生きる力を感じるためにも、有効ではないかと考えられる。

＊参考文献＊

・安藤操『国語教科書批判』三一書房、一九八〇年
・山下直「『かさこじぞう』（岩崎京子）を読む―作品世界の一貫性をとらえる〈読み〉―」『日本語と日本文学』第三八巻、二〇〇四年二月
・石井正己編『昔話と絵本』三弥井書店、二〇〇九年
・北原保雄『北原保雄トークアンソロジー　ことばの教育』勉誠出版、二〇一一年
・小山惠美子「『かさこじぞう』論―岩崎京子の再話に見る物語性―」『帝京大学文学部教育学科紀要』三六、二〇一一年三月
・岩田英作「岩崎京子「かさこじぞう」のたくらみ」『島根県立大学短期大学部松江キャンパス研究紀要』第四九号、二〇一一年三月
・岩崎京子「子どもに伝えたくて」（二〇〇七年五月二三日講演）『講演集　児童文学とわたしⅢ』梅花女子大学・大学院児童文学会、二〇一二年
・石井正己編『児童文学と昔話』三弥井書店、二〇一二年
・原田留美「岩崎京子「かさこじぞう」と瀬田貞二「かさじぞう」―テキスト比較表からわかる文学作品としての特徴の違いについて―」『新潟青陵学会誌』第四巻第三号、二〇一二年三月
・寺田守「かさこじぞう（岩崎京子）の教材分析」『国語の研究』第四四号、二〇一九年三月

04
百人一首■藤原定家撰■
――教師の教養が授業の基礎になる!

石井正己

作品の成立

一二二一(承久三)年、後鳥羽院(一一八〇~一二三九)と息子・順徳院(一一九七~一二四二)らが鎌倉幕府の倒幕を図って承久の乱を起こすが失敗、それぞれ隠岐と佐渡へ流され、その地で亡くなる。一二三五(文暦二)年、藤原定家(一一六二~一二四一)は九番目の勅撰和歌集『新勅撰集』を提出する。その際、草稿本から一〇〇余首を削除したことが知られ、それらは後鳥羽院・順徳院の歌だったのではないかと推定されている。定家の『明月記』には、息子・為家(一一九八~一二七五)の岳父・宇都宮頼綱(一一七二~一二五九)に頼まれ、嵯峨の山荘の色紙に書く歌を、天智天皇から藤原家隆・藤原雅経の歌まで選んだことが記されているが、後鳥羽院・順徳院の名前は見えない。

定家が選んだ秀歌集に『百人秀歌』があり、これは「百人」と言いながら一〇一人の歌人の歌を各一首載せ、これにも後鳥羽院・順徳院の歌はない。この秀歌集では家隆の官位が正三位なので、従二位に昇進する前の成立だったと知られる。しかし、『百人一首』では家隆の官位を従二位とするので、これは昇進後の成立であり、最後に後鳥羽院・順徳院の歌を入れた一〇〇人の歌人の歌を各一首でまとめている。ここには、承久の乱の関係者でもその歌を評価するという芸術至上主義の価値観が見られる。

一般に、『百人一首』は藤原定家が選んだと考えられている。だが、正確に言えば、後鳥羽院・順徳院の諡号が与えられるのは定家没後のことなので、最終的には息子の為家が関わったと考えられる。為家は一二五一(建長三)年に一〇番目の勅撰和歌集『続後撰集』を撰進しているが、そのときにも後鳥羽院・順徳院の歌を載せている。

教科書採択の状況

二〇〇八(平成二〇)年度告示の小学校国語の「学習指導要領」には、新たに「伝統的な言語文化に関する事項」が設けられた。それまでは中学校が古典学習の出発だったが、小学校から古典に親しむ学習が始まった。その際、中学年の学習では、「易しい文語調の短歌や俳句について、情景を思い浮かべたり、リズムを感じ取りながら音読や暗唱をしたりすること」とされた。「音読や暗唱」にふさわしい「易しい文語調の短歌」ということならば、ちょうどよい教材として『百人一首』が採択されるのは自然なことだった。実際、小学校の五社の教科書はことごとく『百人一首』を載せている。しかし、採択の方法は各社によってかなり異なるので、二〇一五（平成二七）年版で追ってみたい。

光村図書は三年下の「短歌を楽しもう」で、「声に出して読み、言葉の調子やひびきを楽しみましょう。気に入ったものは、おぼえて言ってみましょう」という目標を掲げるが、これは指導要領そのままである。具体的には、良寛、藤原敏行、猿丸太夫、安倍仲麿の四首を現代語訳とともに載せる。後半の「奥山に」の歌と「天の原」の歌は樋口芳麻呂校注『王朝秀歌選』（岩波文庫、一九八三年）を出典とするので、『百人一首』から採っているが、必ずしも、『百人一首』として載せているわけではない。むしろ、江戸時代から奈良時代に遡るように四首を並べたところに、この教材の特色が見られる。

他の四社は四年になって、『百人一首』に絞って採択しているが、三省堂は四首と少なく、教育出版は「短歌の世界」で、柿本人麻呂、藤原敏行、藤原定家、良寛、与謝野晶子、石川啄木の六首を和歌史を念頭に置いて解説付きで載せた後に「『百人一首』を楽しもう」で八首、東京書籍は一〇首だが、学校図書は二〇首に及ぶ。採録の歌数にかなり違いが見られることになる。教材として歌と作者を載せることは共通するが、その他は微妙に異なる。三省堂は現代語訳を入れる。教育出版は「百人一首」「かるた遊び」を解説するが、現代語訳はない。東京書籍は「百人一首かるた」を解説し、読み札と取り札の図版を載せ、現代語訳を入れた後、「「百人一首かるた」をやってみよう」で結ぶ。

かなり踏み込んだ学習を提案しているのは、学校図書である。まず『百人一首』の成立を解説し、能因法師、小式部内侍、山部赤人、後徳大寺左大臣（藤原実定）の四首を説明した後、「やってみよう」として、「かるた遊び」の中で残りの一六首を含む合計二〇首について、読み札を読み上げる学習を勧める。その中には、「その歌と同じ季節の歌や、うたわれている風景や時間などがにている歌の札を持っている人は手を挙げ、読み札を読み上げます。その時、どんなところがにているのか、それが歌のどこからわかるかを話しましょう」とある。これは、歌の内容の理解をかなり求めていると思われる。

事例として挙げている三人の児童の会話は、「①わたしの札は「さびしさに宿をたち出でて……秋の夕暮れ」です」、「②はい。ぼくの札は、季節も風景もにています。「村雨の露もまだひぬ……」です。「秋の夕暮れ」という最後の言葉も同じです」、「③はい。わたしの歌は「白露に……」です。②の札とは、「露」と「秋」が同じです。」…」となっている。①は良暹法師、②は寂蓮法師、③は文室朝康の歌である。この会話を見ても、すでに高度な読み取りが期待されていて、「言葉から風景を想ぞうしよう」という目標は、指導要領で言えば、「情景を思い浮かべ」に対応することがわかる。

こうした「情景を思い浮かべ」ということであれば、当然のことながら四季の歌が選ばれるはずである。出典となった勅撰和歌集に照らしてみると、春が三首、夏が二首、秋（雑秋一首を含む）が八首、冬が四首である（残りの三首は、雑が二首、羈旅が一首）。それは指導要領によく叶っているが、『百人一首』に多い恋の歌は一首もなく、女性の歌人は小式部内侍だけであるというのは、無視できない偏向であろう。

さらに末尾には、「声に出して短歌のリズムを楽しもう」という目標を設けている。これは指導要領で言えば、「リズムを感じ取りながら音読や暗唱をし」に対応する。その際の児童の会話は、「言葉の意味のまとまりに気をつけたり、アクセントを考えながら読んだりする」としたり、「どこで息つぎをするか考えないと、息が苦しくなっちゃうよ」、「字あまりの短歌もあるんだね」としたりして、具体的な注意を促す。単なる古典の暗記や暗唱ではなく、声に出して読むことがその歌の理解につながるようになっている点は重要である。同じ『百人一首』を扱っていても、残念ながら、他の教科書にはここまでの有機的な学習は提示されていない。

学校図書を取り上げて、採択された歌に恋の歌がなく、女性の歌が少ないことに触れたが、この傾向は他社でも変わらない。恋の歌は光村図書、三省堂、東京書籍になく、教育出版に平兼盛の「しのぶれど」の歌があるだけである。女性の歌は光村図書、教育出版になく、三省堂、東京書籍に持統天皇の「春すぎて」の歌があるだけである。検定の際にそうしたことは議論されないのだろうが、そのために四季の歌と男性の歌ばかりになっていることは注意しておきたい。なお、学校図書は小式部内侍の「大江山」の歌を入れたが、これは掛詞だけでなく、複雑な状況で詠んだ歌なので、現代語訳だけでその内容を正確に伝えるのは難しいかもしれない。

新たな読みの提案

一方、この五社のすべてが採択している歌が一首だけ見つかる。安倍仲麿（「阿倍」とも「仲麻呂」とも表記。六九六〜七七〇）の「天の原振りさけ見れば春日なる三笠の山に出でし月かも」である。これは四季の歌でも恋の歌でもなく、『古今集』の羈旅歌の冒頭に載る。しかし、『百人一首』には詞書がないために、歌が詠まれた状況はわからない。「音読や暗唱」もいいが、先の「大江山」の歌のみならず、この歌を理解するのもなかなか難しいのではないか。

「春日なる三笠の山に出でし月」には、体験を表す過去の助動詞「き」があるので、「春日なる三笠の山」という地名をもとに地図を参照すれば、かつて平城京の真東に位置する三笠の山に月が出るのを見たことがわかる。だが、「天の原振りさけ見れば」の、振り仰いで見るという行為がどのような状況であったかは、この表現だけでは理解できない。四社の現代語訳を見ても、東京書籍に「ふるさとの春日にある三笠山に出ていた月」とあるが、今は故郷を離れていることを暗示するにすぎない。教育の現場では、この歌をどのように説明しているのだろうか。

出典の『古今集』の詞書には、「唐土にて月を見て、よみける」とあるので、「天の原振りさけ見れば」という行為は唐（今の中国）での出来事だったことが知られ、基本的な理解に役立つ。だが、それによってむしろ、なぜ仲麿が唐でこの歌を詠んだのかという疑問が生じるのではないか。この歌は、そうした点から見ても、歌語りを要求するものであったことが容易に想像される。それに答えるのが、『古今集』には珍しく長い左注である。

長くなるが引いてみると、「この歌は、昔、仲麿を、唐土に物習はしに遣はしたりけるに、数多の年を経て、え帰りまうで来ざりけるを、この国より又使まかり至りけるにたぐひて、まうで来なむとて出で立ちけるに、明州と言ふ所の海辺にて、かの国の人、餞別しけり。夜に成りて、月のいと面白くさし出でたりけるを見て、よめるとなむ語り伝ふる」とある。「語り伝ふる」とあり、文章も伝承の過去を表す助動詞「けり」で書かれている。

詞書の「唐土にて月を見て」という状況がこの左注によって具体的にわかる。昔、仲麿を唐に遣唐使として派遣したが、数年を経ても帰任できなかったので、日本から遣唐使がやって来たのに従って帰国しようと思って出立したときに、明州（今の寧波）の海辺で中国の人々が送別の宴を催すと、夜になって月がたいそう美しく出たのを見て詠んだ、ということになる。

「昔」という物語の時間で語られているが、実際には、七一六（霊亀二）年に遣唐留学生に選ばれ、翌年に入唐、玄宗皇帝に仕え、李白や王維と交際した。七五三（天平勝宝五）年、遣唐使の藤原清河とともに帰国しようとして、「天の原」の歌を送別の宴で詠んだことになる。その後日談であるが、送別の宴まで催したものの、暴風に遭って安南（今のベトナム）に漂流し、やっとのことで唐に戻り、その地で没した。仲麿については、上野誠『遣唐使　阿倍仲麻呂の夢』（角川学芸出版、二〇一三年）などの研究がある。

さらに言えば、「天の原」の歌は、紀貫之『土佐日記』の一月二〇日の条に、「青海原」と改めて引用されている。その記述によれば、『古今集』にない事柄として、送別の宴で漢詩を作ったこと、二〇日の夜の月であったこと、仲麿が歌の歴史と歌を詠む機会を唐の人々に話したこと、歌の意味を漢字で書いて説明したことなどが見える。「天の原」の歌をめぐる歌語りは、『古今集』の左注だけでなく、さまざまにあったことが知られる。

『土佐日記』は船旅だったので、山の端もなく、月は海の中から出てきた。場所は室津の辺りと思われるので、二〇日の月は太平洋から出たのであろう。それに引かれて、「天の原」は「青海原」に改められたかと推測されるが、こうした異伝があったのかもしれない。そして、仲麿の当時を想像して、ある人（貫之自身と思われる）が「都にて山の端に見し月なれど波より出でて波にこそ入れ」と詠んだ。これは「青海原」の歌への追和歌である。歴史的に見れば、九三五（承平五）年のことなので、一八〇年ほど昔の出来事を回想したことになる。

この、小学校中学年のすべての教科書に載る「天の原」の歌について、教師はどこまで説明したらいいのだろうか。『百人一首』だけでいいとする立場もあれば、『古今集』を視野に入れて詞書まででいいとする立場もあろうし、さらに左注まで教えた方がいいとする立場もあろう。『土佐日記』は難しいかもしれないが、高知県の学校ならば触れていいのではないか。どの教科書を使っているか、加えて、児童の実態はどうかということが問題になるだろう。だが、肝心なのは、教師が『古今集』はもちろん、『土佐日記』を勉強しているということだろう。教材研究に先立つ作品研究が授業を支える基盤になるはずである。

漫画・映画・観光と古典

思えば、『源氏物語』が大和和紀の漫画『あさきゆめみし』（一九七九〜九三年連載）、『竹取物語』がジブリの映画『かぐや姫の物語』（二〇一三年公開）でそれぞれ再認識されたように、古典に題材を取った漫画や映画が話題になることはしばしばある。それにも増して注意されるのはゆかりの地に施設ができることであり、それによって一過性の刺激ではなくなり、観光と学習の境界も曖昧になる。例えば、奈良県立万葉文化館（二〇〇一年開館）は『万葉集』、宇治市源氏物語ミュージアム（一九九八年開館）は『源氏物語』を学ぶ場所になっている。

一方、『百人一首』で言えば、競技カルタに取り組む青春像を映画にした『ちはやふる』は、「上の句」と「下の句」が二〇一六（平成二八）年、「結び」が二〇一八（平成三〇）年に公開された。その人気に押されて競技カルタが盛んになり、『百人一首』最初の「秋の田の」の歌を詠んだ天智天皇を祀る近江神宮（皇紀二六〇〇年の一九四〇年創建）も有名になった。それに先立って嵯峨の地には、『百人一首』ゆかりの地である小倉山の麓、大堰川の畔に二〇〇六（平成一八）年に時雨殿が建てられ、二〇一八（平成三〇）年に嵯峨嵐山文華館と改名してリニューアルオープンし、観光をしながら学ぶ場所になっている。

『百人一首』の場合、早くからカルタと結び付いたので、遊びとの接点は大きい。すでに江戸時代の庶民生活の中に浸透していたことは、古典落語の「千早振る」「崇徳院」などからうかがい知ることができる。明治時代に正岡子規が「最普通なる小倉百人一首は悪歌の巣窟なり」（『歌話』、一八九九年）と厳しく批判したが、評価が下がることはなかった。『百人一首』は映画や観光とともに教科書の中で不動の地位を占めているかに見えるが、それをどのように教えるかということになると、なお多くの課題が残されたまま「音読や暗唱」の教材になり、カルタ会が催されているのではないかと思われてならない。

＊参考文献＊

・島津忠夫訳注『百人一首』角川文庫、一九六九年
・東原伸明『土左日記虚構論』武蔵野書院、二〇一五年
・石井正己『図説　百人一首（新装版）』河出書房新社、二〇一七年
・石井正己・錦仁編『文学研究の窓をあける』笠間書院、二〇一八年
・田中貴子・石井正己監修『増補改訂版　絵で見てわかるはじめての古典⑤　百人一首・短歌』学研プラス、二〇二〇年

05

スイミー■レオ・レオニ■

――アイデンティティー探しの物語

井上陽童

作品の成立・刊行

原作『スイミー』は、オランダ・アムステルダム生まれのレオ・レオニ（Leo Lionni、一九一〇〜一九九九）が五〇歳の時に書いた絵本である。日本では、一九六九（昭和四四）年に好学社から出版された。

教科書採択の歴史

「スイミー」は、一九七七（昭和五二）年度版光村図書の国語教科書『こくご　二上』に掲載された。その後、現在まで四〇年以上にわたって途切れずに載せられている。また、学校図書では二〇〇五（平成一七）年度版から掲載されている。

挿絵については、光村図書の一九七七年度版・一九八〇年（昭和五五）度版・一九八三（昭和五八）年度版が作者のものではなく、日本人画家の手によるものだったが、一九八六（昭和六一）年度版から「レオ・レオニ作・絵」となった。

作品の研究

一　作家レオ・レオニの半生を通したスイミー研究

作家レオ・レオニの半生を、主人公スイミーと重ねながら論じている研究者は複数いる。松居直は『絵本・ことばのよろこび』（日本基督教団出版局、一九九五年）において、次のように述べる。「はじめスイミーは仲間の魚たちと平和にくらしていたのですが、大きなまぐろがやってきて仲間がみな食べられてしまい、スイミーだけが助かります。イタリアでファシズムとたたかい、第二次世界大戦直前の一九三九年にアメリカへ亡命してきたレオーニにとって、スイミーは彼自身の姿でもあったわけです」。また、川村湊は、「全体の中の部分。部分の集まりとしての全体。個と群れ。類と孤。ドイツのナチズムの圧迫を受けたユダヤ人としてのレオ・レオニが、その作品の中で主題化しようとしていたのは、常にそうした『個』と『全体』に関わる問題であり、その一つの表現が『スイミー』であったことは、明らかなことであると思える」と指摘する。

一方、日本でのレオ・レオニの絵本の翻訳をほぼ全て手がけた詩人の谷川俊太郎は、「レオ・レオニの衝動」（『月刊絵本』一九七四年三・四月号、「特集　レオ・レオニ」）において、作品におけるテキストと絵の関係から、レオニ作品に含まれる教訓をそのままレオニが作品に込めたメッセージだと受け止めることに疑義を呈している。「グラフィックな表現に比べて、テキストのイデーが意外に古臭いというかあたり前で、そこに少々アンバランスを感じました。これは彼の他の絵本についても、私が一貫して感じている印象です。（中略）〈スイミー〉は、デモクラシーを絵解きしたように受けとられる面がありますし、〈せかいいちおおきなうち〉は、まぎれもなく、おのれの分を知れという教訓物語です。絵の面白さが、それらの教訓に偏狭よりもむしろ寛大の味を与えていますし、絵本にそういう教育的機能があってもいいことも認めますが、絵をデザインしているレオニの心のはずみが並はずれて楽しく感じられるだけに、教訓がレオニの本音かどうか疑わしく思えることもあります」。

はたして、「スイミー」にはレオニのどんな思いが込められているのだろうか。この点について、レオニ自身の言葉をみていこう。「一九三六年ミラノから」（『子どもの館』第四巻第六号、一九七六年六月）において、彼は自身の絵本のつくり方について次のように語っている。「ある大きな問題が心にかかってはなれない場合、それをなんとか可能なかぎり単純化した形で表現しようとします。それが、成功した場合―特に寓話の形をとった場合に多いのですが―子どもの本が、子どもに理解できるものが、生まれてくるのです。ただ出発はいつも、いわゆる『大人の問題』といわれるものです」。ここでレオニが述べる「大きな問題」が谷川のいう「イデー」だとするならば、確かにレオニは自身の問題意識を「スイミー」に仮託したと解釈できよう。その一方でこれも谷川が指摘するように、絵本という形で作品化されることで一つのテーマに収斂せず様々な読みが可能となるところに、レオニ作品の魅力があるともいえるだろう。

二　原作と翻訳の比較研究

周知の通り、「スイミー」は谷川俊太郎の翻訳作品である。原著『swimmy』（Dragonfly Books, 1963）と比較した中西千恵は、谷川の訳を高く評価して次のように述べる。「原著の翻訳作品『スイミー』では、訳者が谷川俊太郎であることがこの作品の魅力をさらに輝かせているといっても過言ではない。実際、谷川が訳した『スイミーはかんがえた。いろいろ　かんがえた。うんと　かんがえた。』という原文は「swimmy thought and thought and thought」であり、谷川訳のほうが、より生き生きとしたスイミーの生命のリズムを感じることができる。同様に谷川による見事な訳は、作品中の他の部分でも見受けられる。谷川の手により、日本語版『スイミー』の文体は、簡潔で、リズミカルで、テンポがよい、まるで、スイミーの泳ぎを象徴するかのようになっている」。また、鶴田清司も同じ箇所を比較し、「あれこれと思考を重ねる〈スイミー〉の姿、その思考内容がだんだん膨らみ、あのアイデアに結晶するまで盛り上がっている様子が表現されている」と述べ、訳者としての谷川の手腕を高く評価する。

三　絵本と教科書の比較研究

絵本から教科書に採録された作品は、斎藤隆介作『モチモチの木』や、大塚勇三の再話『スーホの白い馬』など数多くある。「スイミー」はその中でも、絵本と教科書の違いが極めて大きい。以下に、いくつかの例を示す。

絵本	⇒	教科書
たのしく　くらしてた。		楽しく　くらして　いた。
でも　およぐのは　だれよりも　はやかった。		およぐのは、だれよりも　はやかった。
おなか　すかせて		おなかを　すかせて
ゼリーのような　くらげ……		ゼリーのような　くらげ、
「そうだ!」「みんな　いっしょに（略）」		「そうだ。みんな　いっしょに（略）」

接続詞やリーダー（…）の省略や文の順序の入れ替えや追加、助詞の補充など、これらの様々な異同に関する問題を指摘する研究者や教育実践者は多い。中西千恵は、言語表記の基礎を学ぶという教科書の目的上仕方のないことと認めながらも、「そうした基礎技能の学習は別の教材で行うことにして、『スイミー』においては、作品の楽しさにひたり、子どもが登場人物になりきるために、ぜひ絵本を使っていきたい」と述べる。

また、絵本から教科書に採録されるにあたっての挿絵の問題について言及したのが、宮川健郎『国語教育と現代児童文学のあいだ』（日本書籍、一九九三年）である。絵本ではスイミーが孤独の中で出会った六種類の素晴らしい生き物たちの挿絵が一場面ずつ見開きで描かれているのに対し、教科書ではイソギンチャクの場面の絵だけがページの半分に縮小して載せられている。この点について宮川は、次のように主張する。「これら（スイミーが出会う海の様々な生き物たち：稿者補足）は、作品のおしまいに出てくる、〈みんな　いっしょに　およぐんだ。うみで　いちばんおおきな　さかなのふりして！〉というスイミーの発想を準備する重要な伏線になっている。だからこそ、海の底をおよぐスイミーが、海の『すばらしいもの』、『おもしろいもの』に出会っていくところは、ゆっくりと、ていねいに展開されなければならないはずなのである」。この宮川の指摘に、鶴田清司は同意した上で、さらに次のように述べる。「しかし、それだけでなく、兄弟たちを亡くした〈スイミー〉が簡単に立ち直っていったのではないということを理解するためにもそれが必要だろう。絵本では、ページをめくるたびに新しい生き物と出会っていくように工夫されていて、〈スイミー〉が時間をかけて徐々に元気を取り戻していったことが実感できるようになっている。これに比べると、教科書はいかにも淡白である」。上記の様々な指摘は、総じて原作が絵本である作品を教科書教材に用いる時の難しさを示しているといえよう。

教材の評価

一　表現の特徴分析

辻恵子は、「スイミー」の表現の特徴として、①常体、②名詞止め、③体言止め、④倒置、⑤比喩、⑥反復の六点を挙げて説明している。「常体のテンポの良さに加え、名詞止めや、体言止めが多く使われています。例えば、〈みんな　赤いのに、一ぴきだけは、からすがいよりも　まっくろ。でも、およぐのは　だれよりも　はやかった。名まえは　スイミー。〉というぐあいです。『名まえは　スイミーです』と比べると、きりっとひきしまって、はじけそうな感じのスイミー像が浮かびます」、「おそろしいまぐろの襲撃を〈…ミサイルみたいに　つっこんできた〉と表しています。これは単に形態をたとえているのではなく、一瞬にして生活を、平和を破壊する殺人兵器ミサイル、まさにそれがスイミー（視点人物）たちにとっての〈まぐろ〉なのです。みごとにまぐろの本質をついた比喩です」といった具合である。

二　対比による分析

辻恵子は、「スイミー」の主題や思想をより豊かに深く理解するための方法として、三つの対比の方法を提案している。第一は、書き出しの場面の平和で楽しい世界と、ある日一瞬のうちに訪れたおそろしい世界との対比。第二は、元気をとりもどしたスイミーと、岩陰にじっとしているスイミーとそっくりの小さな魚の兄弟たちの対比。第三は、初め（もろい『平和な世界』）の場面と、終わり（「だれもが生きられるような「本当に平和な世界」）の場面の対比。

鶴田清司は「この三つの観点に基づく『対比』の〈分析〉は、いずれも教材の急所を突いたものである。『スイミー』の〈教材分析〉にあたって学ぶところが多い」と評価している。

三　「ぼくが、目になろう」の解釈

これまでの授業実践では、スイミーの「ぼくが、目になろう」というスイミーのせりふに注目させていることが多い。その中で古作美津恵は「『スイミー』の実践」（『事実と創造』

第八三号、一九八八年四月）において、次の五点の解釈を準備して授業に臨んでいる。「①色が黒いから。②目の形をしているから。③目は一番大事なところだから。④相手をにらむことができるから。⑤みんなが心強いから」。この実践について鶴田清司は、「この『ぼくが、目になろう』というせりふは、主人公の『自己認識』の表れであるということを押さえることが大切である。それは、自分に一番ふさわしい『もち場』はどこか、自分にしかできない仕事は何かということを考えた末の発言だったのである。これは、『スイミー』の主題に直結する『教材の核』と言えるだろう」と評価している。

さらに鶴田は、大野晋の論を用いて、「が」と「は」の違いを説明している。それによると、「AがB」という文では、Bに対してAが「新しい情報を加える」という働きをするという。つまり、「が」は「未知（扱い）」のもの、「発見や驚き、気づきの対象」を受けるのである。それに対して、「は」の場合は「既知」のものを「題目として提示する」という働きをするというのである。このことから、先のスイミーのせりふについて、「『ぼくが、目になろう』も、目になるのは自分だという『新しい情報』の付加である。つまり、〈スイミー〉は自分の帰属先をここで発見したのである。これは『自己認識』の成立に他ならない。『ぼくは、目になろう』ではその点があいまいになる」と説明している。この指摘は、「スイミー」の自己認識の成立を明らかにした卓見といえるだろう。

関連する作品

レオ・レオニの作品で、「スイミー」以外にも教科書に採録されているものがいくつかある。「ぼくのだ！わたしのよ！」「アレクサンダとぜんまいねずみ」「ニコラス、どこ行ってたの？」「フレデリック」等である。

篠遠喜健は、『日本児童文学別冊　世界の絵本100選』（ほるぷ出版、一九七七年）において、レオニ作品の表現上の特色として、①明るく美しい色彩、②読者の感動を誘発してゆく構成のリズム、③感性に訴えるヤマのつくりかた、④絵と重複しない、短く洗練された文章の四点を挙げている。これらの特色が、低学年を中心に教科書教材として採録されている理由であることは疑いないだろう。

新しい読みの提案

「スイミー」では、クライマックスの大きな魚を追い出す場面をこの作品のテーマとして解釈する傾向がある。けれども、最も重要な場面は、小さな魚の兄弟を失ったスイミーが様々な海の生き物たちと出会う場面だと考える。なぜなら、それらの出会いが基になって、スイミーは自分の身体の小ささや色の黒いことについての新たな気付きを得るからである。さらにスイミーは、自分を襲った大きな魚も海の一部だと認識することができた。だからこそ、新たな兄弟たちとみんなで集まって、もっと大きな魚になる作戦を思いつくことができたのではないか。

川村湊は、作者レオニの思想について、「集団か個人か。単純組織か孤立か。全体か部分か。レオ＝レオニの問いは、単純であり、平板であるのだが、それはまたきわめて深刻で、根源的なものだ」と述べている。おそらく、レオニは、「スイミー」を描くことを通じて、その問いに一つの答えを出したのだ。すなわち、集団と個人、組織と孤立、の二者択一ではなく、そのどちらにも意味があるということを。スイミーは海の底での孤独がなければ、様々な生き物に出会い、海の美しさを知ることもなかった。大きな魚の恐ろしさやそれに立ち向かう勇気をもつこともできなかったのだ。

「ちいさな　かしこい　さかなの　はなし」という副題を持つ絵本『スイミー』は、作者レオ・レオニ自身のアイデンティティー探しの物語でもあった。

＊参考文献＊

・大野晋『日本語の文法を考える』岩波新書、一九七八年
・辻恵子『文芸研教材研究ハンドブック一六　レオ・レオニ／谷川俊太郎訳＝スイミー』明治図書、一九九一年
・鶴田清司『『スイミー』の〈解釈〉と〈分析〉　国語教材研究の革新二』明治図書出版、一九九五年
・川村湊「スイミー、あるいは平面の魚について」田中実・須貝千里編『文学の力×教材の力　小学校編二年』教育出版、二〇〇一年
・中西千恵「絵本『スイミー』の海を感じて―スイミーと同じ空間を旅する子どもたち―」田中実・須貝千里編『文学の力×教材の力　小学校編二年』教育出版、二〇〇一年
・今井美都子「第四章　『スイミー』の授業実践史」浜本純逸監修『文学の授業づくりハンドブック　第一巻　授業実践史をふまえて　小学校・低学年編／特別支援編』渓水社、二〇一〇年

06

やまなし■宮沢賢治■

――「イーハトヴ童話」として捉える

大澤千恵子

作品の成立・刊行

一九二三（大正一二）年四月八日付、『岩手毎日新聞』に掲載。

教科書採択の歴史

一九七一（昭和四六）年、光村図書の六年生下巻から、一社のみではあるが、二〇二〇（令和二）年まで継続して収載されている。

作品の研究

「やまなし」は、童話創作の初期に執筆された作品で、生前公表された数少ない作品の一つである。

生前刊行された唯一の童話集『注文の多い料理店』（一九二四年）は「イーハトヴ童話集」と銘打たれているが、創作時期が近いことから、牛山恵は「やまなし」を「イーハトヴ童話」と捉え、「現実の岩手県の自然をエッセンスとして幻想された異空間の物語」だとした。

「やまなし」に対して、「よくわからない」という印象は、読者のだれもが持つもので、多くの不可解な点、謎があるが、賢治が童話集の広告文の中で同じ世界の中であるといったルイス・キャロルの『鏡の国のアリス』（*Through the Looking-Glass, and What Alice Found There*,1871）も同様である。高橋康也は、ノンセンス文学の三大古典として、『不思議の国のアリス』（*Alice's Adventures in Wonderland*, 1865）第一に挙げている。次に『マザー・グースの唄』（*Mother Goose's Melody*, 1765）、そしてエドワード・リアの『ノンセンスの絵本』（*A book of nonsense*, 1927）となる。「ノンセンスnonsense」は、日本語で定着している「ナンセンス（意味のない状態）」とは区別される言葉「《意味（センス）を無化する方法》」である。賢治の中には自作に、アリス的な「ノンセンス」を盛り込もうとする意図があったと考えられる。

天澤退二郎は、序の「なんのことだか、わけのわからないところもあるでせうが、そんなところは、わたくしにもまた、わけがわからないのです。」という部分に着目し、このことが、「賢治童話の、それもとりわけ『注文の多い料理店』に収められた作品群の、nonsense taleとしての基本的性格というものをただちにみちびき出すように思われる」とする。「どんぐりと山猫」の裁判や「かしわばやしの夜」の歌合戦のようなやりとりにおける意味の無意味化を事例として挙げ、先の広告文を引きながら、イーハトヴを「《わけのわからない》ところを中心においたアリス的世界への連通管」であるとした。また、原昌も比較的初期の、幻想系の童話にキャロルと同じノンセンス的着想があることを指摘している。もともとノンセンスは、「乾いた遊びと自由奔放な精神から生まれ」るため、「非現実的な世界に息づきやすい」が、賢治は「技巧的で、キャロルと同じように特有の論理により」、「ある種のリアリティーを与えている」とする。賢治童話の笑いについて分析し、「そのおかしさは、素材が珍奇なイメージであったり、プロットの転回がまったく予想に反していたり、しゃれのような言葉遊びや数字遊びであったり、さまざまな様相をもって生じている」と述べる。

　これらの指摘は、「やまなし」にも当てはめることができる。「わけのわからなさ」という点においては、他のイーハトヴ童話と比較しても突出している。まず、読者は出だしの「小さな谷川の底を移した二枚の青い幻燈です。」という一文から不思議な感覚に引き込まれる。そのうちの一枚が、五月の場面であることがわかり、谷川の水の底の蟹の会話が始まる。すると見たことも聞いたこともない言葉に遭遇する。「クラムボン」である。クラムボンは笑う。しかも「かぷかぷ」という独特のオノマトペで笑うのである。そして、殺されて死んでしまうが、次の瞬間にまた笑うという摩訶不思議な存在だといえる。アメンボや水の泡、光、カニ語など諸説あるが、結局「意味不明」というのが定説となっている。

　ただし、このクラムボンの死は、深刻なものでも、殺戮と呼ぶようなものでもない。マザー・グースの唄の有名な一篇「誰が駒鳥殺したの'Who Killed Cock Robin'」のように、ノンセンスの言葉遊びの中では「死」や「殺す」は現実的な意味を持たないのである。クラムボンもその後すぐに再生して笑っていることからもそれがわかる。

　『鏡の国のアリス』にも似たような意味不明の言葉と「殺された」というところがある。子猫とのごっこ遊びによって鏡を通り抜けたアリスは、全く意味不明の詩「ジャバウォッキー」を読んだ際に、どういう考えかはっきりしないが、「誰かが何かを殺した」ことまでは確かだと言っている。「ジャバウォッキー」が意味を無化するのと同じように、クラムボンやその死にも意味を求めるのは、まさに無意味なのである。

　また、二枚の幻燈が、発表稿の「五月」と「十二月」か、「十二月」と下書きの「十一月」の問題も、謎のままである。

下書きの「十一月」にこだわったのは、自身も詩人である谷川雁である。ヤマナシの実が落ちる時期や、本文中の秋の記述、月光の描写などから、「十二月」は発表時の誤植であると強く主張している。校本全集に関わった天澤は、「たしかに十二月では遅すぎて、十一月の方が正しそうである」し、当時の新聞の初出形は、「ルビはでたらめであり、他にも誤植が多く、「十一月」を誤って「十二月」とした可能性は確かに強い」としている。しかし、「百パーセントの決め手はな」く、修正は「そう簡単に済むことではない」ため、後に注記を付けることで両方の可能性を残して落ち着いた。

賢治の蔵書の中には原書の一冊の本にまとめられた『不思議の国のアリス／鏡の国のアリス *Alice's Adventures in Wonderland and through the Looking glass*』があった。「不思議の国」が五月、「鏡の国」が一一月であり、少女アリスが主人公の二つの冒険をする一続きの物語のようにも読むことも可能である。また、序には「十一月の山の風のなかに、ふるえながら立つたりしますと、もうどうしてもこんな気がしてしかたないのです。」とあり、一一月が創作において重要な季節であったと受け止めることもできる。以上の点に鑑みれば、一一月説も有力であるようにも思われるが、どれも決定的な要因とは言い難く、推論の域を出ない。

最後に、イーハトブ童話としての特徴をまとめる。西田良子は、賢治童話の魅力として「表現のユニークさ・新鮮さ」「異なる視点から」「変化・無常の思想」「いのちの大循環・万象同帰の自然観」「〈まことの幸せを求めて〉」という五つの項目を挙げるが、そのすべてに「やまなし」が含まれている。まず、「ユニークな造語が醸し出す表現の魅力」を、冒頭の「クラムボンはわらったよ」「クラムボンはかぷかぷわらったよ」「クラムボンは跳ねてわらったよ」という物語冒頭の子蟹の会話から見出す。次に、「水面を見上げている蟹の視点になって作品を読む」ことで「読者は透明な〈もうひとつの世界〉に誘い込まれる」とする。三点目は、「五月」と「十二月」を対比・対照と受け止めるのではなく、「同じ場所が五月から十二月へ」「移り変わっていったもの」と捉える。四点目は、クラムボンや魚の死、川面に落ちた樺の花びらややまなしも、仏教的あるいは生物学的な生命観の中で、「ふしぎなすばらしい自然のいのちの大循環」となるとする。最後は子蟹たちの「知らない。」「わからない。」というやりとりを「銀河鉄道の夜」のジョバンニや作者賢治が希求した「まことの幸福」に重ね合わせている。「やまなし」は、賢治童話の特徴と魅力を兼ね備えているイーハトヴ童話であり、ノンセンス文学といえるだろう。

教材の評価

西郷竹彦は、その世界観に仏教的なものと自然科学的なものの融合をみて、教材に強く推薦し採用されたとしているが、本作品は、教材として定着したことが、非常に大きな意味を持っている。

一九七一年に教材化されて以来、定番教材として不動である一方で、教材研究の蓄積があるにもかかわらず、現場の教師からは扱いにくいとされていることでも知られる。そうした多くの教師の戸惑いの受け皿となってきたのは、光村図書教師用指導書に掲載されている上笙一郎の論文「〈分かる〉作品と〈分からない〉作品」（『校本宮澤賢治全集　第一一巻』筑摩書房、一九八四年）である。上は、「これはどちらかといえば〈すぐには分からない〉作品である。」と解説し、「五月」と「十二月」は「同じ重さを持っている」として「この作品の主題は、二枚の対比と照応に求めるのが正当である」と述べる。そして、「「五月」の絵は、いわば、〈万物が生命の歌をうたう春における冷厳な死〉を示し、「十二月」の絵は、〈物みな眠りに就く冬における豊穣な生〉を示しており、その両者を含み持ったものがすなわち〈人生〉と言うものだ――とするのが、この一編の主題なのである」とする。

須貝千里は、「大方の読み方がどのようなものなのかを示しており、多くの教材研究、実践報告もその圏内にある」とした上で、「〈読み〉が停止させられ、読者の価値観によって作品は抑圧されてしまっている」と批判する。また、子どもの感想に寄り添って読もうとする牛山も、やまなしのその後をイメージする感想から、対比や人生を超えて、「やまなしの生命が蟹に受け継がれていく〈生命の連環〉を題名に結実したもの」とみる。

さらに、「やまなし」の扱いにくさは、それをどう実践するか、ということの難しさにもある。

日本国語教育学会がまとめた実践には、「やまなし」を教材とした「分析・追求の授業」（授業者・吉丸蓉子）の可能性が示されている。「〈読み〉を触発する装置（テクスト）として、ことばとその仕組みを抑えた上で、そこに描き出された虚構世界の意味を考え、そのことで受容を深めようとする」授業で、「やまなし」に「他の生命の中に生き続ける幸福な死」を見ており、子どもたちから「他人を生かす死」に関する発言が出ている。吉丸の実践は、西田が賢治童話の魅力で示し、牛山が子どもの感想から読もうとした、生命の循環を捉えている。

関連する作品

宮沢賢治の童話は、戦後すぐに「どんぐりと山猫」が教材化されたのを皮切りに、多くの作品が教材化されてきたが、平成に入って以降は、「やまなし」の他、「注文の多い料理店」（東京書籍五年、学校図書五年）と「雪わたり」（教育出版五年）の三作品で定着している。

これらの定番教材は、伝記教材と組み合わせて単元が設定されることがある。牛山は、その際、賢治という作者の思想性が、作品の読みを規定してしまうことを危惧する。例えば、光村図書六学年の伝記教材には、畑山博の「イーハトーヴの夢」があるが、畑山の主観的な「賢治の理想」や「賢治の考え方や生き方」に関連させてしまうと、読みの幅が狭められてしまうことになる。

新しい読みの提案

「やまなし」では、たくさんのノンセンスを味わうことができる。表題ともなっているヤマナシは、バラ科ナシ属の落葉高木で、食用のナシの原種である。四月から五月に白い花をつけ、九月から一〇月に実をつけるが、果実の大きさは三センチから九センチほどで、一般的なナシに比べかなり小さい。また、イワテヤマナシ（ミチノクナシ）は果実の香りが強い。やまなしの実物を見たら、子どもたちは「小さい」と感じるだろう。人間にとってはわずか直径三センチメートルのやまなしも、蟹の目から見るととても大きく見えるのである。そこに大小の大きさが逆転する妙味、ユーモアがある。

賢治とキャロルを比較した原は、両者の作品は、「ファンタジーと笑いに満ちており、しかもその笑いはきわめて技巧的で多様であった」と述べる。「登場人物たちにはカリカチュア」があり、「生存そのものへの鋭い洞察から生まれたブラック・ユーモア」「『おち』をもつ技巧的なブラック・ユーモア」「風刺性」「調和的ユーモア」「イノセンスに基づいたユーモア」などがちりばめられているという。

意味不明な「ジャバウォッキー」の歌が、アリスと一緒に読者を不条理な鏡の国に誘い込むように、「クラムボン」は私たちを蟹の世界に引き込む十分な引力を持っているし、語感やリズムの面白さもある。中野新治も、「作者は十分に意識的に意味不明の言葉を発語させた」としているように、作者の意図的な技巧とその面白さを味わうのである。

中西市次は、言葉の意味よりもむしろ、「……シンダヨ」「……コロサレタヨ」「……シンデシマッタヨ」と二拍ずつせりあがってくリズムの愉しさを見出している。また、兄の蟹の描写に、「その右側の四本の脚の中の二本を」と「の」が五つも連続するところにも面白味を感じている。谷川雁は、『わらつた。』とカニが言う以上は、カニ自身も笑いを知り、みずから笑う存在でなければならない」としているが、笑いを知る蟹がクラムボンが笑うのを見ることにもおかしさがある。

授業では、そうした面白さ・おかしさを子どもたちが発見していく活動を取り入れたい。子どもたちは合理性から自由であるがゆえに、大人よりもむしろ「笑い」に敏感であり、遊び心を持っている。したがって、賢治が張り巡らせた技巧的な数々のノンセンスを大人以上に発見することができるのではないだろうか。その際、賢治の他のノンセンス童話や、二つのアリスの一場面や、マザー・グースの唄、エドワード・リアの絵本などを手がかりにしたり、それらの読書活動へと繋げたりして広がりを持たせることも可能だろう。

そして、最終的なまとめとして、子どもたち自身にノンセンスの詩や言葉遊び、ダジャレなどをつくる活動を盛り込むことで、子どもたちがノンセンスを自分の中にも取り入れていく機会としたい。それをグループやクラスで共有することで、さらに笑いの輪は広がりを見せるはずである。子どもたちからどんなノンセンスが飛び出してくるか、非常に楽しみである。

＊参考文献＊

・高橋康也『ノンセンス大全』晶文社、一九七七年。
・中西市次『賢治童話『やまなし』を読む—川底の心象風景—』高校生文化研究会、一九八二年
・谷川雁『賢治初期童話考』潮出版社、一九八五年
・天澤退二郎『《宮澤賢治》鑑』筑摩書房、一九八六年
・原昌『比較児童文学論』大日本図書、一九九一年
・中野新治『宮沢賢治 童話の読解』翰林書房、一九九三年
・日本国語教育学会編『授業に生きる 宮沢賢治』図書文化社、一九九六年
・田中実、須貝千里編『文学の力×教材の力 小学校編6年』教育出版、二〇〇一年
・西郷竹彦『増補　宮沢賢治「やまなし」の世界』黎明書房、二〇〇九年
・西田良子『宮沢賢治読者論』翰林書房、二〇一〇年
・牛山恵『子ども読者とひらく宮沢賢治 童話の世界』冨山房インターナショナル、二〇一四年

07

ごんぎつね ■新美南吉■

――ごんの真心の行方を考える

井上陽童

作品の成立・刊行

「ごんぎつね」は、新美南吉（一九一三〜一九四三）が半田第二尋常小学校代用教員時代に執筆した一八歳の時の作品である。「スパルタノート」と言われる自家製ノートの中に草稿がある。南吉はそれを鈴木三重吉が創刊した児童雑誌『赤い鳥』に投稿し、一九三二（昭和七）年一月号に掲載された。彼にとって、三度目の入選であった。表題が「権狐」から「ごん狐」に書き改められたことに見られるように、鈴木三重吉が大幅に手を入れている。

教科書採択の歴史

「ごんぎつね」は一九五六（昭和三一）年、大日本図書版の国語教科書に初めて登場して以来、六〇年以上も教科書に掲載され続けている。しかも、一九八〇（昭和五五）年度版からは、全ての教科書会社の四年生教材として採用されている。このような教材は他に類を見ない。

なぜ、「ごんぎつね」だけがこれほど長く教材として採録されてきたのか。鶴田清司は、その要因として、「文学的価値」と「教育的価値」の大きく二点を挙げている。作品に内在する「文学的価値」としては、①起承転結が明確なストーリー構成、②異なる世界に生きるものたちの心のふれあいというテーマ性、③最後の場面における視点の転換と感動的な結末、④民話的な語り口と伝承性の四点を指摘する。「教育的価値」としては、心の触れ合いの難しさや人と関わる力など、時代を超えて子どもたちに大切なことを語りかける力を「ごんぎつね」がもっていると述べる。そして鶴田は、「こうした二つの価値（文学的価値と教育的価値）が調和的に働くことによって国民的な文学教材となり得た」と結論づけている。

テキスト研究史について

「ごんぎつね」は、今我々が読んでいる本文の形になるまでに、大きな揺れを二度経ている。先に述べた通り、本作品は『赤い鳥』に掲載されるにあたって、当時編集を担当していた鈴木三重吉の手が入っている。草稿と比較すると、『赤い鳥』版は、冒頭の語りの部分が大幅に削られ、ローカルな語彙を一般的な言葉に直す等の変更が行われている。

その後、一九四三（昭和一八）年九月に出版された『花のき村と盗人たち』（帝国教育会出版部）では、その一〇年ほど前に『赤い鳥』で発表された「ごん狐」の原稿がそのまま掲載されている。しかし、一九五一（昭和二六）年一〇月に出版された『小学生全集6　ごんぎつね』（筑摩書房）は、文章の一部が異なっている。具体的には、『赤い鳥』に載せられた「ごん狐」では、「小狐」となっていたごんの表記が、『小学生全集』では「子狐」となっていた。この点を作品全体の受け止め方の問題と関連させて鋭く論じたのが鳥越信である。鳥越は、「小狐」を大人になりきらない青年の狐と読んだ時、それは肉体的に虚弱だった南吉が自身を「ごん」に投影させている可能性があると述べる。そのようなコンプレックスが南吉の文学の原点だとすれば、『小学生全集』の「子狐」という表記が問題になるわけである。もう一点の問題として、『小学生全集』では原文に存在した次の傍線部の一文が省かれていた。

　兵十は、立ちあがつて、納屋にかけてある火縄銃をとつて、火薬をつめました。そして、足音をしのばせてちかよつて、今戸口を出ようとするごんを、ドンと、うちました。ごんは、ばたりとたほれました。兵十はかけよつて来ました。

府川源一郎は、「この一文を取り除くことで、ごんは死ななかったのではないかという『読み』の可能性が強く浮上してくる」と問題視している。

その後、新美南吉の読者層がさらに広がると共に原文尊重の声が高まった結果、一九八〇年、ついに『校定新美南吉全集』が出されることとなる。この中で、「ごん狐」も、南吉自身が生前認めていた『赤い鳥』版が底本として収められ、先述した問題点は修正されることとなった。この校定全集について府川は、「この全集があらゆる点にわたって、これまでの児童文学関係の全集の中で、もっともすぐれた仕事であることは間違いない」と高く評価している。

「ごんぎつね」の主題をめぐって

西郷竹彦は、ごんの死を「封建的な時代・社会というものをぬきにしては考えられぬ村共同体の状況がひきおこした悲劇」と述べ、「おたがいにまずしい人間同士でありながら話し（ママ）が通じあわない世界」の「矛盾」こそが問題の本質だと指摘する。しかし、岩沢文雄は、「ごんは、きつねだから殺されたのだ。それだけのことだ。（中略）ごんは、見つかれば、いつでも即座に射たれてしまう、かなしい存在だったのだ」と明快に指摘した。その上で、「作品『ごんぎつね』は、求愛のうただ。うたの美しさは、孤独な魂が愛を求めて奏でる、哀切のひびきの美しさだ」と述べている。

「ごんぎつね」における語りに注目して論じた鈴木啓子は、「定本は、草稿のもつ供犠としての「物語」性を後退させることによって、〈ごん〉と兵十の間に成立する個と個のコミュニケーションの命題を前景化させる結果となっている。ごんの死によるカタルシスにはひびが入り、兵十の殺生は償いようのない過ちとして残存し、読者は出口のない宙づり状態に投げ出される」と主張する。この鈴木の主張に異を唱えたのが、田中実である。田中は、「この物語はごんが死んでから始まる」とし、「ごんの死は母を失くし、一人ぼっちになった兵十の心の奥深く捉えられ、そのさびしく悲しい思いがごんを視点人物にしたこの作品の力を創り出すのであり、他者性とは逆に、亡き母を恋う〈物語の力〉こそ『ごんぎつね』の価値を支えてい」ると述べる。つまり、ごんの死を通してこれまでのいきさつを理解した兵十が村人にごんのことを語り始めることで、ごんは兵十の心の中に生き続ける。そして、「ごんぎつね」の話がさらに次の世代の村人に語り継がれていくという伝承の物語なのだという。

第六場面における「視点の転換」の効果

「ごんぎつね」のクライマックスにおける視点の転換を初めて指摘したのは、西郷竹彦である。西郷は、試みにごんの視点のまま最後の場面を描いてみせた上で、その効果を次のように述べる。「ごんの視角のままでえがかれると、読者はごんの悲しさをわかって悲しむだけに、ただそれだけになってしまうために、兵十のしわざをうらみ、兵十を『悪者』にしてしまうでしょう。ごんがかわいそうであればあるだけ、兵十をうらみ、にくむ心になってくるのではないでしょうか。（中略）したがって、この物語は、兵十のあやまりのために、ごんが殺されてしまったという、単純な人殺しの悲劇でおわってしまうでしょう。殺されたがわだけの悲劇でおわるでしょう。でも、わたしたちは、28（クライマックス場面：稿者補足）を兵十の視角に立って読んでくると、殺された方もかわいそうだけど、殺すことはなかった相手を殺してしまった兵十もあわれになってくるはずです」。この西郷の指摘について、鶴田清治は、『「ごんぎつね」の〈解釈〉と〈分析〉』（明治図書、一九九三年）において、「視角の転換が主題に密接にかかわっているという指摘は卓見である」と評価している。

第五場面から第六場面の「空所」について

「ごんぎつね」のクライマックスである第六場面は、「そのあくる日もごんは、栗をもって、兵十の家へ出かけました」で始まる。その前日に、これまでの兵十への償いが全て神様のおかげということにされてしまったごんは、「おれは引き合わないなあ」と思ったにもかかわらず、なぜ、また栗を持って兵十のもとへ出かけていったのか。この学習課題について、岩沢文雄が詳しく論じている。

岩沢は、「こいつはつまらないな」と思ったのに、なぜ明くる日も出かけたのかという問題について、五つの可能性を検討している。①生来ののんきさ、単純さ、②ひとりぼっちのわびしさに耐えかねて、③申し訳ないという思いがやっぱり強くて、④いつかは分かってくれるだろう、やっぱり分かってもらいたいという願いにひきずられて、⑤兵十と仲良くなりたい、お礼は言ってもらえなくとも尽くしたいという人を得た喜び、己れのなすべきことをつかんだ者の喜び、目覚めた愛情、または、やるせない求愛の情につき動かされて、である。その上で、岩沢は「①②③④のすべてを含みつつも、ごんを兵十の家に向かわしめたものは、やはり⑤だったのだろう」と結論付けている。

関連する作品

南吉作品で最初に国語教科書に取り上げられたのは、一九五三（昭和二八）年度使用の中学校国語教科書に掲載された「おじいさんのランプ」である。さらに、一九五四（昭和二九）年度からは、「手ぶくろを買いに」が小学校三年生用の教材として採用されている。

与田準一は、「南吉童話解説～初期作品を中心に～」（『新美南吉童話全集　第一巻　ごんぎつね』大日本図書、一九六〇年）において、南吉文学に共通するテーマを「生存所属を異にするもの同士の、流通共鳴」と結論付けている。この見解は、南吉理解の基礎として多くの研究者に引用され、今日にも受け継がれている。

新しい読みの提案

クライマックスの第六場面において、兵十から「おまいだったのか、いつも、くりをくれたのは。」と問いかけられたごんは、ぐったりと目をつぶったままうなずく。この時のごんの気持ちを想像する、あるいは、ごんと兵十は最後に通じ合えたのか、という学習課題をよく目にする。もちろん重要な課題である。けれども、その直前の場面の「うちの中を見ると、土間にくりが固めて置いてあるのが、目につきました」を深く読んでいくことこそ、ごんのその時の心情やこれまでのごんの行動の意味を理解する上で重要だと考える。

ごんはなぜ、栗を固めて置いたのだろうか。先行研究でも様々に論じられている。西郷竹彦は、「なによりも、『かためておいてあるくり』の形象は、ぞんざいに、そこいらになげだしたりしないようなこまやかな心づかいのある、ごんの性格をよくあらわしています。それを兵十の眼を通してみるわたしたちには、いじらしいかぎりです。なにか、かたみになってしまったものを見る思いがします」と述べる。野口芳宏は、「『栗を固めて置いた』のはなぜか――一語にこだわり続けて――」（『教育科学国語教育』第三三二号、一九八四年五月）において、次のように述べている。「この場面のごんは、引き続き善意の償い（その上それは善意の思い過ごしによるものでさえある）をしているのだ。しかも戦々兢々としながら、その寸秒をあらそう危機の中にあって、なぜくりを固めて置くのか。それは、兵十への愛の証し、寄せる熱い想いの熱さ、尋常ならざる兵十への心づかいであるに違いない。私は、長くそう思い、そう信じ、子どもをそのように変容させてきた。ところがである。ある教室で『なぜ固めて置いたのか』と問うた教師に対して、『投げこんだら音がする。音がすれば殺されるからだ』と答えた子があった。問うた教師はこの答えを軽くあしらって、先に述べた解釈に子どもを導くことに腐心したが、私は鉄槌を食らった感じがした。この子どもの解釈は、危機場面のごんの心のうちをリアルにとらえている。甘っちょろい感傷に溺れていない。音がすれば殺されるからだ！　成程、その解の方が深い」。このように、多様な解釈が生まれている。

そもそも、ごんが兵十のもとへ栗を届けることになったのは、ごんが兵十のとったうなぎや魚をいつものいたずらで逃がしてしまったことに起因する。いたずらの約一〇日後、兵十の母の死を知ったごんは、自身の住処である森の穴の中で一人後悔する。この時、ごんは兵十の母の病床の姿も亡くなった時の様子も知らないにもかかわらず、自分のいたずらのせいで兵十が母の最後の望みであるうなぎを食べさせることができなかったと考える。この思い込みが悲劇の始まりなのであるが、ではなぜ、ごんはそう思いこんだのだろうか。推測するに、ごんも自身の母親の死の間際に、何らかの悔いを残していたからではないか。自分が母親にしてやれなかった悔いをずっともちながら、これまでたった一人で生き抜いてきたごん。ある日のいたずらをきっかけに知った兵十の母の死に、自身の過去が蘇ったのだろう。

ごんが兵十に自身の姿を投影する場面は、もう一つある。第三場面で兵十が、赤い井戸のところで麦を研いでいる姿を見た時、ごんは「おれと同じ、ひとりぼっちの兵十か」と思う。ここから、ごんの兵十への日参が始まる。ごんは初めそれを「償い」と表現した。けれどもその償いは、いつしか兵十と自分の母の死を悼む行為、そして、自身と同じ孤独を抱える兵十とのつながりを求める行為へと変わっていった。そう考えた時、ごんがなぜ、栗を固めて置いたのか、その理由が見えてくる。

兵十とごん自身の母の死を悼む供物であり、兵十とのつながりの証である栗を、ごんは以前のように投げ込むことなど、もうできなかったのではないか。固めて置いた栗は、ごんの真心そのものだった。

＊参考文献＊

・西郷竹彦『教師のための文芸学入門』明治図書、一九六八年
・鳥越信「『ごんぎつね』を考えるさいの二つの視点」『日本児童文学』第二二巻第九号、一九七六年七月
・岩沢文雄『文学と教育　その接点』鳩の森書房、一九七八年
・新美南吉『校定新美南吉全集　第三巻』第日本図書、一九八〇年
・府川源一郎『「ごんぎつね」をめぐる謎　子ども・文学・教科書』教育出版、二〇〇〇年
・鈴木啓子「『ごんぎつね』の引き裂かれた在りよう―語りの転位を視座として―」田中実・須貝千里編『文学の力×教材の力　小学校編四年』二〇〇一年
・田中実「⑴鈴木論文「『ごんぎつね』をどう読むか」をどう読むか」田中実・須貝千里編著『「これからの文学教育」のゆくえ』右文書院、二〇〇五年
・鶴田清司「第七章　新美南吉『ごんぎつね』の授業実践史」浜本純逸監修『文学の授業づくりハンドブック　第二巻　授業実践史をふまえて　小学校・中学年編』渓水社、二〇一〇年

08　一つの花■今西祐行■

――「一輪だけのコスモス」に託された願い

井上陽童

作品の成立・刊行

「一つの花」の初出は、一九五三（昭和二八）年一一月号の雑誌『小二教育技術』（小学館）である。与田準一の紹介で書いたという。本作はその三年後に刊行された今西祐行（一九二三～二〇〇四）の最初の童話集『そらのひつじかい』（泰光堂、一九五六年）に収録されたもの（「ひとつのはな」）と、かなりの異同がみられる。その後、第二童話集『太郎コオロギ』（実業之日本社、一九六五年）に収録され、講談社文庫の『ヒロシマの歌ほか』（講談社、一九七六年）にも採録された。

教科書採択の歴史

「一つの花」が最初に教科書に登場するのは、一九七四（昭和四九）年版日本書籍『小学国語　四年下』においてである。そして、一九七七（昭和五二）年度版国語教科書では、主要教科書会社五社のうち三社（日本書籍、教育出版、光村図書）に採用されるに至った。その後、多少の増減はありながらも、今日まで採録され続けている。ちなみに、二〇二〇（令和二）年度版国語教科書では、主要四社（東京書籍、教育出版、光村図書、学校図書）に採録されている。

作品の研究

教科書教材として長く採録され、童話絵本としても親しまれてきた「一つの花」は、様々な分野での研究が行われている。具体的には、作家論、戦争児童文学論、授業研究論などが挙げられる。

作家論としては、関口安義の『一つの花　評伝今西祐行』（教育出版、二〇〇四年）が代表的である。児童文学作家として、また、ヒロシマをその目で見た戦争体験者としての今西の半生がていねいに綴られている。

戦争児童文学論としては主に、鈴木敏子、宮川健郎、村上呂里が挙げられる。鈴木は、父親が出征の別れ間際にぐずるゆみ子におにぎりの代わりにコスモスを渡した場面について、「『一つだけちょうだい』の一つを、おにぎりから花にすりかえてはいけない」と指摘し、戦中戦後の食糧難時代のリアリティを保証することの重要性を主張する。宮川は、「父親の視点で書かれてしまったために、『一つの花』は、『児童文学』としては不成功におわっているかもしれない」と述べ、戦争児童文学という枠組み自体の見直しを求めている。また村上は、宮川のいう「父親の物語」であることを認めた上で、「〈戦後〉を生きる語り手が語る『父親の物語』の『抒情』は、〈他者〉を蔽ったうえで成り立っている」とし、戦中戦後において抑圧されてきた女性の「声」を聞くことを通して、「一つの花」を考察している。

教材の評価

山元隆春は、「一つの花」において、中盤と後半との間に一行の空白を挟んで一〇年の時間差があることに触れ、「この作品は語り手の主観のなかで再現された戦時の語りなおしなのであり、当然のことながらそれは史実にもとづくかという問いを差し向けることが困難なほど『物語化』されたものとみるのが妥当であろう」と述べている。そして、語り直され物語化されたものである以上、「『一つの花』を戦時の生活をリアルに知るための資料とすることは、できない」と指摘した上で、「しかし、そのことが『一つの花』の教材性を疑う根拠にはならない」と述べている。このことは、宮川健郎の「戦争を書くことと、戦争を『戦争児童文学』として書くことを決して混同してはならない」という指摘とも重なるものである。

語り手に注目して教材論を展開したのが、西郷竹彦の文芸研である。「一つの花」の語り手が登場人物を外から見て語る〈外の目〉の視点、いわゆる「三人称客観の視点」であるとし、その効果を「事実そのものを読者の眼に見せて、それを読者の側から意味づけさせよう、意味づけさせたいと考えたから」と説明する。さらに、語り手が「〜でしょうか」と読者に問いかけている表現が強調の効果をもっていると説明する。同じく、語り手に着目した論考では、村上呂里が「〜のでした」「〜のです」という表現を物語内から全て抜き出し、「控えめながら語り手の志向＝価値づけのもとに読み手を巻き込み、感情同化を迫るような語り口が織り込まれている」と分析する。

政治の世界との関連でいえば、一九七九（昭和五四）年一〇月に、反共主義者の石井一朝が「新・憂うべき教科書の問題」（『じゅん刊・世界と日本』二五三・二五四合併号）を書いたのを契機とする、一連の小学校国語教科書批判が社会問題化した。この時、今西祐行の「一つの花」や「ヒロシマのうた」も「偏向作品」として批判されることとなる。今西はこうした事態に対していくつかの教科書を守る集会に出席し、進んで反論を書いている。例えば、同和教育における授業と教材研究協議会編『国語教科書攻撃と文学の授業』（青木書店、一九八二年）では、次のように結んでいる。「『一つの花』は、人間の想いというものは、コスモスのように美しく、愛(かな)しく、強いということを歌ったつもりなのだが、最近ひそかに戦争を謳歌しようとしている人たちには、どうもその歌が聞こえないらしい」。

関連する作品

今西祐行は、「一つの花」の他にも、ゆみ子を主人公とするいくつかの作品を書いている。「ゆみ子のリス」「ゆみ子とみずすまし」「ゆみ子とつばめのおはか」などである。『ゆみ子とつばめのおはか』（偕成社、一九七一年）の後書きでは、戦争への想いを次のように記している。「私達は、当時、広島駅の裏に広がっていた東練兵場にテントを張って救護所をつくりましたが、夜が明けてみると、練兵場は足のふみ場もない程の死体と、ぼろぼろに傷ついた人でうずまっていました。あの時のことを想うと、私は、もうたとえ地獄に落とされても少しもあわてないだろうと思います。私はそんな地獄の中で、たったひとりで死にかけている女の子が、つばめをだいているのを見ました。少女は、もう口がきけませんでした。なぜ、あの子がつばめをだいていたのだろうと、私はいまもふしぎに思います。（中略）『ヒロシマのうた』『あるハンノキの話』『ゆみ子とつばめのおはか』など、私はいくつか、あのときのヒロシマのそんな断片を作品に書いてきました」。

また、今西は「一つの花」の続編とも言うべき短編物語を書いている。「エリカのジッタン・バッタン」というその作品について今西は、主人公エリカの母親が「一つの花」のゆみ子であると述べ、二人の主人公への想いを後書きで記している。「エリカのまわりには、食べる物でも着る物でもオモチャでも、ありあまるほどあります。それを見て私は食べる物にもこと欠いた三十年前のゆみ子を想わずにはいられませんでした。何も無いが故に、せめて一つだけでもゆみ子に何かを与えてやりたいと思ったのです。しかし今ゆみ子二世のエリカを見るにつけ、また想うのです。あまりにたくさんのモノにかこまれているが故に、このエリカにも一つの花を残してやらなければならないと」。この後書きについて、山元隆春は、次のように考察している。「今西は意図的に『一つの花』の続編を書いたのではないか。ゆみ子の経験を、同じ子どもだからといって、現代の子どもたちに共有することはできないと、今西は気づいている。そうでありながら、〈一つの花〉というモチーフは温存された。現代のこどもたちには現代の子どもたちなりの〈一つの花〉がある、とでも言うかのように」。山元は先の考察をもとに、「一つの花」を反戦教材として位置付け、戦中戦後のリアリティを問題にすることは無意味であると結論付けている。

新しい読みの提案

この物語は「一つの花」という題名に、多くの意味が込められている。整理すると、大きく三つに分けられるだろう。

題名に込められた第一の意味として、「戦争の罪深さ」が挙げられる。物語冒頭の二文にいきなりそれは表れる。

「一つだけちょうだい。」

これが、ゆみ子のはっきりおぼえた最初の言葉でした。

戦時中で食糧が底を突き、娘に十分に食べさせてやれないために母親の口癖となった「一つだけ」という言葉。それが、皮肉にもゆみ子が初めて覚えた言葉となる。「もっとちょうだい。」「たくさんちょうだい。」という願いをもちながら、相反する意味である「一つだけちょうだい。」という言葉で必死に食べ物をねだるゆみ子の姿はいじらしくて切ない。本来であれば、我が子が初めて言葉を覚えてしゃべる姿は、親にとって何物にも代えがたい喜びの瞬間となるはずである。どこの家庭にもあるそのようなささやかな幸せが、戦争によって無残にも奪われていく。物語冒頭の二文には、「戦争の罪深さ」が凝縮されているといえよう。

題名に込められた第二の意味は、「親の愛」である。物語のクライマックスである父との別れの場面をみてみよう。駅に汽車が入ってきていよいよ別れが近づいた時、またゆみ子の「一つだけ」のおねだりが始まる。しかし、出征する夫にゆみ子の泣き顔を見せたくなかった妻は、夫のために用意したおにぎりをすでに娘に食べさせてしまっていた。必死であやす母親を尻目にとうとう泣き出してしまったゆみ子に、父親が持ってきたのが「一輪のコスモスの花」だった。

「ゆみ。さあ、一つだけあげよう。一つだけのお花、大事にするんだよう――。」

この場面をよく読むと、二つの疑問が生じる。父が渡した花は、なぜ、コスモスだったのか。なぜ、父はコスモスを「一つだけ」渡したのか。

物語の最初の場面で、「一つだけ」が口癖になってしまったゆみ子を不憫に思う父親が深いため息をつきながら、次のように言っている。

「この子は、一生、みんなちょうだい、山ほどちょうだいと言って、両手を出すことを知らずにすごすかもしれないね。一つだけのいも、一つだけのにぎりめし、一つだけのかぼちゃのにつけ――。みんな一つだけ。一つだけのよろこびさ。いや、よろこびなんて、一つだってもらえないかもしれないんだね。いったい、大きくなって、どんな子に育つだろう。」

この独白から察するに、「一つだけ」すなわち「少量」のものを得る喜びしか知らないゆみ子を不憫に思う父親のやるせない心情が伝わってくる。だとすれば、クライマックスでなぜ、父親はゆみ子に「一つだけ」のコスモスを渡したのか、という疑問が改めて生じるのである。

コスモスは、キク科の一年草で、日当たりと水はけが良ければやせた土地でもよく生育する。だからこそ、「プラットホームのはしっぽの、ごみすて場のような所に、わすれられたようにさいていた」のであろう。それは、戦時中において草花に構ってなどいられなかった人々の暮らしぶりも表している。また、コスモスは群生して咲く。したがっておそらく、父親はその気になれば「一つだけの喜び」しか知らないゆみ子に「山ほどのコスモス」を渡せたはずである。つまり、父親はあえて「一つだけのコスモス」を渡したのである。「一つだけ」に「少量の」ではなく、「唯一の」「かけがえのない」という意味を込めて。それは、たった一人の娘のこれからの幸せを願う気持ちの表れであり、父親から娘に贈るかけがえのない愛情そのものである。そして、コスモスは細い茎ながらも風にしなやかに揺れながら、しっかりと大地に根を張って力強く咲き続ける。こう考えると、父親がゆみ子に渡すのは「一つだけ」の「コスモス」でなければならなかったともいえよう。

題名に込められた第三の意味は、「人間の強さ・美しさ」である。

「ゆみ子は、お父さんに花をもらうと、キャッキャと足をばたつかせてよろこびました。」

先述のクライマックスの場面で、父親に「一つだけのコスモス」を手渡された時のゆみ子の反応が描かれている。父親の願いや愛情のこもったコスモスの花一輪を握りしめて、ゆみ子は大喜びしたのである。その姿はゆみ子が空腹を超えて美しいものに感動する心をもっていたことの証である。戦争がどんなに無残に人々の平穏な暮らしや日常を奪おうとも、人間としての尊厳は奪えなかったといえる。この点について、文芸研は、「つまり、幼い子どもを飢えに追いやるような戦争の力をもってしても、結局、子どもの中の人間性を奪うことはできなかった」と述べている。

さらに言えば、父の出征から一〇年後の場面で、ゆみ子の住んでいる家は、コスモスの花でいっぱいに包まれている。父から託された「一つだけのコスモス」は、コスモスのトンネルとなり、スキップするゆみ子を包みながら見守っている。そして、ゆみ子は父親と母親の愛情に包まれながら、母親を助ける「小さなお母さん」として力強く生きている姿が描かれているのである。

以上、「一つの花」の題名に込められた三つの意味について考察してきた。今西祐行の「一つの花」は、戦中戦後の時代に数多くいたであろう名もない家族の姿を通して、「戦争の悲惨さ・罪深さ」を描きながら、その厳しい状況においても我が子を想う「親の愛の深さ」や「人間の強さ・美しさ」に貫かれた作品といえよう。

＊参考文献＊

・鈴木敏子「「一つの花」と「一つのおにぎり」は等価か―「一つの花」抒情批判―」『日本文学』第二九巻第二号、一九八〇年二月

・文芸研宇部サークル『文芸研・教材研究ハンドブック6』明治図書、一九八六年

・今西祐行『今西祐行全集　第四巻　一つの花』偕成社、一九八七年

・宮川健郎『現代児童文学の語るもの』日本放送出版協会、一九九六年

・村上呂里「娘が読む『父親の物語』―今西祐行『一つの花』―」田中実・須貝千里編『文学の力×教材の力　小学校編四年』教育出版、二〇〇一年

・山元隆春「第六章　今西祐行『一つの花』の授業実践史」浜本純逸監修『文学の授業づくりハンドブック　授業実践史をふまえて』溪水社、二〇一〇年

09

白いぼうし■あまんきみこ■

――事実の奥の真実を垣間見る物語

大澤千恵子

作品の成立・刊行

雑誌『びわの実学校』二四号（一九六七年八月）に投稿・発表。その後、最初の単行本『車のいろは空のいろ』（ポプラ社、一九六八年）に収録。

教科書採択の歴史

一九七一（昭和四六）年に学校図書四年、光村図書五年（一九七七年からは四年）に初めて収載されて以降、長年四年生の代表的物語教材となっている。教科書会社によっては、学年が前後することもあったが、春の情景が描かれている本作は、いずれも上巻に収載されている。二〇二〇（令和二）年現在、学校図書、教育出版、光村図書の三社が採用している。

作品の研究

「白いぼうし」は現代児童文学作品である。あまんは対談の中で、創作の際には「ファンタジーを書こうとか、メルヘンを書こうとか、リアリズムを書こうとか思ってなくて、このことを書きたい」と書いているに過ぎないと答えているが、その空想世界の描かれ方から、児童文学研究の立場からは「メルヘン」的なファンタジーであるとされることが多い。

西本鶏介は、あまん作品を「私たちの住んでいる現実のすぐうしろにある場所、目をつむれば、だれもが、いつでも行ける場所」「この現実にひそむもう一つの世界」とした。

また、神宮輝夫は「あまんさんの作品は、ファンタジーというより、メルヘンとよばれる作品の系列になる」とし、「白いぼうし」については、「メルヘンだから変身があったり、人間と動物が交流したりと、物理的な法則は無視」しながらも、「いまの社会、いまの人間から離れていない」ところが大きな特徴であると評価する。宮川健郎は、「客席にいる女の子がチョウなのではないかと思えるような瞬間」、すなわち「日常生活の秩序にダブって、「何かちがったもの」が、顔をのぞかせる……一瞬が切り取られている」ところにあまん作品の優れた独自性を見ている。

「白いぼうし」の中に、女の子はチョウでした、とは書かれていない。だが、チョウだったのではないかと（特に子ども）読者が感じずにはいられないような物語世界が構築されているのである。そこでは日の出前や日の入り後に一瞬だけ見ることができる、「薄明」の空に生じている、何色とは言いがたい美しい色合いを味わうことができる。

あまんの「ファンタジー」観

あまんは、「本当にあったと思っていることを書いていた」ので、「白いぼうし」も含まれる単行本『車のいろは空の色』を出版後、「ファンタジーを書いている」と評されることに違和感を持ったという。しかし、その言葉で、女学生のときに先生から教えられたウイリアム・ブレイクの詩が自分の中の「ファンタジー」であったことに気づく。

ウイリアム・ブレイク（William Blake、一七五七〜一八二七）は、イギリスのロマン主義の詩人・画家である。子どもを主題とした画期的な詩集『無垢の歌 *Songs of Innocence*』（一七八九年）では、自然と一体となって、動物や植物たちとも調和している子どもの歓びが讃えられている。ブレイクによる子どもの無垢の賛美は、ロマン派の思想潮流の端緒となり、後のイギリス児童文学の興隆へと繋がっていく。ブレイクは卓越した想像力によって、二重のヴィジョンを持ち、対立する二つのものを止揚したのである。ブレイクが木一本でさえ二重に見えていたことは、知人に宛てた書簡の中の、「ある人を感動せしめて喜びの涙にいたらしめる木も別人の目には道に立ちはだかっている一個の緑色のものにすぎないのです」という言葉からもわかる。

あまんが深い感銘を受けたという詩は、『無垢の予兆 *Auguries of innocence*』（一八六三年）の、「一粒の砂に世界を見／一輪の野の花に天国を見る／掌のうちに無限を摑み／一瞬のうちに永遠を知る」という冒頭の四行である。

あまんは、ブレイクの二重のヴィジョンのありようを、子どもが尋ねる「それ、ほんとう?」との意味と重ね合わせ、一輪の野の花という事実の奥に見える天国は真実であるとする。そして、事実から真実を見たり、真実から事実を見たりすることが「わたしにとっての「ファンタジー」」としている。

子どもたちから送られてくる手紙に返信したことで知られるあまん自身の口からもしばしば語られるエピソードの一つに、ある男の子から届いた不思議な女の子の正体を問うものがある。女の子はチョウの精だと思うが、先生は幻だという。どちらなのかを教えてほしいというのである。

正解を求める問いそのものには、あまんは直接答えず、次のように返信している。

「ひとつのものを、いろいろな方向からみれば、形がちがうときがあるでしょう。でも、みているものは同じですね。そういうことが、この世の中は、いっぱいありますよ。」

あまんは、ブレイクに共通する二重のヴィジョンを持っていたからこそ、薄明の空に映し出される、一瞬の美しい色合いをとらえ、身近なリアリティのあるファンタジーを書くことができたのであろう。

教材の評価

本作は、単行本として出版される以前（雑誌『びわの実学校』に掲載時）に、教科書会社の目に留まり、選出されており、長い間国語科の定番教材として研究されてきた蓄積がある。

当初から子どもたちには広く受け入れられたが、教師の側には戸惑いも見られた。というのも、すでに大学を卒業した教師は、中学、高校の段階を経て、近代文学を中心に触れるようになっているからである。リアリズムを重視する近代文学の読みは、空想的なファンタジーの読みとは大きく異なっている。近代文学は、「なぜ〜なのか」を問い、考察していくことは読解上重要であるが、ファンタジー作品では、「なぜ？」といくら考えても答えが出ない、あるいは「わからない」としか答えられない場合が多い。つまり、その問い自体が成立しないのである。そのギャップをうめようと「子どもたちの積極的な姿勢に支えられ、勇気づけられて、リアリズムの教材だけに慣れていた教師たちが、アンチ・リアリズムの世界を模索しはじめた段階」と森本正一が述べたのは、一九八〇年代末であったが、ファンタジーへの理解も次第に深まり、ファンタジーを教室で楽しむ価値を見出そうとする研究も見られるようになってきている。伊藤あゆみは、「不思議に気づく力、その不思議を、わくわくしながら自分の世界に取り組む力、そんな見えないものを楽しむ力と強さを、ファンタジーの読みを通して培いたい」と述べる。そして、「白いぼうし」の学習を通して、「私たちの住んでいる現実の近くに、未知の国がいくらでも存在しているような気分を味わわせたい」と、ファンタジーの理解に立った上での教材観を提示している。

しかし、これまでの経緯をみてもわかるように、子どもたちは大人が示すより先にそうした世界に自ら入っていける想像力の持ち主であるということである。児童文学の世界をよく知っているのは子どもの方であり、たとえうまく表現できていなくとも一人ひとりの子どもの言葉やイメージを受け止め、理解しようとする姿勢が求められよう。

また、ファンタジーに限らず、児童文学作品は、作者が大人で読者が子どもであるというズレがあるために、教訓的なものが入り込みやすく、主題もポジティブな価値理念となる傾向を持つということである。それらは学びとして読んでいく場合には、重要な学習課題となりうる。

住田勝は、田川文芸研の教材研究が、作品の主題を「松井さんの優しさ」にみていることを挙げ、ここで定位されたものが、「80年代、90年代以降の「白いぼうし」の学習指導を「支配」していく」と批判的な目を向ける。松井さんの優しさは子どもたちの初発の感想に散見されるものであり、そこを到達点にすると思考停止になりかねないというのである。そして、長い間教材研究として蓄積されてきた優しい松井さんを乗り越える学習指導の開発を今後の課題としている。

難波博孝も「白いぼうし」は「死者の世界の話」といった感じを受けることから、「松井さんのやさしさ、人柄のよさを読み取る、感じ取る」授業が多いことに疑問を投げかける。

このような優しさを主題とする学習指導には、不思議な世界に入ることができたのは松井さんの優しさがあったからであるとする考えが根底にあるように思われる。すなわち、人間の優しさが、超自然的な世界の扉を開く、というものである。

たしかに、「白いぼうし」に登場する松井さんはやさしい人物像を持っている。だが、ファンタジーもメルヘンも現実の厳しさとは無縁の、優しさにあふれた世界が描かれているだけではない。古来の神話や口承の昔話がこの世の不条理や困難な現実に対峙しながらそれを超える世界を描こうとしたように、空想的な子ども向けの物語も空想世界を通して、現実を厳しく見つめているのである。

事実、作品には、あまんが子ども時代から抱えていた、死や自己、あるいは存在そのものに対する実存的不安が内在している。清水真砂子は、「あまんきみこの作品を成り立たせている最大のものは、実に人間のこの世のありように対するこの作家の不安であり、心もとなさであるように思われる」と作品に通底する作者の実存的不安を指摘している。同じように、畠山兆子も、病弱だった幼少期に死にかけた記憶が、「存在不安」を内に秘めた登場人物となって作品に登場してくる」と不安を感じ取っている。そうした現実の厳しさにも目を背けずに対峙しながら、その奥に見出される、真実の世界を描きだそうとするのが、「ファンタジー」であり、あまん作品なのである。したがって、やさしさの奥にある、寂しさや不安、痛みに目を向けるとともに、だからこそ他者へのやさしさが生まれてくる、という二重の視点が読みを深めていくと考えられる。

関連する作品

『ちいちゃんのかげおくり』は、一九八二（昭和五七）年にあかね書房から出版され、一九八六（昭和六一）年からは光村図書の三年生下巻の教科書に収載されている。戦時中の一人の少女の家族との日常や別れ、そして死が描き出されている。

この物語のラストシーンはアンデルセンの『マッチ売りの少女』を彷彿とさせる。アンデルセン童話もメルヘン的ファンタジーに分類されるが、「薄明の美しい一瞬の色合い」を描いた作家である。アンデルセンは、現実では死んだけれども、少女はさむいこともおなかのすくこともない天の世界へ、大好きなおばあさんと昇って行ったのだ、と語ることで薄明の美しい一瞬が心の中では永遠となると暗示した。そこには、一人の少女の生命の永遠を信じる、作者と読者だけの密やかな世界が生じている。

『ちいちゃんのかげおくり』も、「きらきらわらいだし」、空の「花畑の中を走りだし」たちいちゃんは現実の死を迎える。あまんは、平和になった世の中の公園で遊ぶ子どもたちの笑い声に、ちいちゃんのいる世界を重ね合わせている。すなわち、「子ども」という存在それ自体の連続性、永遠性への深い信頼を示しているのである。

新しい読みの提案

国語科の授業の中でファンタジー作品の読むことが大人である教師を悩ませてきたことはこれまで述べてきたとおりである。その大きな要因に「ファンタジーのパラドックス」がある。ファンタジーは、完全なる空想世界として退けてしまっても、そのファンタジー性を失うのだが、逆に完全に事実であると認識してしまうこともまた、同じようにファンタジーのもつ神秘性は失われてしまうのである。つまり、少女は松井さんの幻想だという事実に基づいた読みはもちろん、少女はチョウであるという幻想世界を断定する読みもまた神秘的な空想性は立ち上がってこない。ファンタジーに分類される空想的な作品は、現実の眼には見えない世界が描き出されている。空想的な物語で描き出される現実とは異なることは四年生も理解している。しかし、実際には見えなくとも、作者の心の内奥に確かに見える、神秘的で密やかな世界の開示にほかならない。その大切な世界を子どもたちに提示し、招じ入れてくれているという感覚は、教室での読みにおいても重要であると考える。

あまんは「ほんとう」あるいは「事実ではなく真実」という言葉で作品のそれを表している。だからこそ、ファンタジー作品は、子どもたちが普段は表に出していない、心の深いところまで入っていくところがある。ときどき、ふざけてしまう子どもがいるのは、心の内奥・深部に触れられてしまうことへの気恥ずかしさ、照れ隠しの側面があるようにも思われる。一人ひとりの子どもはもちろん、グループや教室内で生じる微細な心の動きには細心の注意を払う必要がある。デリケートで密やかな世界を共有していくためには、教師と子ども、子ども同士を含む教室全体の信頼関係の中で読むことが求められる。

叙述に即した読みが重要であることは言うまでもない。しかし、ファンタジーにおいてはどれも状況証拠のようで、確たる証拠にはなりにくい場合が多い。それゆえに萬屋秀雄が本作の授業実践で求める、「「おや?」「もしかしたら……」「多分、きっと……」「やっぱり……」といった微妙な味わい方」ができうるともいえる。はっきりとはわからないし、もしかしたら違うかもしれないが、でも、どうしてもそうとしか思えないという気分が、個人だけでなく、グループや教師、あるいは教室全体で共有されたとき、ファンタジーの持つ力は一層大きくなる。国語の授業の中で作品を読むことを通して、子どもたちの中に生きたファンタジーが立ち上がる愉しさを教師も共に味わいたい。

＊参考文献＊

・西本鶏介『子どもの本の作家たち　現代の児童文学』東京書籍、一九八二年
・田川文芸教育研究会『文芸教育教材ハンドブック7　あまんきみこ＝白いぼうし』明治図書、一九八五年
・児童言語研究会編『国語の授業（特集　あまんきみこ）』第七二号、一九八六年二月
・森本正一編『表現体系各論篇　第二二巻　童話の表現二』冬至書房、一九八九年
・神宮輝夫『現代児童文学作家対談9』偕成社、一九九二年
・宮川健郎『国語教育と現代児童文学のあいだ』日本書籍、一九九三年
・松島正一『イギリス・ロマン主義事典』北星堂書店、一九九五年
・萬屋秀雄『現代児童文学と国語教育―児童文学と国語教育の統合をめざして』高文堂出版社、一九九六年
・西郷竹彦『あまんきみこを授業する（文芸教育79号）』明治図書出版、二〇〇〇年
・田中実・須貝千里編『文学の力×教材の力　小学校編四年』教育出版、二〇〇一年
・畠山兆子「あまんきみこ初期作品研究―「車のいろは空のいろ」収録作品を中心に―」『梅花児童文学第一一号』二〇〇三年六月
・浜本純逸・松崎正治編『文学の授業づくりハンドブック　授業実践史をふまえて　第2巻』溪水社、二〇一〇年
・田近洵一編『文学の教材研究―〈読み〉の面白さを掘り起こす』教育出版、二〇一四年
・あまんきみこ他『あまんきみこと教科書作品を語らう』東洋館出版社、二〇一九年
・あまんきみこ研究会（代表　宮川健郎）『あまんきみこハンドブック』三省堂、二〇一九年

10 故事成語
——漢文学習の導入と日本の言語文化の意識化

松原洋子

作品の成立・刊行

故事成語は主に、中国に昔から伝わる物語や出来事、由来(故事)をもとにして作られたことばのことである。その一言の中に、人が生きていくうえで役に立つ知恵や知識がたくさんつまっている。ゆえに、学校教育のみならず、日常の言語生活の中でも、会話や文章の中で、大昔から使われてきた。

故事成語の内容は多岐にわたる。それらの中には、人と面と向かっては話しづらいことを婉曲に伝えるのに役立ったり、長くて複雑な内容を短い言葉で要点をまとめて核心を突くのに役立ったりする言葉がたくさんあり、古来、重宝されてきた。

中には、もはや故事成語とは意識されずに使われていることば(例、「矛盾」)もあり、故事成語を学ぶことは、日本文化が長きにわたって影響を受けてきた「漢文」の学習への導入であるとともに、「伝統的な日本の言語文化」を意識化することにもつながるという、一石二鳥の教材である。

教科書採択の歴史

新学習指導要領では、「伝統的な言語文化と国語の特質に関する事項」という、新設された項目がある。その中では、「昔話、神話・伝承、短歌、俳句、ことわざ、慣用句、故事成語、親しみやすい古文・漢文、近代以降の文語調の文章」等の例が示された。それによって、国語の教科書にはこれらの教材がふんだんに含まれることとなった。

しかし、「故事成語」に関しては、学習指導要領が改訂されるずっと前から教科書に載っているし、国語の教科書によって「故事成語」の存在を意識した人も多いだろう。現在の国語科教科書においては、中学年(小学校三年・四年)の教科書に掲載されていることが多い。

作品の研究

故事成語の学習といっても、故事を出典の原文のまま載せれば高校での漢文の教材となるし、書き下し文を載せれば中学校の教材になる。そして小学校では、故事の概要を載せている。つまり、どんな発達段階の児童・生徒にも適応できる教材となっているのである。

ここでは小学校での教材を見てみよう。「故事成語」についてはこども向けの本でもよく紹介されている、主だったものは次のようになる。

故事成語	意味	故事（いわれ）
矛盾	物事がくいちがい、つじつまが合わないこと。	昔、中国の楚という国に、「どんなものでも突き通せない盾」と「どんなものでも突き通せる矛」を売る商人がいた。「その矛でその盾を突いたらどうなるか？」と客に問われ、商人は答えることができなかった。
五十歩百歩	どちらも似ていて、あまり変わらないこと。	昔、中国で、戦場から五十歩離れたところに逃げた兵士が、百歩離れたところに逃げた兵士を臆病だと笑った。しかし、逃げたことには変わりはない。
呉越同舟	仲の悪い者同士が同じ場所にいたり協力しあったりすること。	昔、中国の呉と越は国の仲が悪かった。しかしあるとき、この二つの国の人が同じ船に乗り、嵐にあってお互いに助け合った。
蛇足	余計なつけたし。	昔、中国で蛇の絵を描く競争をした。早く書き終わった者が足を付け足したので、蛇でなくなり、競争に負けた。

漁夫の利	二つのものが争っている間に、別のものが得をしてしまうこと。	昔、中国で、シギ（鳥）が貝を食べようとしたところ、貝は殻を閉じて、シギのくちばしを挟んだ。お互いに離さず争っていると、そこを通りかかった漁師が両方とも捕まえてしまった。
推敲	詩や文章を、何度も読み直して直すこと。	昔、中国の唐の詩人が、「僧は推す月下の門」と「僧は敲く月下の門」のどちらの表現のほうがよいか迷い、何度も考え直した。
四面楚歌	まわりを敵に囲まれ、孤立すること。	昔、中国で楚の軍が砦に立て籠った。まわりを取り巻く漢の軍が一斉に楚の歌を歌うことで、楚の兵士がみんな漢に降伏したと楚の王に思わせた。
背水の陣	決死の覚悟で物事に挑むこと。	昔、中国の漢の軍は、川を背にして逃げ場のない陣をしくことで、兵士が必死になって戦い、趙の軍に勝った。
杞憂	心配する必要のないことをあれこれ心配すること。取り越し苦労。	昔、中国の杞の国に心配性の男がいた。天地が崩れ、太陽・月・星が落ちてきたらどうしようと心配し、夜も眠れず食べることもできなくなった。

虎の威を借る狐	権力者の威力を借りていばること。	虎につかまって狐は、「天の神が私を百獣の長にしたから、私を食べると天の命令に背く。嘘だと思うならついてきなさい。」と言った。虎が狐の後をついてゆくと、獣たちがみな逃げた。虎は、獣たちが自分を恐れて逃げたことに気がつかなかった。
蛍雪の功	大変な苦労をして学問に励むこと。また、それにより得た成果。	車胤と孫康は大変貧しく、夜の勉強の灯りをともす油が買えなかった。車胤は集めた蛍を袋に詰め、孫康は窓の外に雪を積み、灯りの代わりとして勉強に励み、出世した。
他山の石	他人の誤った行いや言葉も、自分の行いの参考になる。	他人の誤った言行（＝よその山のつまらない石）でも、自分の修養の助けとなる（＝自分の立派な玉を磨くのに使える）。

故事は中国で実際に起こったこともあるし、孟子などの思想家が人を説得させる材料として、たとえや具体例を作って挙げた話ということもある。これらから二つの例を挙げて述べてみたい。

【①矛盾】

とにかく故事成語はたくさん存在するが、小学校中学年ではこの中の「矛盾」が定番である。

「矛盾」の故事に出てくる「楚人」は、おそらく古代中国の市場で武器を売っている武器商人であろう。当時の「盾」は「楯」とも書かれるように、実は木の板で作られることも多かった（「木盾」という）。他にも犀の皮でできた「犀盾」や鉄でできた「鉄盾」もあったが、鉄や銅の盾は重すぎるため、中国ではあまり使われなかったそうだ。盾は形も用途もさまざまで、歩兵用・戦車の上で使う小型、左腕に結び付ける騎兵用など、いろいろな盾があった。

もう一つの「矛」は晋代以降、「槍」にとって代わられるまでは広く用いられた武器である。先端部が、周代には銅が使われ、戦国時代以降に鉄が使われ始めたという。

「矛盾」の寓話の出典は韓非（?～紀元前二三三年）の著した『韓非子』で、その中の「難一篇」と「難勢篇」の二カ所に出てくる。

「難一篇」では、農民の耕作する畔（あぜ）トラブル解消、漁師の漁業権トラブル解消、陶工の作る陶器の作品向上を次々とやってのけた舜に対し、「本来の仕事ではないのに、次々と解決する舜はまことの仁者、聖人である」と儒者が述べたところ、「聖人なら民衆の上にいて、てきぱきとした判断を下しておれば、そもそもこんな不祥事はおきないはず。トラブル解消に動きださなければならなかったというのは、政治に失敗があった、つまり聖人とはいえないのではないか」と指摘した後に、盾と矛の話を出してきて、儒者の主張が自己矛盾しているという指摘をする。

「難勢篇」では、政治原理としての勢い（権勢）と賢（賢者の能力）とが並び立つことができない、という話に盾と矛の話を出して、AとBが同時に存在することの難しさを語っている。

この『韓非子』をもとに、同じ人の言動や文章などが一致しないときに、中国では「自相矛盾」と言うようになった。これが日本では「矛盾」となるのである。

【②漁夫の利】

この話は劉向（紀元前七七年～紀元前六年）の著した『戦国策』にある（ちなみに、『戦国策』からは、「一挙両得」「虎の威を借る狐」「蛇足」などの故事成語が生まれた）。この中の「燕策」にある話である。

中国戦国時代に、「趙」の恵文王が「燕」の国の昭王を攻めようとした。昭王は困って、遊説家の蘇代を恵文王のもとに派遣し、燕への出兵を思いとどまらせようとした。

蘇代は恵文王に、「「鷸（シギ）」と「蚌（どぶ貝）」（二枚貝の総称）が譲らず争っているところへ漁夫がやってきて、両方とも捕らえてしまった」という寓話を話して、趙と燕が争えば西の大国の秦＝漁夫が、簡単に両国をとってしまう、と説得した。その結果、恵文王は燕への出兵をとりやめた。

「燕策」にはさらに、こんな話も載っている。燕が飢饉にみまわれた。このときとばかり、趙が燕を攻撃しようとした。すると楚の将軍が、「漁夫の利」に似た寓話を話すことで、趙は燕への攻撃をとりやめた。

中国では「漁夫の利」の故事以外にも、AとBを戦わせて疲弊させ、そのすきにCが利益を得るというパターンの話がいくつもある。

教材の評価

こどもには学習活動を通して学ばせることが大切である。

故事成語の学習をした後には、

○故事成語のもととなったいわれを、劇化してみよう。
○故事成語のもととなったいわれを、四コマ漫画にしてみよう。
○故事成語について調べて、新聞を作ろう。
○故事成語について調べて、クイズを出し合おう。
○故事成語を使った文・ストーリーを作ろう。
○実際に故事成語を使った例を、新聞・テレビニュース・漫画・小説などから探そう。

といった活動に取り組むことになる。こうした学習活動を体験することにより、児童は故事の内容や故事成語への興味・関心を持つ。中には、もっと故事成語を知りたいと思う児童も出てくる。この頃は図書館に行けば、こども向けの本も多く出版されているので、児童の好奇心を満たすことができる。このように、始めは中国の故事がとても印象的なので、話の面白さを実感するだろう。そして、たとえ複雑な内容でも、それを凝縮した数文字からなる故事成語の表現によって、一瞬でその内容が伝わるという面白さも知ることができるだろう。

そのうえで、故事成語のいろいろを知るだけではなく、実際に故事成語が日常生活の中で使われていることを知ると、児童は「言葉」への興味も持ち、実際に自分も使ってみようとする。故事成語の知識を広げることも大切だが、使ってみようとする気持ちを持たせることもまた、大事なのである。これは故事成語がこどもの生活につながっていくことを意味する。こどもの言語生活に直結するという意味で、故事成語の学習は評価できる。

新しい読みの提案

小学校中学年では、「故事（いわれ）・意味・使用法」の三点について学ばせ、「日常生活の中のどこに故事成語が使われているのかな？」「自分も故事成語を使ってみようかな？」などという思いがわくようにすれば、よい。

これをさらに発展させ、小学校高学年、あるいは中学校、高校で学ばせるならば、このようなものはいかがであろうか（「故事成語」と並んで学ぶのが「慣用句」「ことわざ」であるので、そこまで守備範囲を広げてよいこととする）。

①「漁夫の利」の類義語を探そう。

「二者が争っているうちに第三者が得をする」という構図であるが、そのまま一致するものは難しいので、漁夫側に立てば、「思いがけずに何かを得る」というようなものを探せばよいことになる。

「鷸蚌（いっぽう）の争い」→二人が利を争っている間に、第三者に乗ぜられ、共倒れになるような無益な争い。

「一石二鳥」→一つの行為で、二つの利益を得ること。

「一挙両得」→一つの行為で、同時に二つの利益が得られること。

「濡れ手で粟」（「濡れ手に粟」ではない）→苦労せずに多くの利益を得ること。

「棚からぼた餅」→思いがけない好運を得ること、労せずしてよいものを得ることのたとえ。

②次に、「漁夫の利」の対義語をさがそう。

前者の逆で、「二つのものを得ようとしてだめだった話」

「楽しては得られない話」を探してくれればよい。

「二兎を追う者は一兎をも得ず」→二つのことを同時に成し遂げようとしても、結局どちらも失敗に終わるということ（西洋のことわざ）。

「虻蜂取らず」→欲ばって二つのものを同時に手に入れようとしたために、結局はどちらも得られず失敗すること。

「火中の栗を拾う」→自分の利益にはならないのに、そそのかされて他人のために危険をおかすことのたとえ。また、あえて困難なことに身を乗り出すことのたとえ（猿におだてられた猫が、いろりの中の栗を拾って大やけどをしたという、ラ・フォンテーヌの寓話から）。

③逆の意味を持つ、故事成語・慣用句・ことわざを探そう。

「虎穴に入らずんば虎子を得ず」↔「君子危うきに近寄らず」

「急がば回れ」↔「先んずれば人を制す」

「三人寄れば文殊の知恵」↔「船頭多くして船山に上る」

など。

④どうして故事成語・慣用句・ことわざには対義語があるのだろう。

ここが最も大切なところである。この文章のはじめに、故事成語は「その一言の中に、人が生きていくうえで役に立つ知恵や知識がたくさんつまっている」と書いた。

しかし、人生に答えは一つではない。いろいろな選択肢があるからこそ、人生は面白いのである。どの故事成語に巡り合い、どんな知恵を得るのか。どれに納得し、どれを採用して生きていくのか。そのたくさんの組み合わせのもとに、私たちは生きている。そんなことを考えて故事成語にふれていくのも、楽しいものである。

＊参考文献＊

・大石智良編『中国の古典文学14　故事と成語』さえら書房、一九七八年
・竹田晃編『四字熟語・成句辞典』講談社、一九九〇年
・田川純三『中国名言・故事（歴史篇）』日本放送出版協会、一九九〇年
・金岡照光編『故事成語の辞典』三省堂、一九九二年
・『新レインボーことわざ辞典』学研、二〇〇〇年
・冨谷至『四字熟語の中国史』岩波新書、二〇一二年

11

竹取物語

――メディアによる享受と教室での読み

田中成行

岩手大学の学生の感想から考える

『竹取物語』は、おとぎ話の「かぐや姫」として絵本やテレビやアニメ等を通して、幼い頃から見聞きし、親しんできた人も多いだろう。しかし、それらは『竹取物語』の原文そのものではなく、省略や書き換えがなされていることが少なくない。また、中学校一学年の古典入門の定番教材として採録され、竹からの「誕生」、五人の貴公子の難題求婚失敗譚の一部、月の都への「昇天」を学習し、さらに高校でも同様の部分か、別の失敗譚の一部分を読むことが多い。訳付きの文庫本を副教材として課題で読ませることもあるが、一般的には通読経験が少ないので、短編ゆえ是非通読を勧めたい。

岩手大学の学生に感想を聞くと、「竹から発見されてすぐ成長し不思議だった」「かぐや姫が月に帰る時に、育ての親の翁と媼が血の涙を流して泣き悲しむのはわかるが、帝は特に交流もないのに、最後になぜ歌を詠んで不死の薬を富士山で燃やすのかがわからない」「帝は地上の最高権力者だから代表で歌を詠むのか」「不思議な物語だが、感動はしなかった」等が多かった。その理由が中学・高校では教科書のみで、通読したことがないことにあると考え、頭注と口語訳がつく小学館の新編日本古典文学全集の他に諸研究者訳と、川端康成・星新一・時海結以から漫画・絵本の作家までの多彩な現代語訳を分担して比較し、原文を通読する半期の講義を設けた。

学生たちが通読して感動したのは、かぐや姫の結婚観である。翁が「この世の人は、男は女にあふことをす。女は男にあふことをす。その後なむ門（かど）広くもなりはべる」と言うのに、かぐや姫は、どうして結婚などするのですかと問い、「深き心も知らで、あだ心つきなば、後（のち）くやしきこともあるべきを、と思ふばかりなり。世のかしこき人なりとも、深き心ざしを知らでは、あひがたしとなむ思ふ」（深き心を確かめないままで、他の人に心が移れば、後悔するに違いありません。どんなに立派な身分のある方でも、深い愛情の真心を知らないままでは結婚できません）と、「深き心ざし」の大切さを主張する。普遍的な結婚の意義を問うかぐや姫は五人の求婚者に難題を課すが、その情熱に徐々に共感し、人間的に成長して行く。

さらに、帝が狩りを装ってかぐや姫の家に入り、かぐや姫の袖を捉えて力ずくで連れ去ろうとして、かぐや姫が「私はこの国に生まれた身ではないので、連れて行くのは難しいでしょう」と言い、「きと影に（光に）」なったために叶わず、帝は連れて行かないと約束し、宮中に帰る。その際、帝は「帰るさのみゆき物憂くおもほえて背きて止まるかぐや姫ゆゑ」と自分本位の歌を詠むが、かぐや姫は「むぐらはふ下にも年は経ぬる身のなにかは玉のうてなをも見む」と身分の違いを詠む。帝はその歌を見て思いはさらにつのり、宮中に帰ってもかぐや姫のことだけを思って一人で暮らし、かぐや姫にだけ魅力的な季節ごとの木や草を添えた歌を詠んで伝える。かぐや姫も帝の求婚を断ったものの、返事はして心を込めて交流する。歌と手紙でお互いの心を慰め合ううちに三年間が過ぎたのは、かぐや姫が求めた「深き心ざし」の交流と言えよう。それゆえに、最後に二人は歌を詠み合うと気づくのである。

一方、現代の新しいメディアによって多くの人に鑑賞されている作品に高畑勲原案・脚本・監督によるスタジオジブリのアニメ映画『かぐや姫の物語』がある。原文は通読していないが、高畑勲の作品は見たという意見が多く、それは原作を忠実に描いたものだと思っている場合も少なくない。しかし、原作とは違う部分も多く、幼馴染みの捨て丸との交流が加えられたり、帝とかぐや姫が和歌を詠み合って心を慰め合う場面が全て削られたりしている。さらにかぐや姫は月に帰る理由を、「御門にだきすくめられわたしの心がさけんでしまったのです」と、帝の言動により自ら月に助けを請うためとする。求婚する五人の貴公子や帝とかぐや姫の和歌は一切省略され、代わりに「鳥虫けもの草木花…」という庶民の謡う歌謡が心をつなぐ大切な歌として使われている。高畑勲監督の独自の価値観による新たな作品なのである。

作品の成立と研究

『竹取物語』の作者は不明である。柳田国男等の民俗学では、文字に記される以前から伝えられた民間伝承の昔話として、七一三年の『風土記』「丹後国逸文」の、水浴した天女が衣と裳を老夫婦に隠され児になり、善く酒を醸し豊かにするが、追い出され奈具の社の豊宇加能売の命となる話や、『帝王編年記』七二三年条の「伊香小江」の、天女が白鳥となって天から降り浴みするのを、伊香刀美が天の羽衣を隠して結婚するが、天女は子を生んだ後、天の羽衣を捜して天に昇る伝説のような、天人女房譚や羽衣伝説があったとする。

その成立は、九世紀初め中国から多くの小説類が輸入され、貞観年間（八五九〜八七七）以降には中国の新しい風流として漢詩を通して八月十五夜の観月も盛んになる時代背景の中で、文人官僚の都良香の「巓（いただき）に神仙の白衣の美女舞ひ、頂上の池を匝（めぐ）りて竹生ふ」という「富士山の記」、紀長谷雄の「夫の意（こころ）を看（み）よ」という「貧女吟」等の漢文作品が生まれ、日本語の和歌の載る仮名物語も生まれた九世紀末から一〇世紀前半にかけて、これら文人によって書かれたとされている。

七五九年以後成立の『万葉集』巻一六の古伝承に取材した歌に、「竹取翁」という翁が春の丘で羹（あつもの）を煮る仙女らしき九人の娘と出逢い、「誰がこの翁を呼んだの」とからかわれるが、若き日の皆に愛された姿を長歌に詠み、あなた方も老いて白髪になれば同じだと詠んだので、九人は感動してなびく歌を詠む作品がある。「竹取翁」と仙女の娘の恋など多様な物語があったことが類推される。

帝は最後に「いづれの山か天に近き」と問い、かぐや姫への歌を詠み、不死の薬に手紙を加えたものを勅使に渡し、富士山の頂上で火をつけて燃やすよう命じた。煙にして天に伝える煙通信である。益田勝実は、山陵や春日大社の勅使は、宣命を神前（霊前）で焼くのは、焼いてことばの煙を立ち上らせるねらいで、呪術的な伝統儀礼を踏まえると読む（「物語文学の成立」（『国文学』第一二巻第一五号、一九六七年一二月）。

「その煙、いまだ雲の中へ立ちのぼる」は、『日本三代実録』八六四年の富士山大噴火や、都良香の「富士山の記」の天女が山頂に舞う土地の人の証言と「常に煙火を見る」との記録や、一九八九（平成元）年一二月二三日『朝日新聞』夕刊の年輪年代学で噴火による枯死が八八三年と判定された富士山神代ヒノキの資料等から、富士山の噴火や噴煙の実感が当時の読者に帝の情熱をリアルに伝えたであろう。

一一世紀初めの『源氏物語』「絵合」巻で、「物語の出で来はじめの親なる竹取の翁」と評価しつつも、『宇津保物語』に『竹取物語』は絵合で敗れる理由を、室伏信助は、主人公の下賤な出生や帝の求婚を拒んだことなど、作品の外在的評価が対比され、「かぐや姫のこの世の濁りにも穢れず、はるかに思ひのぼれる契り高く」と、その内在的価値を的確に判断し、主人公の造型を通して現実には認められない理想性を、虚構の行事にことよせて描かれる価値を示す。

教科書採択の歴史

戦前の国定国語教科書『小学校国語読本　巻四』（文部省、一九三五年）の「かぐやひめ」では、「とのさまから、おく方にしたいとのおことばもありましたが、かぐやひめはそれもおことわりいたしました。」（以下、分かち書きを修正した）と、「帝」は「とのさま」とされている。これは『竹取物語』が「皇室の権威という大きな禁忌（タブー）に踏み込んでいる」からであることを有働裕は指摘する（『これからの古典ブンガクのために　古典教材を考える』ペリカン社、二〇一〇年）。太平洋戦争に突入する一九四一年の『よみかた　四』では「とのさま」の求婚の場面もなくなり、「なんとかしてかぐやひめを引き止めたい」と思い、おじいさんは「とのさま」にお願いして同情され、弓矢を持った家来たちに守ってもらう話に書き換えられている。しかし、一九四七年、戦前の反省を生かした第六期国定国語教科書『こくご三』の「かぐやひめ」を読むと、すぐごしょにつれてかえろうとなさいました。すると、かぐやひめのすがたがきゅうにみえなくなりました。／みかどはびっくりなさって、「では、つれていくのはやめよう。」とおっしゃいますと、かぐや姫は、またすがたをあらわしました。（中略）そののち、みかどからたびたびお手紙をくださいましたので、かぐやひめも、そのたびにごへんじをさしあげておりました。」と、「とのさま」は「みかど」に戻り、連れて行かないと約束し、歌のやり取りや心を慰め合うことまではないが、二人が文通したことなど、原文に近い内容が記されている。

現在、二〇二〇（令和二）年二月二〇日文部科学省検定済の中学校一年生用教科書は五社から四社となった。光村図書では、［目標］を「〇仮名遣いに注意しながら音読し、古典のリズムを通してその世界に親しむ。〇登場人物の関係や思いに着目して読む。」とし、音読による古典のリズムを通して親しむだけでなく、登場人物の人間関係やその思いの理解を目指している。原文は竹の中でかぐや姫を見つける場面と、求婚者のくらもちの皇子の嘘の話と、最後の不死の薬を焼く場面のみで、他は全てあらすじの説明文である。

帝との交流の場面も、「時の帝は、ぜひ宮中に迎え入れたいと、たびたびお召しになったが、かぐや姫はそれに応じようとしない。／そうしているうちに、さらに三年の月日がたった。その春の初めから、かぐや姫は、月を見てはなげき悲しむようになる。」とある。教育出版も、「その後、帝からも求婚されましたが、かぐや姫は応じませんでした。／それから三年ほどたった年の春頃から、かぐや姫はもの思いにふけるようになり、月を見て泣くことが多くなりました。」とあり、二人の心の交流はない。

三省堂は、「かぐや姫のうわさは帝の耳に入り、宮中に呼び入れようとする。しかし、姫はそれにも応じない。やむなく帝は、姫と手紙のやり取りをする。／そんな月日が三年ほど続いた頃、姫は月を見てもの思いにふけり、泣きさえするようになる。」と、文通したことは書かれているが、帝の求婚に「姫はそれにも応じない」とあるだけで、帝が力ずくで連れ去ろうとしたことはなく、「やむなく帝は」文通したとし、互いに思いやる心の交流までは描かれていない。

東京書籍は、「今度は帝がかぐやひめを宮中に召そうと翁の家を訪れます。しかし、かぐや姫が拒否すると、帝もこれを諦め、代わりに二人は、手紙のやり取りを通して、交流を深めていくようになりました。／こうして、また三年たちました。」と、帝がかぐや姫を連れ去るのを諦めるところは、どのように拒否したかは省略されている。続けて、文通を通して交流を深めたとあるが、心ときめく季節ごとの植物を添えた歌の存在は省略されている。

その意味で、出版されない学校図書の前回の内容は注目に値する。「求婚を拒み続けていたかぐや姫は、帝の深い愛情に触れて、次第に心を開いていきます。（中略）御殿に帰った帝はかぐや姫のことが忘れられず。しきりに手紙を送ります。帝の求婚を拒んだかぐや姫も、その心の籠もった便りに心を動かされ、やがて返事を送るようになります。そうして二人は、四季折々の思いを歌に詠み交わす、心の友となっていきました。」とある。帝がかぐや姫を連れ去ろうとしたことはないが、季節ごとの植物を添えた歌を通して「心の友」となったことをまとめる。この内容を引き継ぎたい。

新しい教育の提案

中学一年の古典入門教材として、従来は古典のリズムに慣れ親しめばよいという考え方により、古典文学作品の鑑賞としての内容を理解し味わうことがおろそかになっていたと言えよう。小学校でも古典が必修となり、冒頭部の暗唱やあらすじの紹介がなされる中で、中学校・高等学校では発達段階に応じた、もう一歩深めた学習を目指したい。求婚する五人の貴公子の名前が実在の人物と重なるとして、その人物を風刺・批判するとする説もあるが、まず登場人物の心を読み取りたい。

「かぐや姫が三カ月で大人に成長するのは、竹が一日最大一メートル生長する生命力と重なること」（ただし竹は本来熱帯に生え寒い北東北や北海道には自生しがたい）や「旧暦八月十五夜は中国の新しい風流への憧憬だけでなく、かぐや姫を月に運ぶ「雲に乗りて」とある「飛ぶ車」は新暦九月末頃の台風時の速い雲のイメージにも重なること」や「帝の煙通信である上り続ける噴煙」等、千年越えて共有できる普遍的な生活実感を大切にしたい。

また、あらすじでしか表されなかったかぐや姫と帝の心の交流とその成長は、原文を引用し、心を表す歌に注目して理解を深めたい。最高の権力者である帝は、かぐや姫を連れ去ることが叶わず初めて挫折する。その後心をこめた和歌と手紙をかぐや姫に贈り、かぐや姫もその心を受け止めて、「深き心ざし」の交流をしたことを是非読み取らせたい。

　この和歌とは何か。『古今和歌集』「仮名序」の紀貫之によるとされる歌論を踏まえたい。光村図書では中学三年の教科書に載るが、『竹取物語』と同時に学ばせたい。短歌の創作に取り組ませる時に、そもそも短歌とは何かを紹介し、これを暗唱させることも提案したい。「仮名序」は冒頭で、「鬼神（おにかみ）」をも「あはれ」と感動させ、男女の仲をも打ち解けさせ、敵と情け容赦なく闘い最大の罪である人の命を奪い合う荒々しい武士の心をも慰めると宣言している。これを踏まえて、権力者の帝と変化の物かぐや姫との二人の歌を味わいたい。

　かぐや姫は最後の手紙に、「今はとて天の羽衣着るをりぞ君をあはれと思ひいでける」と詠む。この「あはれ」は、五人目の求婚者・石上の中納言に、見舞いの歌「年を経て浪立ちよらぬ住の江のまつかひなしと聞くはまことか」を贈り、その後亡くなったと聞いて「少しあはれとおぼしけり」とある「あはれ」と同じである。それは「かわいそう・気の毒」という同情ではなく、人としての理屈抜きに湧き出る感動、心のふるえであるととりたい。竹の生長のように身は三カ月で大人に成長したが、心は人としてしみじみ感動する「あはれ」が実感できるように三年間の歌と文通で徐々に成長していった。「仮名序」の「あはれ」とも、「男女の仲をも和らげ」る歌とも重なる。かぐや姫の「深き心」を受け止めた帝も、「逢ふこともなみだにうかぶ我が身には死なぬ薬も何にかはせむ」と詠み「深き心ざし」を伝える。

　かぐや姫と「深き心ざし」の交流をした愛情の深さを表す別れの悲しみの涙を、翁（と嫗）は「血の涙」という「質」で示し、帝は「身が浮かぶほどの大量の尽きせぬ涙」の「量」で伝える。そして、暴力や武力が全て失敗することから、定家の「紅旗征戎非吾事」（武力で戦うのは私の仕事ではない）に通じる、作者の大切にする歌の力、物語文学文芸アートの力を読み取りたい。

＊参考文献＊

・柳田国男『昔話と文学』創元社、一九三八年
・海後宗臣編『日本教科書大系　近代篇』講談社、一九六四年
・小嶋菜温子『かぐや姫幻想―皇権と禁忌―』森話社、一九九五年
・室伏信助訳注『新版竹取物語』角川ソフィア文庫、二〇〇八年
・大井田晴彦『竹取物語　現代語訳対照』笠間書院、二〇一二年
・田中成行「国語教育における「深い学び」による授業改善の視点―古典教材『竹取物語』の教科書表記から考える―」遠藤孝夫編『「主体的・対話的で深い学び」の理論と実践』東信堂、二〇一九年

12

平家物語

――章段単独で読む偏りを越える

出口久徳

作品の成立・作品の特徴

『平家物語』の成立や作者については『徒然草』二二六段等の説があるものの（『平家物語大事典』参照）、どれも確実ではないが、一三世紀半ばには成立していたと考えられる。柳田国男が「有王と俊寛僧都」（『柳田国男全集　一五』筑摩書房）で物語が文字化される以前の民間に流布していた種々の語り物を想定した論や、近年の研究で唱導や学問僧のネットワークといった「場」に物語の生成を考える論など、近代以降の「成立」「作者」概念を相対化して考える必要がある。

諸本が多いことも特徴の一つ。意図的に作り替えられた側面も強く、『源平盛衰記』『源平闘諍録』のような書名もある。教科書で採られる覚一本（新編日本古典文学全集、新日本古典文学大系等）は一二巻に灌頂巻が付された本である。覚一本は「語り本」と分類されるが、灌頂巻を立てない屋代本（『平家物語　屋代本・高野本対照』新典社）、百二十句本（新潮古典集成）、中院本（中世の文学、三弥井書店）等もある。一方で「読み本」には、延慶本（『延慶本平家物語全注釈　一〜一二』汲古書院）、長門本（勉誠出版）、源平盛衰記（中世の文学、三弥井書店）、源平闘諍録（講談社学術文庫）、四部合戦状本（『四部合戦状本平家物語全釈　六・七・九・一二』和泉書院）等がある。

琵琶法師により語られたことも広く知られ、実態的な語りと物語が結びついているのも特徴である。ただし、前述した「語り本」と琵琶法師の語りを直接的に結びつける考え方は、近年の研究では見直されている点も付け加えておきたい。

教科書採択の歴史

『平家物語』の教科書への採択は戦前からなされていたが、戦後は一旦、「軍記」という内容面から途絶えてしまう。まず、一九五三（昭和二八）年に、「扇の的」が学校図書（『中学国語（総合）　2上』）に採択される。その後は、各教科書会社が中学二年・三年の教材としていく。「敦盛最期」は一九六六（昭和四一）年に三省堂（『現代の国語　中学2』）で採択され、以後、中学一年・二年の教材として扱われる。「扇の的」が戦後の早い段階で採択されたのは合戦描写というより、「武芸」の側面が強く、また武士の精神性が読み取れる内容からではないか。音読に適した教材と評価された点も長く採択が続いてきた要因である。身分も高くない那須与一は民衆の中から出てきた「英雄」とのイメージもあるだろう。「敦盛最期」は熊谷直実の内面の葛藤といった心情描写に重きが置かれ、その読解が授業の中心となった。さらに、平敦盛は「年十六七」、与一は「廿ばかり」(「十八九」とする諸本も)など人物の年齢が学習者に近く、自身に置き換えやすいこともこれらの教材が選ばれてきた理由ではなかったか。「与一」は定期試験や部活の試合等のプレッシャーがかかる状況に置き換えることができるし、「敦盛最期」は大人との間の何らかの葛藤に置き換える形で生徒たちは読むこともできる。

授業での読まれ方

巻九「敦盛最期」は、話の成り立ちは熊谷直実の「勲功譚」「発心譚」であったのだろうが、授業では「熊谷の苦悩」が読まれることが多い。合戦で手柄を上げることに邁進していた熊谷は、敦盛と組み合い、その姿に自身の息子を重ね合わせて「たすけ参らせん」と伝える。巻九「一二之懸」では熊谷が息子小次郎のことを常に気遣い、戦う姿が語られている。

「敦盛最期」が採録される際には、省略部分があることも少なくない。例えば、三省堂は、熊谷が敦盛に呼びかけるところから始まり、熊谷が敦盛の首を斬り、さめざめと泣いたところまでである。敦盛の装束描写、敦盛の笛や熊谷の発心、他の武士たちが敦盛の死に涙を流したところ等は省略される。菊野雅之は、二人のやりとりと熊谷の苦悩に焦点化した狙いが教科書の収録部分から読み取れるとする。章段の切り取り方で、この話の「読み」が導かれている点に授業者は注意する必要があるだろう。また、熊谷は敦盛に常に敬意を示し話すのに対して、敦盛は一切敬語を用いていないことで、二人の身分差が表されている。物語の中では敵か味方かというよりも身分差に意味が持たされていることになる。

巻一一「扇の的」(章段名を「那須与一」とする本も少なくない)は屋島合戦の一齣で、与一は重圧を感じながらも見事に扇の的を射抜くことをやり遂げた。授業では、心理・情景・装束などの描写が関わり合っている点に注意させたい。与一が射る前は「北風」が吹いているのだが、射た後、扇は「春風」に舞う。「北風」と「春風」の差異に与一の心情も表されていよう。装束描写は木曾義仲や平敦盛と同等の内容と詳細さがある。「(矢を)頭高に負ひなし」ているのも木曾義仲(巻九「木曾最期」)と同様で、与一のことを源平の主だった武将たちと同様に重視する物語の姿勢が読み取れる。表現上で注意したいのは「小兵といふぢやう」の箇所で、「小兵とはいうものの」ではなく、「小兵というとおり」と解釈するのが語法的に正しい。西郷竹彦(『西郷竹彦文芸教育著作集 第一〇巻』明治図書出版）の提案以降、次段の「弓流」冒頭部分（与一の弓の妙技を見た男が舞を舞い、その男を与一が射る場面）を含めた教材化が行われるようになった。舞う男をいかに読むのかも重要で、源平両軍から称賛された「武芸」は殺人の具でもあるという側面も提示される。

高校では、必修科目「国語総合」で巻九「木曾最期」を採る教科書が少なくない。「木曾最期」では、木曾（源）義仲と巴の別れ、義仲と今井四郎兼平の主従の絆、義仲の死、今井の壮絶な死などが語られる。

ところで、須藤敬は小学校五年生で「大造じいさんと雁」、中学二年生で「敦盛最期」「那須与一（扇の的）」、高校国語総合で「木曾最期」を扱うことにふれ、それらでは「いかに戦うべきか、いかに戦ったのか」という問いが発せられ、答えとして〈潔さ〉という観念が用意されるとしている。〈潔さ〉という読みを支えるものとして、「イメージとしての武士道観」がある。敦盛は熊谷に対し、「とくとく首をとれ」と言う。与一は的を外すことがあれば、「弓きり折り自害して、人に再び面を向かふべからず」と思う。義仲の死を知った今井四郎兼平は「日本一の剛の者の自害する手本」と言い、太刀を口にくわえて馬から逆さまに落ちていく。そうした武士たちの〈潔さ〉を読み取るような授業が複数の学年間で行われていることを授業者は意識すべきであろう。

新しい読みの提案

定番の教材では、読み方も定まった方向になりがちである。作品（本文）としっかりと向き合うには、他の資料との比較の上で「読む」ことが不可欠だ。例えば、「敦盛最期」から一二世紀末の武士たちのあり方を読んでしまっていいのだろうか。「敦盛最期」はある意味「美しすぎる物語」である。この物語が注目されたり、後に能や幸若舞曲や浄瑠璃などの芸能に展開したのもそのためではないか。

熊谷の呼びかけに対して、敦盛は戻って戦う必要性はあったのかと、鈴木彰は問いかける。巻九「忠度最期」で、平忠度は敵から呼びかけられた際に味方だと偽って戦いを避けようとしている。数々の合戦に参加した忠度とあまり実戦経験がないであろう敦盛との戦場での経験値の差が、それぞれのふるまいに現れたといえよう。なお、『平家物語』では敵を前にして逃げることを恥とする考えは共有されてない。一の谷合戦で、平知盛は息子知章を見捨てて逃げているが、物語の語り手はそのことを批判するわけではない（巻九「知章最期」）。また、敦盛は潔く「とくとく首をとれ」と言うが、巻九「越中前司最期」では、源氏方の猪俣は越中前司に助けてもらったにもかかわらず、隙を見て命を奪っている。巻七

「篠原合戦」では、高橋判官が一八歳の入善小太郎を組み伏せたものの、入善に昨年亡くした息子の姿を思い浮かべて助けることにした。ところが、油断した高橋は隙をついた入善に討たれてしまう。「敦盛最期」とよく似た話だが、全く別な結末となってしまった。なお、猪俣も入善も批判されるわけではない。私たちは「武士道」的な観点から読みがちだが、物語の現実はそうした世界観で成り立ってはいないという、佐伯真一の指摘を参照したい。

「木曾最期」の木曾義仲の乳母子の兼平とは対照的に、巻九「重衡生捕」では、平重衡の乳母子の後藤兵衛盛長は重衡を見捨てて逃げていく。両話を比較することで、「木曾最期」での主従関係の絆の深さがより理解できるだろう。また、兼平は太刀を口にくわえて馬から逆さまに落ちるといった壮絶な最期となった。重衡は捕縛される際、自害しようと鎧を解いていたところを捕らえられている。兼平の死に方は『太平記』等にも引き継がれていくのだが、両者の描写からは戦場での自害が容易ではなかったこともわかるだろう。

巻一一「扇の的」では、扇を射た後に舞を舞い、与一によって射抜かれた男は義経を狙う「手たれ（この場合は狙撃手）」であった可能性を指摘する今井正之助の論もある。そうなると、与一に射ることを命じた行為を単純に「非情」「残酷」とすることはできないだろう。また、扇を掲げた平家の行為を「はかりごと」と判断した後藤兵衛実基にも注目したい。後藤は、物語では「ふる兵者（つはもの）（老練な武士）」と紹介され（巻一一「嗣信最期」）、平家の屋島内裏に火を放つことで平家を追い詰めている。菊野雅之は、「扇の的」の出来事が義経を射殺するための策略であった点も見逃してはならないとする。次に、「扇」そのものの文化史的背景も理解しておきたい。例えば、熊野三山の一つの新宮の御船祭は扇の的の場面を思い起こさせるとの安原真琴の指摘もある。また、「扇の的」を一連の屋島合戦の全体像の中で見る視点も持ち合わせたい。屋島合戦には、弓などの武芸にまつわる話、義経を助ける忠臣達の話が散りばめられている。義経の矢面に立ち身代わりとなって討たれた佐藤嗣信（巻一一「嗣信最期」）や武士としての名を惜しむ義経の姿が語られる「弓流し」はその代表である。「扇の的」は義経の期待に応える「忠臣」としての与一の姿とその弓の技術が語られる話である。

「敦盛最期」「扇の的」を描いた絵画も多く残る。教科書や資料集に掲載されることも少なくないが、授業ではどのように活用されているのだろうか。例えば、教育出版では、永青文庫蔵『宇治川・一ノ谷合戦図屏風』の一部が掲載される。教師用指導書には、「屏風絵から敦盛と直実の衣装の違いや身分の違いを読み取らせたい」とするが、それ以上に注目したいのは、敦盛が太刀を抜き馬の向きも浜辺に向けている点である。鈴木彰は、この戦闘的な敦盛の姿は本文から読み取れる姿とは異なるとする。授業ではこうした絵と本文の差異を意識しなければならない。光村図書では、根津美術館蔵『平家物語画帖』が掲載され、与一が扇を射抜いた場面が描かれる。射ぬいた扇が空中に舞うのだが、同時に男が海に落ちようとしている。「扇」と「男」という与一が射た対象が同時に描きこまれており、異なる時間を一つの図の中に描く「異時同図法」が用いられている。図版（絵画）は添え物とすべきではなく、教材として「読解」していくべきだ。絵をいかに読むのかを考えさせることは、生徒達が本文を主体的に深く読むことにつながっていくと指摘したことがある。教科書のカラー化が進んでおり、今後はデジタル化も必然的な流れになってくる中で、絵画資料を効果的に用いた授業をいかに行うかは大事な論点になるはずだ。

また、物語の舞台となった土地（場）を考える視点もある。一の谷の海辺の近くに山が迫る地形や、屋島の入り組んだ複雑な地形などは特徴的である。『源平合戦図屏風』といった大画面の絵画からは一の谷や屋島という場がどのようにイメージされたのかを見ることができる（『平家物語大事典』参照）。また、近年歴史学では「景観史」（金田章裕『景観からよむ日本の歴史』岩波新書、二〇二〇年、等）が提唱され、例えば、屋島をめぐっては、詳細な研究がネット上に公開されている（『屋島名勝調査報告書』）。

『平家物語』は全国各地を物語の舞台としている点も特徴である。活性化している地方史研究の成果を授業でも活用すべきである。『平家物語』はそうした成果を利用できる物語である。古典教育が全国一律である必要などなく、その地域に根差したあり方があってしかるべきである。例えば、関東地方の学校で関東武士の歴史的な実態をふまえて「敦盛最期」を読み解くといった実践があってもいいはずだ。

『平家物語』は「武」を表彰した物語として、これまで時代状況にあわせて読み替えられてきた。特に、戦時下でのあり方については、大津雄一や佐伯真一が述べてきた。「武士道」的な観点から読まれてきたことで、あるいはその章段単独で読もうとすることで、読みが一定の方向に偏ってしまった面があったのではないか。現在は、注釈書類の刊行やインターネット環境など、多様な資料（情報）が提供されている環境にあり、それらを授業では活用すべきである。

以前、巻二「小教訓」の実践例を紹介したことがあった。平重盛が清盛を説得するさまを見事なプレゼンテーションだ、と生徒達は受け止めていたことを述べた。授業の場での「読み」が「時代」と関わらざるを得ないのならば、今の時代に、この物語を教室でどのように「再生」させることができるのかを考える必要があるのではないか。

＊参考文献＊

・安原真琴「扇文化の一断面―扇伝承と平家の女性たち―」小峯和明編『『平家物語』の転生と再生』笠間書院、二〇〇三年

・佐伯真一『戦場の精神史　武士道という幻影』ＮＨＫブックス、二〇〇四年

・日下力ほか編『平家物語を知る事典』東京堂出版、二〇〇五年

・木村奈津紀「戦後中学校国語教科書における「那須与一」教材の取り扱いについて」『学芸古典文学』第一号、二〇〇八年三月

・菊野雅之「「敦盛最期」の教材論―忘却される首実検と無視される語り収め―」『国語科教育』第六五集、二〇〇九年三月

・大津雄一ほか編『平家物語大事典』東京書籍、二〇一〇年

・出口久徳「【研究ノート】古典教育と版本の挿絵（その1）―『平家物語』を例に①―」（『立教新座中学校・高等学校研究紀要』第四〇号、二〇一一年三月

・鈴木彰「「まさなうも敵にうしろをみせさせ給ふものかな」―詐術としての熊谷直実の言葉―」『歴史と民俗』第二八号、二〇一二年二月

・大津雄一『『平家物語』の再誕―創られた国民叙事詩―』ＮＨＫブックス、二〇一三年

・須藤敬『古文教材の考察と実践―教育と研究のフィールドをつないで―』おうふう、二〇一四年

・高橋修『熊谷直実―中世武士の生き方―』吉川弘文館、二〇一四年

・今井正之助「「扇の的」考―「とし五十ばかりなる男」の射殺をめぐって―」『日本文学』第六三巻第五号、二〇一四年五月

・菊野雅之「「扇の的の教材研究―「ふるつはもの」の言葉と義経の人物像を中心に―」『月刊国語教育研究』第五〇九号、二〇一四年九月

・鈴木彰「〈敦盛実図〉といくさの記憶―『平家物語』と〈平家絵〉のあわいから―」『日本研究（韓國外國語大學校）』第六八号、二〇一六年六月

・高松市教育委員会・京都府立大学法人編『屋島名勝調査報告書』二〇一六年

・出口久徳「「役に立つ」古文」松尾葦江編『ともに読む古典―中世文学編―』笠間書院、二〇一七年

・佐伯真一『『武国』日本―自国意識とその罠―』平凡社新書、二〇一八年

13

徒然草■兼好法師■

——繰り返される「つれづれなるままに」

田中俊江

『徒然草』は『枕草子』『方丈記』と並んで日本三大随筆の一つに数えられ、国語古典分野の定番教材として中学校だけでなく高等学校においても長い間採択されてきた。兼好法師の鋭い観察眼がうかがえる隠者文学・草庵文学の代表と言われ、その根底には無常観があるというのが、おそらく繰り返し聞かされる『徒然草』の一般的なイメージだろう。

さらに、二〇〇八（平成二〇）年告示の小学校学習指導要領によって小学校に古典の学習が取り入れられると、『徒然草』は小学校の教科書にも採択され、今では小中高ほぼすべての国語教科書に採択される教材となっている。それほどまでに『徒然草』が繰り返し選ばれる理由は一体どこにあるのだろうか。

たしかに、『徒然草』は比較的平易な文章で、短い分量のものが多く、音読や暗唱がしやすい。内容面では教訓や笑い話を含めたまとまりのある章段が多く、文法面では係り結びや助動詞など、古典文法の初期の学習に有効な用例が多い。その反面、扱う章段によっては人生観・学問観・自然観などを深く掘り下げることも可能である。そうした観点から小中高すべてにおいて重宝されている教材だといえる。

しかし、それだけが繰り返し採択される理由なのだろうか。たとえば、採択の頻度と比例するように『徒然草』をめぐる研究が深められ、その成果が採択や教材研究に影響しているということなのだろうか。仮にそうであったとして、小中高と繰り返される『徒然草』の学習を通して、学習者はどこまで、そしてどのように、『徒然草』または兼好法師への理解を深めているのだろうか。その一方で、そもそも小中高と繰り返し同一教材が採択される古典教材の重複という問題をどのように捉えるべきなのだろうか。ここでは『徒然草』を通して古典教材が抱える問題の一端を考察していきたい。

作品の成立・刊行

『徒然草』は兼好法師によって書かれた随筆集である。成立年代については諸説あるが、南北朝内乱以前の鎌倉末期成立という点ではほぼ一致している。上・下二巻で、序段と二四三の章段から成る。書名は「つれ〳〵種」「つれ〳〵草」とも表記される。書名の初出は成立の約百年後、一四三一

（永享三）年書写の正徹本『徒然草』で、奥書に「兼好法師御作也云々」とある。兼好法師はこれまで卜部兼好とも吉田兼好とも言われ、京都吉田神社の神官を務めた吉田流卜部氏に生まれたとされてきたが、近年の小川剛生の研究によってこうした出自・経歴の多くが後世に捏造されたものだという検証がなされている。

教科書採択の歴史

『徒然草』は中学校国語の古典分野において中心的な教材である。戦前から、そして戦後も教科書検定制度が制定されて間もない頃から途切れることなく、常に古典分野の定番教材の一つとして位置づけられてきた。その流れを受けて、現行二〇一六（平成二八）年発行、そして二〇二〇（令和二）年発行のすべての中学校国語教科書が『徒然草』を採択している。その位置づけは一九八〇年代以降すべて第二学年である。第一学年で『竹取物語』、第二学年で『枕草子』『徒然草』と『平家物語』、第三学年で和歌と『おくのほそ道』という古典教材の位置づけが、多くの中学校国語教科書によって定番化している。

そのうえ扱う章段もほぼ定番化している。序段は現行二〇一六年発行、二〇二〇年発行のすべての中学校国語教科書が取り上げている。その序段に加えて取り上げられているのが、第五二段「仁和寺にある法師」、第八九段「猫またといふもの」、第九二段「ある人、弓射ることを習ふに」、第一〇九段「高名の木登り」である。特に第五二段「仁和寺にある法師」は現行二〇一六年発行の中学校国語教科書では五社中四社（教育出版、三省堂、東京書籍、光村図書）が、二〇二〇年発行のものでもこの四社すべてが取り上げ、特に光村図書と東京書籍は序段とこの第五二段しか取り上げていない。

高等学校における『徒然草』の採択状況も確認しておく。『徒然草』は高等学校国語教科書においても多くの出版社が採択し、その多くは第一学年の国語総合に位置づけている。二〇一六年発行の国語総合の教科書では九社二三種類が『徒然草』を採択し、七割以上の教科書が再度序段を取り上げている。他の章段としては第二三六段「丹波に出雲といふ所あり」が最も多く、次に第九二段「ある人、弓射ることを習ふに」、そして第八九段「猫またといふもの」、第一三七段「花は盛りに」といった順で取り上げられている。高等学校の国語教科書では取り上げる章段数が多いため、必ずしも学習する章段が中学校と重複しているとはいえないが、第八九段「猫またといふもの」、第九二段「ある人、弓射ることを習ふに」は中学校国語教科書でも定番化している章段であり、序段も含めると、中学校の国語教科書と重複している教材の割合はかなり高い。同じ章段を中学校、高等学校と二度学習する生徒も一定数いることが予想される。

さらに冒頭でも触れたが、二〇〇八年告示の小学校学習指導要領によって「伝統的な言語文化に関する事項」が新設され、「生涯にわたって古典に親しむ態度を育成する指導を重視する」ことが明記された。その結果、古典は小学校から重視されることとなり、『徒然草』は小学校の教科書にも採択されるようになった。二〇一七（平成二九）年には新たな小学校学習指導要領が告示され、「伝統的な言語文化に関する事項」は「我が国の言語文化に関する事項」に置き換えられたが、「伝統的な言語文化」「我が国の言語文化」が一定の位置を占めることに変わりはなく、むしろこれまでは「触れる」レベルであったものが、小学校の段階で「親しむ」「楽しむ」「理解する」レベルまで上がっている。そうした流れの中で、現行二〇一五（平成二三）年発行の小学校国語教科書では三社（教育出版、三省堂、光村図書）が高学年（五・六年生）の古典教材として『徒然草』を採択している。小学校では「声に出して読むこと」「親しむこと」が目標の一つとなっており、扱う章段はすべて序段である。「つれづれなるままに」から始まる序段の冒頭部分は『竹取物語』『枕草子』『平家物語』『おくのほそ道』などとともに、小学校で「声に出して読む」代表的な暗唱教材となっている。

以上のように、『徒然草』は小中高と繰り返し生徒たちの眼に触れ、序段をはじめとする特定の章段が繰り返し取り上げられている。序段「つれづれなるままに」を小中高と三度暗唱させられたという生徒もいるだろう。数多くある古典の中からごく一部の作品、ごく限られた箇所だけが繰り返し「古典」として学習者に意味づけられる、これが今の古典教育の現状の一面である。

作品の研究

『徒然草』は、二条派歌人であり隠遁者でもある兼好法師が和漢の文体を巧みに使い分け、仏教的無常観を基底としながら、自然や人事全般について幅広く記述したものである。そのため、各時代においてさまざまな方面からのアプローチと評価がなされてきた。

室町期の歌論書では早くも『徒然草』の美意識と歌学的知識が評価されていた。江戸初期の注釈書では儒教・仏教・老荘思想を兼備する教訓書として評価され、庶民にも読まれてきた。明治期には兼好の趣味論としてその評価に疑義が示されるものの、小林秀雄は「空前の批評家」「比類のない名文」（『文学界』一九四二年八月）と評価し、これは今日に至るまで『徒然草』の評価に大きな影響を及ぼしている。

注釈研究においては、安良岡康作らの精緻な研究の蓄積がある。成立・編集に関しては逐段執筆説、二期三段階編集過程説などの諸説が示され、今も議論が続けられている。また歴史学からのアプローチ、享受史や比較研究もある。島内裕子は一連の著書によって構成やつながりを意識した注釈研究と享受史研究を進めている。以上のような研究の成果はみられるものの、これまで『徒然草』をめぐる研究状況は、どちらかといえば教科書の採択頻度に比例するような活況を呈しているとは言いがたい状況が続いていた。

しかし、近年の研究で兼好法師と『徒然草』のイメージは大きく変わりつつある。先述した小川剛生は兼好の新たな人物像を提示した。その成果を踏まえて従来の読みの相対化がなされるとともに、教材論としても新たな模索が試みられている。今後、こうした新たな知見をふまえた上での研究の蓄積が期待される。

教材の評価と課題

一　道徳化、普遍化への懸念

既に述べたように、『徒然草』は小中高どの学習段階においても重宝されている教材であり、一部の章段は教訓を含めた内容のわかりやすさから、道徳教材のように扱われる要素を併せ持っている。

そして、そこに学習指導要領の「伝統的な言語文化」「我が国の言語文化」を重視する姿勢が加わると、『徒然草』という「古典に表れたものの見方や考え方」を学ぶことが「優れた先人の思考や思想を学ぶ」というような道徳的な形で指導され、または受けとめられてしまう懸念がある。

加えて『徒然草』は小中高と繰り返し教科書に採択されているため、その価値観が繰り返し提示される。それによって、『徒然草』という一つの古典を学ぶことが、当時の普遍的な価値観、規範を学ぶことのように受けとめられてしまう危険もあるといえる。

古典を読むことは教訓や規範を学ぶことではない。学習者は、一つ一つの古典を通して、時代を超えて広がる多様なものの見方や考え方を知り、今の立ち位置を相対化する一助とするに過ぎない。『徒然草』に限った話ではないが、そうした古典教材の道徳化、普遍化からの脱却をはかることは、いくつかの古典定番教材に共通する課題であると考えられる。

二　重複と断絶

『徒然草』については、教材の重複と小中高間の接続・断絶という問題も重要だと考えられる。今まで中学校の教材として定番であった『徒然草』が小学校の教材としても採択されたことで、どのような変化・進展がもたらされたといえるのだろうか。

　小学校では、これまで序段の暗唱などを通して「触れる」レベルであったものが、前述したように「親しむ」「楽しむ」「理解する」レベルに変化しつつある。これについては、中学校の学習内容の前倒しではないかという批判もあるが、そうした小学校段階での学びの変化・発展をふまえて、中学校での学習内容が連動して変化・発展しているかと言われれば、そこに至っていないのが現状である。別の言い方をすれば、同じ教材を扱ってはいるものの、小学校と中学校での『徒然草』の学びは、段階づけられたり関連づけられたりせず断絶していて、それぞれ別個に行われているというのが実態に近い。小学校で取り組み始めたものの、本格的な文語文法の学習は高等学校まで待たなくてはならず、中学校の古典の位置づけは一段と難しくなっている。

　もちろん、同じ作品・同じ章段を校種・学年を隔てて繰り返し読み、各段階で理解を新たにしていく仕組みを模索することも一案であるが、その実質的な難しさは十分予想される。より多くの古典に触れ、それぞれの作品が示す多様なものの見方や考え方を知るためには「重複を避ける」という選択肢を視野に入れることも有効だと思われる。

新しい読みの提案

　まず、先に示した小川剛生の伝記研究の成果を取り入れ、作品を捉え直す方向性がある。正徹の記述に注目し、禁中警護の武士として武芸にも通じ、南北朝の争乱の世をさまざまな権力者と関わりあいながら生きた人物の書として『徒然草』を読み解くことは、王朝文化の追慕者、悟りを開いた隠遁者という兼好のイメージが一面に過ぎないことを示す好材料になるのではないか。和歌四天王の一人であり、有職故実・仏教・儒教・老荘思想など広い教養を身につけた知識人であるという従来のイメージに加えて、より豊かで多面的な兼好像をもとに各章段を改めて読み解いていく意義は大きい。

　また、序段を中心とした『徒然草』の文体に関する論の動向にも注目したい。荒木浩はこの序段を『枕草子』『源氏物語』を引き直す形でつづられた「心に浮ぶことを書きつくる」宣言ととらえる。稲田利徳も『源氏物語』をふまえつつ、序段の「硯に向ふ」行為の特異性を示している。序段をめぐっては古来諸論あるが、新しい文体の創造に挑む宣言として序段をとらえることは、新たな読みを開く視座として注目しておきたい。

　もちろん序段だけでなく、『徒然草』は和漢の文体を駆使し、独自の思想・美意識にもとづいて、幅広い内容を豊かな表現で自在に語っている。そこには『枕草子』や『源氏物語』といった平安朝文学だけでなく、和歌の伝統、中国の古典、仏教関係の典籍、説話集や法制・政治・有職故実の諸文献の影響などが色濃くみられる。だが、それらの表現の定型をふまえ、それらを血肉化した上で、序段同様「さらなる異化」を志向しているのが『徒然草』である。そうした「さらなる異化」を求めた地平にいる『徒然草』の文体の立ち位置を詳細に浮き彫りにしていく方向性も今後有効だと考えられる。

　授業実践においては、享受史を積極的にふまえることで、より豊かな授業展開が可能になると考えられる。たとえば、ほとんど教科書等では取り上げられていないが、『徒然草』には恋愛の話題に関する章段も多く、『太平記』の艶書（ラブレター）代筆事件などもあって、兼好には「恋知りの隠者」「好色の法師」といった一面があった。こうした各時代、各分野での享受史を視野に入れ、兼好法師や『徒然草』を多面的に捉え直すことが、今の教科書教材や読者の立ち位置を捉え直し、再認識することにつながり、新たな読みへの刺激、可能性を広げることにつながるといえる。

　また『徒然草』には章段同士の論理の矛盾、自己撞着とも読みうる箇所がしばしば見受けられる。逆に言えば、人間の心理やモラルについての価値判断を単純に一元化して言及しないのが『徒然草』である。そうした側面をふまえて、趣旨の似通った章段だけでなく、正反対の章段を関連させて読み解くのも、授業実践においては有効な方法の一つであり、新たな一面を示すことにつながるのではないだろうか。

　定番教材によって「教養」が作られるのなら、『徒然草』という教材の一筋縄ではいかない多層的な「教養」を繙き、学習者に提示することの意義は大きい。問題はその深さと広がりをどれだけ国語教科書教材が提示できるか、そしてその複雑さと多様さをどう現場が繙くことができるかにかかっている。

参考文献

・小川剛生『兼好法師　徒然草に記されなかった真実』中公新書、中央公論新社、二〇一七年
・安良岡康作『徒然草全注釈』角川書店、一九六七年
・島内裕子『兼好―露もわが身も置きどころなし―』ミネルヴァ書房、二〇〇五年、『徒然草文化圏の生成と展開』笠間書院、二〇〇九年
・有働裕「教材として『徒然草』をどう生かすか―新たな可能性の追究―」『愛知教育大学国語国文学報』第七五巻、二〇一七年
・荒木浩『徒然草への途―中世びとの心とことば―』勉誠出版、二〇一六年
・稲田利徳『徒然草論』笠間書院、二〇〇八年

14 万葉・古今・新古今
――惚れさせる内容の一大転換はいかにできたか

愛甲修子

作品の成立・刊行

『万葉集』は七五九年以降（奈良時代後期）成立。『古今和歌集』は（平安時代前期）成立。『新古今和歌集』一二〇五年（鎌倉時代前期）成立。(注1) 本文では、便宜上、『万葉集』『古今集』『新古今集』と呼ぶ。

教科書採択の歴史

【明治・大正期】

一八七二（明治五）年、明治政府が『学制』を発布。同年九月に制定された「中学教則略」には、教科目として「国語」があり、「古言」と小書きされている。国定教科書も教科書検定もなく、各県が独自に内容を定めていたようだが、「和漢文」として、『古事記』や『日本書紀』と並んで、『万葉集』の名前も見える。(注2)

一八七九（明治一二）年に「教育令」、一八八六（明治一九）年に「中学校令」が出される。ここで「愛国心ヲ成育スルノ資料」として「国語及漢文」が位置づけられる。一八九〇（明治二三）年の「教育ニ関スル勅語」に繋がるものだ。

当時、教科書は、今と比べものにならない数が出版されている。その中で「万葉・古今・新古今」が定番だったかというと、そうでもない。一八九〇年『国文学読本』芳賀矢一・立花銑三郎編では、作者を中心として時代順に教材が配列されているが、柿本人麻呂、山部赤人、紀貫之の名前があり、また「三代集和歌」として「古今集九首」「後撰集五首」「拾遺集九首」と、「新古今和歌」として「十三首」が挙げられている。一方、一八九六（明治二九）年『中学国文読本』新保磐次編は広く用いられたようだが、『万葉集』『古今集』『新古今集』は目次にない。

一九〇一（明治三四）年「中学校令施行規則」、「学科及其ノ程度」の「国語及漢文」において「文学上ノ趣味ヲ養ヒ兼テ智徳ノ啓発ニ資スルヲ以テ要旨トス」とし、教材を「現時ノ国文」「今古ノ国文」と限定している。しかし、実際にはそうとも限らなかったようだ。一九〇六（明治三九）年『中学国文教科書』吉田彌平編は三〇年間に亙って（一九三四年まで）採用され、一二三版を数えた教科書だが、巻九に「人はいさ（短歌）」（古今和歌集）、巻一〇に「花さそふ（短歌）」（新古今和歌集）がある（『万葉集』はない）。このように、明治・大正期には、「古典」として三大和歌集は意識されていたが、中学国語の定番にはなっていなかった。

【昭和期　戦前・戦中】

戦前の昭和期、一九三一（昭和六）年、「中学校令施行規則」が改正された。ここで、教材の範囲が「今古文ヨリ簡易ナル上古文」となる。「教育勅語」を踏まえ、改正の趣旨を「国体ノ本義ヲ明徴」にすることとし、「国民性の涵養」を教科の目的としたことによれば、当然の流れである。一九三四（昭和九）年『国語』岩波書店編集部編の巻七には「水の音（和歌）西行　源実朝」、巻九「万葉集抄」「古今集抄」「新古今集抄」がある。この教科書は、当時全国の大半の学校において採択された。

この傾向が更に進むのが、一九三七（昭和一二）年「中学校教授要目中」の改正であり、一九四一（昭和一六）年「国民学校令」であり、一九四三（昭和一八）年「中学校令中改正」である。「皇国ノ道」に則して「国民ノ錬成」を行うことを目的とし、教科用図書は、一九四三年『中等国文』文部省編の一種に統一された。刊行された五巻中、一〜四巻は『万葉集』の歌で始まる。五巻（三年生相当）は『古今集』「若菜」で始まり、一二首が採られ、「やまとうた（紀貫之）」（古今集仮名序）と続く。また「天の香具山」として『新古今集』から一二首が採られる。続く「国文学の伝統」という章に、次の文章がある。

「昔から今日までのわが国の文学を通観すると、その発達の根底は和歌であるやうに思はれる。和歌は、縦にも横にもわが国の文学を貫いてゐる。（中略）わが国には、支那の文学もインドの仏教もはいつて来ない以前に、既に和歌といふ独特の文学があつたのである。」、「歌はわが皇室即ち国体と深い関係を有し、日本人の忠君愛国の思想は古来歌と結び附いてゐるからである。」、「かくして、歌は日本特有のものとして、（中略）全国民の必ず知らねばならぬ道として、愈丶深く浸みこんで来たのである。」（芳賀矢一ノ文ニ拠ル）

そもそも一九三七年には、文部省教学局編纂によって『国体の本義』という書物が学校に配付されている。そこでは「臣節」を「忠は我が臣民の根本の道であり、我が国民道徳の基本である。」と説明し、後に「海行かば」として歌われる大伴家持の歌を引用する。また、生活の基本を「家」とし、その際に引用されるのが、山上憶良の「瓜食めば　子ども思ほゆ」の長歌と反歌である。一九四二（昭和一七）年には、日本文学報国会短歌部会によって『愛国百人一首』が選定される。柿本人麻呂から始まり、防人歌が六首採られる他、『古今集』『新古今集』の主だった作者が採られ、江戸時代の国学者、明治維新の立役者などが名を連ねる。これをカルタにしたものも発行される。このように、「万葉・古今・新古今」は、「国体の本義」を国民に浸透させる重要な手立てであり、教科書教材もその役割を担わされていた。

【昭和期　戦後】

当然のことながら、終戦とともに、この方針は転換される。一九四七（昭和二二）年、学習指導要領（試案）では、「中学校の国語教育は、古典の教育から解放されなければならない。また、特殊な趣味養成としての文学教育に終わってもいけない。常にもっと広い「ことばの生活」に着眼し、実際の社会生活に役だつ国語の力を付けることを目がけなければならい。」とされる。そこで「古典」が消えるのかと思いきや、墨塗教科書のあと、一九四七年に発行された文部省著作の『中等国語』には、二（2）に「万葉秀歌」（斎藤茂吉の文による）、二（3）に「ひさかたの」（古今和歌集の歌）、三（1）に「天の香具山」（新古今和歌集の歌）が掲載されている。ただし、一九四八（昭和二三）年に加えられた「国語学習の手引」には、例えば「万葉秀歌」の場合、「（1）歌と、その評釈とを、比べ合わせて何べんも読む。（2）こゝに出ている歌の中で、自分のすきなもの一首を選び、感想を述べる。（3）一つ〱の歌のすぐれている点を読みとる。」などとある。「新古今和歌集」の手引には、「すでに学んだ万葉集や古今集の歌と比べてみる」、「現代短歌と比べてみる」、「どこで切れているかを調べて、万葉集の歌の調子との違いを考える」などとあり、他の歌集や、他の時代と比べることで、特徴を捉えさせようとしている。つまり、歌の内容や精神性でなく、生徒がどう感じるか、歌としてどのような特徴があるかを学ばせようとしている。

このことに関しては、時枝誠記が一九四八年、次のような発言をしている。「戦時中は、日本精神に惚れさせることが大切であつたが、戦後はそれらを警戒して、民主主義的自由主義的思想に惚れさせることが必要とされてきた。このやうにして、国語教育は、惚れさせる内容については一大転換をしたのであるが、国語教育そのものの理念に於いては旧態依然たるものであつた」、「「国民精神を涵養し」といふべきところを、「民主主義精神を涵養し」と置き換へるならば、恐らく新時代の教授要目が出来上がるのである」。つまり、国が教えたいことに都合のよい作品を選び「惚れさせる」という理念は戦前も戦後も変わっておらず、「古典」そのものの価値を見いださなければならない、という批判である。

一九五〇（昭和二五）年には、『中等国語』とそっくりな表紙の『中等国語』(金田一京助編集委員長)が三省堂から発行される。こちらには『万葉集』『古今集』『新古今集』が一つもない。正岡子規・石川啄木などの短歌があるのみである。

一九五一(昭和二六)年学習指導要領(試案)には次のように書かれている。「古典よりも現代文学のほうが生徒にとって興味もあるし、能力にも合っているから、国語の教育課程の中では、後者のほうがもっと重要な地位を占めようとしている。けれども古典の学習指導を捨ててはならない。多くのりっぱな、価値のある作品が過去において書かれてきており、それを読解する力が付けば、その読書は楽しいものであるばかりでなく、われわれの祖先の生活や精神が理解される。古典の学習が不要なのではなくて、国語教育を古典に限ることが狭いというのである。(国語科はどんな方向に進んでいるか)」、「しかし、文学の楽しみを知ることももちろんたいせつなことであって、これによって民主主義の教育が目標とする教養を高め、情操を養い、個性を伸ばすことが必要である。(中略)教養と娯楽のためには、広く古今東西のよい読み物に接し、思想を練り、趣味を高め、書物をとおして、それぞれの人生観を持つ上の助けとしなければならない。(読むこと)」。つまり、「民主主義」のための「教養と娯楽のため」の読み物として古典が位置づけられ、時枝誠記に批判されたままである。

三省堂『中等国語』の改訂版が一九五一年に発行されているが、三上に「若の浦(万葉集の鑑賞)」が加わる。鑑賞文と万葉集歌との構成で、編修者の作となっている。「学習の手びき」を見ても、一九四七年文部省版を復活させたかのようであり、その後の改訂でも、多少内容を変えながら、この形が引き継がれていく。

【昭和期から平成・令和へ】

他方、三省堂ではもう一種、一九五六(昭和三一)年『中学新国語』(土井忠生著作)を発行している。こちらの三には「短歌を味わうために」(窪田章一郎)として、柿本人麻呂・正岡子規・大伴家持の短歌を引用して、短歌の解説をしている(ことばと文学の教室『短歌』による)。その上、「夕波ちどり」(五味智英)として万葉集歌五首とその解説、「春の心」として在原業平・僧正遍昭・藤原定家など『古今集』『新古今集』の和歌を含む九首、さらに「夕日の丘」として与謝野晶子・若山牧水・石川啄木など近代の短歌一一首を載せる。教授用資料によれば、この教科書は一九五六年の高等学校学習指導要領を先取りし、「国民の生活や文化を維持し、高めるのに必要な国語に関する生活の能力や態度を養う」としている。「古典教育の意義」は、「古典の文学作品を理解し鑑賞すること、人間形成に資する面として、古い時代の社会のあり方や、それ〴〵の時代人の考え方・感じ方・人生観を知ること、古語を理解し、現代国語との連なりを知り、国語そのものに対する関心を高めて、現実の言語生活を充実させること」であるとする。

この傾向は、他社の教科書でも一九六一（昭和三六）年前後から見られる。一九六一年検定済『標準中学国語』（古田拡・三尾砂・亀井勝一郎著作、教育出版）では「和歌と俳句」として、『万葉集』『古今集』『新古今集』を解説しながら、それぞれの歌と、源実朝・良寛・橘曙覧の歌など一四首を掲載している。同年検定の『中学校国語』（志賀直哉・辰野隆・久松潜一・今泉忠義・吉田精一監修、学校図書）では「Ⅳ古典（一）一万葉集、二古今和歌集・新古今和歌集、三古典俳句」として、冒頭に舒明天皇の巻一、二番歌を掲げ、『万葉集』七首、『古今集』五首、『新古今集』五首を掲載している。本文末の【学習のねらい】には、「右の短歌のうち、めいめいに好きな歌を選び、好きな点を発表しあおう。」「「枕詞」の修辞（ことばや文章を効果的にする）上の働きを考えてみよう。」「万葉集や古今集の和歌によく使われている「かも」「ける」「らむ」「ぬる」などの意味をよく調べよう。」などとある。これ以降、教科書における「万葉・古今・新古今」は、ほぼ変わらず、定番化していく。

一方、学習指導要領では、一九六九（昭和四四）年改訂で、「古典の指導については、古典に対する関心を深め、古典として価値ある古文と漢文を理解する基礎を養うようにすること。（中略）なお、文語や訓点のきまりについては、教材を読むのに必要があれば触れる程度にとどめること。」とある。大きく変わるのは、一九八九（平成元）年度で、古典の指導について、「我が国の文化や伝統について関心を深める」ということが加わる。さらに、二〇〇八（平成二〇）年度版では、古典が「読むこと」から、「伝統的な言語文化と国語の特質に関する事項」に移される。二〇一七（平成二九）年版でも「知識及び技能」に古典は位置づけられる。

二〇一七年度版学習指導要領を受けた教科書四社には、「万葉・古今・新古今」の和歌が載せられ、うち三社は『古今集』「仮名序」の文章から始まる。つまり、一九五八（昭和三三）年から一九六一年頃にかけて「万葉・古今・新古今」として「三大和歌集」は定番化し、それ以降、学習指導要領が変わろうとも、そのときの教科書編修者が「秀歌」として選んだものを載せてきたと言える。

作品の研究と新しい読みの提案

現在、教材名としては「万葉・古今・新古今」と、三大歌集がひとまとまりに挙げられているが、言うまでもなく一つ一つの歌集には際だった個性があり、そこに収められている多数の歌のどれを選ぶかによっても、その印象は変わる。

『古今集』は、初めての勅撰和歌集であるとともに、紀貫之の「仮名序」が日本文学史上初の文学論（歌論）であると言われる。収められた歌は、その後の歌のみならず文学の流れを作った。中でも特筆すべきは、四季の移り変わりを映し出す暦を作り上げたことだろう。「自然」を一二か月に位置づけ、暦を作り、四季の移り変わりを捉え、さらにそれを人間としての生き方、特に「恋」に当てはめて、歌に表出することを確立した。この形はその後の文学にも引き継がれていった。

そして、『新古今集』は、部立は『古今集』に準じているが、そこにある歌は、それまでの歌と一線を画す。言葉の姿の外にある「幽玄」、無・幻想の中にある心を歌うのが、『新古今集』である。つまり、『万葉集』『古今集』のような自然の実景、実感の詠ではなく、「象徴詩」にまで歌を広げたのだ。これもその後の文学に大きな影響を与えた。

「万葉・古今・新古今」の「三大和歌集」が定番教材となることには異論ないだろうが、そこからどの歌を選ぶかは定まったものがない。現在使用されている教科書五社すべてに掲載されているという歌はない。それぞれの歌集から、どのような観点で、どのような価値を見出し、どの歌を選ぶかということが、「新しい読み」の第一歩となるだろう。

注

1　宮腰賢監修・石井正己編集『新・国語の便覧』正進社、二〇一八年度教科書対応

2　鈴木二千六『古典教育の史的展開―教育制度から見た古典の教育―』近代文芸社、一九九四年

＊参考文献＊

・井上敏夫編『国語教育史資料　第二巻　教科書史』東京法令出版株式会社、一九八一年
・小沢正夫・松田成穂校注・訳『古今和歌集』小学館、一九九四年
・浜本純逸編集・解説『現代国語教育論集成　時枝誠記』明治図書出版株式会社、一九八九年より、時枝誠記「国語教育に於ける古典教材の意義について」『国語と国文学（二五の四）』一九四八年
・峯村文人校注・訳『新古今和歌集』小学館、一九九五年
・梶川信行編『おかしいぞ！　国語教科書　古すぎる万葉集の読み方』笠間書院、二〇一六年
・愛甲修子「思いを伝える「ことば」―万葉集・防人歌―」研究代表者・石井正己『言葉を通して生きる力を育む国語科の授業に関する総合的研究』東京学芸大学、二〇一九年

15

おくのほそ道■松尾芭蕉■

――継続して採録された幸せな作品

手塚翔斗

『おくのほそ道』は、江戸時代に活躍した俳人、松尾芭蕉（一六四四～一六九四）の紀行である。芭蕉は、敬愛した西行五百年忌に該当する一六八九（元禄二）年の三月に門人である曾良をともない、住まいを人に譲って江戸を発つ。北上して奥羽の歌枕を訪れ、北陸をめぐって美濃国大垣にいたるまで、期間でいえば芭蕉四六歳の春から秋にかけておよそ一五〇日間にわたる旅の記録である。

中学校国語科の教科書において取りあげられることが多いのは、「月日は百代の過客にして、行きかふ年もまた旅人なり」という著名な一節に始まる「冒頭」の一段と、藤原三代の盛衰と源義経の悲劇を懐古する「平泉」の段である。旅へのやまぬ思いと出立に至る心の動きが述べられる前者、自然と人事のコントラストを描出する後者ともに、『おくのほそ道』中でも屈指の完成度を有している部分であるといって差し支えあるまい。

作品の成立・刊行

『おくのほそ道』の成立の時期については決定的な見解が出ていないが、旅の終了後三年が経過した一六九二（元禄五）年ごろまでには原稿が一応の完成を見たと推測されている。またさらに二年後の一六九四（元禄七）年の初夏には、能書家であった柏木素龍なる人物に清書を依頼しており、完成した本の表紙には芭蕉みずから「おくのほそ道」と書いた題簽を貼り、最後の旅に携行している。この素龍清書芭蕉所持本はのちに芭蕉の兄である半左衛門へと贈られ、同年の一〇月に芭蕉が没すると、門人の一人であった去来へと渡る。以後、次々と所有者が変わるが、一七〇二（元禄一五）年にはこの本をもとにして京都の井筒屋から版本として刊行された。

以上が『おくのほそ道』の成立および刊行の経緯であるが、現在主要なものとして扱われている諸本には、西村本とも呼ばれる素龍清書本のほか、芭蕉自筆で推敲を重ねた形跡がみられる野坡本、これを門人の一人（利牛といわれる）に書写させた曾良本、曾良本をもとにして素龍が西村本清書以前に書写した柿衛本の三本がある。芭蕉の推敲過程を見るうえでは、どれも貴重な資料である。

教科書採択の歴史

教材としての歴史については、藤原マリ子『おくのほそ道』の本文研究―古典教育の視座から―』において戦前から戦後までを見通した体系的な研究がある。以下、藤原の研究に沿って教科書採択の歴史をまとめていきたい。

藤原の調査によれば、戦前の中学校教科書に『おくのほそ道』が初めて採録されるのは一八九五（明治二八）年の『新編国文読本』（積善館）であり、採録率が急増するのは一九〇三（明治三六）年からだという。こうした変化の背景には、「従来、漢文中心であった中学校の古典教育が、一八九四（明治二七）年に「国語教育ハ愛国心ヲ成育スルノ資料タリ（略）国語ハ主ニシテ漢文ハ客ナリ」（文部省令第七号説明）と明言されて国文教育中心へと転換されたこと」などが挙げられている。明治期の作家たちから芭蕉の作品受容が広がったことや、『おくのほそ道』の研究が進展したことも、定番教材へと地位を高める一つの理由である。かかる『おくのほそ道』の地位は戦中、戦後に至っても大きな変化をみせず、ほぼ継続して国語教科書に採録され続けている。藤原が「教材として、戦前・戦後を通じて幸せな経路を辿った作品」であると評すゆえんである。

採録される章段に関しても藤原の調査に詳しいが、現在でも人気のある「冒頭」「平泉」のほか、作品の発端に近い「旅立ち」「草加」や、中核部に位置する「松島」「石の巻」「立石寺」などが採録されてきたようだ。現在では、中学校国語五社五種すべての教科書に「冒頭」および「平泉」の段が採録されている。いずれも中学校三年の教科書であり、伝統的な言語文化に対するある程度の学習を踏まえて読むことが想定されている。また、光村図書『中学校国語3』や教育出版『伝え合う言葉　中学国語3』などにみられるように、『万葉集』や『古今和歌集』など和歌の教材と隣り合うように配列されることも多く、古典韻文作品を系統的に学習する意味でも欠かせない教材となっている。

ちなみに高等学校の現行教科書をみると、一〇社二八種の教科書に『おくのほそ道』が採録されている。このうち一九種に「平泉」、一六種に「旅立ち」が採られている。特に「平泉」に関しては、中学校教科書との重複をいとわずに多くの採録がされているのである。この章段の人気と教材としての価値を示すものであろう。

作品の研究

「冒頭」「平泉」をめぐる研究に範囲を絞ると、芭蕉の思想を読解する論や、漢詩文引用が果たしている機能を分析する表現論がみられる。特に「平泉」については、二項対立的で緊密な表現構成が構築されていることもあり、多くの論が取り上げてきた。

「平泉」における引用の問題を考えるうえで、上野洋三「眺望・鬼哭・傷心―平泉と須磨―」（『近世文芸』三八、一九八三年三月）は重要であろう。「国破れて山河あり、城春にして草青みたり」という一節からは、杜甫の「春望」における詩句を引用していることが定説となってきたが、上田は近世当代における「平泉」前半の受容から、『古文真宝後集』に入る、唐代の詩人李華によって書かれた「弔古戦場文」が下敷きになっていると指摘する。「平泉」の段は単に時の流れと人事のはかなさをいうのみならず、慰められぬ死者たちの「鬼哭」への弔いを主題とし、李華の「弔古戦場文」に「対抗し得る俳諧の文章」を「追求」したものなのである。

宮脇真彦「眼前、古人の心―『おくのほそ道』平泉考―」（『〈新しい作品論〉へ、〈新しい教材論〉へ［古典編］4』右文書院、二〇〇三年）はこの指摘を踏まえつつ、芭蕉と曾良両人の句が「戦いのさまを生々しく幻視する」ものであると論じる。「高館」から眼下を望む二人の眺望は、「義経主従の目・心と一体化して、軍記的世界を再現しつつ眼前の景を語る、いわゆる文章における景情一致の手法」が、右に述べた「弔古戦場文」への接近を可能にしているとする。

右にあげた両論と同様に、「平泉」の前半部分を表現に着目して解読する論として、中島和歌子「『おくのほそ道』の青と白―中学校・高等学校での学習を視野に入れながら―」（『札幌国語研究』第二四号、二〇一九年八月）も挙げておきたい。中島は、「平泉」の段における芭蕉の句「夏草や兵どもが夢の跡」と曾良の句「卯の花に兼房見ゆる白毛かな」とを対照的かつ相互補完的なものとして解釈する。中島はいくつかその対照性について述べているが、特に重視しているのは「夏草」の「青」と「卯の花」の「白」という色彩のコントラストである。自然と人事の対比関係のみならず、芭蕉と曾良という二人の作中人物が『おくのほそ道』というテクストのなかで果たす対関係に言及した論として、興味ぶかいものである。

教材の評価

「冒頭」「平泉」が教材として用いられる場合、ある程度定まった主題が想定されることが多いように思われる。前者で言えば芭蕉の旅への思い、西行や李白をはじめとする「古人」の生き方に学んだ人生観のごときものである。

『おくのほそ道』なるテクストの大序として位置づけられるべき「冒頭」の段からは、旅と人生をめぐる芭蕉の思想が読み取られ、「草の戸も住替る代ぞ雛の家」の一句に示されるような流転の世が、芭蕉の視点を通してまなざされる。もっとも、生徒の視点に立ったとき、こうした主題を読解することが学習上の必然性を有しているのか、という点には留意しておく必要がある。「「人生は旅である」の言い古された比喩は、あながちに否定出来ないかも知れないけれども、中学校三年生に、本当に理解され得るものかどうかというと、甚だ疑わしい」という、石塚修「『おくのほそ道』の教材的価値について―中学生に対して何を教えてゆくべきか―」(『人文科教育研究』第一九号、一九九二年八月)の指摘は、中学校国語科の教材として「冒頭」を考えるうえでは念頭に置かねばならないものだろう。

一方「平泉」の段にしても、段全体の主題を設定することはさして難しくない。平泉を訪問した芭蕉が、かつて栄えた奥州藤原氏三代の栄華とそのはかなさを思い、高館に登って源義経の悲劇を想起する。詠み出される「夏草や兵どもが夢の跡」に端的に表れているように、人事の無常さと自然の壮大さ、強靱さが対比されるのが、「平泉」前半の物語である。他方、中尊寺を訪れる後半部分では、変わらずに安置されている「三将の像」「三代の棺」「三尊の仏」を見たと記される。本来であればとうに自然の浸食を受け、「頽廃空虚の叢となるべき」遠い昔の「記念」が、いまだ存していることへの感動が、後半部の主題であるといえよう。

古典世界における旅への思い、自然と人間との対比、この二点が、「冒頭」および「平泉」におけるテーマであろう。両段が『おくのほそ道』のなかでも人気があるのは、他の古典作品にも通じる普遍的な主題を有している点にその一因があると考えられる。

関連する作品

中学校ではおおよそ「冒頭」および「平泉」の採録がなされるのが基本だといえるが、高校の教科書では『おくのほそ道』中の別の段が採録されることも多い。現行の教科書を確認してみると、特に目を引くのは「立石寺」の段である。六社一二種の教科書がこの段を採録しており、「冒頭」や「平泉」に次ぐ人気を博している。

『おくのほそ道』の後半部分に位置する「立石寺」の段は、山形領立石寺なる山寺を訪れた芭蕉が、静けさに包まれた山上の堂で「心澄みゆくのみおぼゆ」という感慨を抱く一段である。こうした「立石寺」の人気は、やはり末尾に置かれる発句「閑かさや岩にしみ入る蟬の声」によるところが大きいだろう。「岩にしみ入る」の表現によって山上の静謐とした雰囲気と「蟬の声」を取り合わせ、さらに静寂のなかにある自身の心も周囲に浸透していくような状況を詠んだ一句は、間違いなく「本紀行中での絶唱の一つに数えることができる」（潁原退蔵・尾形仂訳注『新版　おくのほそ道』）。推敲過程が明らかであり、芭蕉の表現のありようを考えるために有効な章段であることも、採録の後押しをしているのだと思われる。

このほか、「かさね」という名前の少女との遭遇を語る「那須野」の段や、「冒頭」との対応で『おくのほそ道』の結びとなる「大垣」の段が高等学校の教科書に掲載されている。中学校の学習を生かしながらより深く『おくのほそ道』を考えさせるためには、新しい章段の教材価値を開拓していくこともきわめて重要な意味を持つだろう。

新しい読みの提案

「冒頭」「平泉」については、定番教材として教科書に採録され続けてきたこともあり、すでに多くの読みが提出されている。そうした成果を踏まえながらも、ここでは、特に「平泉」の表現構造に着目し、この段の構造を解明してみたい。

そもそも「平泉」の段の構成は、全編を通して対照的、対句的な叙述がなされる『おくのほそ道』のなかでも、とりわけ均整がとれたものである。「三代の栄耀一睡の中にして、大門の跡は一里こなたにあり。秀衡が跡は田野になりて、金鶏山のみ形を残す」というように、藤原氏三代の繁栄と眼前の光景を対照させる冒頭にはじまり、青々と生い茂る「夏草」といまは亡き「兵ども」のコントラストを詠んだ芭蕉の句、目の前に咲く「卯の花」と義経の悲劇を代表する「兼房」の白髪を対置する曾良の句、いずれにしても二項対立的な表現が用いられていることはいうまでもない。

さらに中尊寺を訪れる後段に目を向ければ、人間の営為が「五月雨」に代表される自然の浸食に抗している一幕が現前させられている。「四面新たに囲みて、甍を覆ひて風雨を凌ぎ、しばらく千歳の記念とはなれり」の一条にあるように、自然の猛威をしのごうとする人間の行為によって、過去と現在とがつながれるのである。この点でいえば、「高館」を中心とする「平泉」前半部分と、「中尊寺」を中心に据える後半部分は、ともに自然／人事という対比関係を取り上げながら、前者は自然の恒久性、後者は人の営みにそれぞれ焦点を当てたものである。

かかる見方はさして新しいものでもないだろうが、ここで着目しておきたいのは、中尊寺を訪れた後半部分で、数字が頻出してくることである。「かねて耳驚かしたる二堂開帳す。経堂は三将の像を残し、光堂は三代の棺を納め、三尊の仏を安置す。七宝散り失せて、珠の扉風に破れ、金の柱霜雪に朽ちて、すでに頽廃空虚の叢となるべきを、四面新たに囲みて、甍を覆ひて風雨を凌ぎ、しばらく千歳の記念とはなれり」——この場面の叙述には、「二堂」「三将」「三代」「三尊」「七宝」「四面」「千歳」と、執拗に数字が並べられる。「実景の写実的描写をはるかに超越」した記述であり、「文体の整合の美をもって荘重厳粛の気韻を伝える」（『新版　おくのほそ道』）ものであると評されてきた。

しかしそれにしても、かかる執拗な数字の使用は、「荘重厳粛」な雰囲気を伝えるために奉仕しているだろうか。仮にそうした雰囲気を表現するのであれば、「七宝散り失せて」以下「頽廃空虚の叢となるべきを」までの一節は、きわめてアンバランスに行文をつないでいるようにみえてしまう。「なるべきを」という逆接によってかろうじて反転するものの、読む者の脳裏には荒廃した二堂がすでに浮かんでいる。いいかえれば、これを書きつける芭蕉は、「千歳の記念」としてある堂の陰画として、荒れ果てた中尊寺をたしかに見通してしまっているのである。

この箇所に数字が多用されるのはあくまで、「文体の整合の美」それ自体を目的としたからではあるまいか。中尊寺という場所は、数字をくりかえす表現によって記号化されるが、こうした語り方が中尊寺それ自体の人為性を強く印象づける。表現が整合的であればあるほど、言葉が美しく連ねられれば連ねられただけ、実在の場所としての経堂、光堂は空白化する。いわば場所を虚構化してしまうのが、数字を多用する表現の効果なのであり、虚／実という二項のあいだを縫うように進むのが、「平泉」なる段に書きつけられた言葉なのである。

＊参考文献＊
・藤原マリ子『『おくのほそ道』の本文研究—古典教育の視座から—』新典社、二〇〇一年
・潁原退蔵・尾形仂訳注『新版　おくのほそ道　現代語訳／曾良随行日記付き』角川ソフィア文庫、二〇〇三年
・堀切実編『『おくのほそ道』解釈事典—諸説一覧—』東京堂出版、二〇〇三年
・前田雅之ほか編著『〈新しい作品論〉へ、〈新しい教材論〉へ　［古典編］4』右文書院、二〇〇三年

16 走れメロス■太宰治■
――群衆・少女に透けるアイロニー

赤星将史

成立と作品

太宰治（一九〇九～一九四八）の「走れメロス」は『新潮』第三七年第五号（一九四〇年五月）に発表された作品である。その後、『女の決闘』（河出書房、一九四〇年六月）に収録された。太宰の中では、それまでの実験的な前衛的小説ではなく、内容も明るいものが多く、芸術的に高い水準の短編小説を書いていた中期に当る作品であるとされている。「走れメロス」もその例に漏れず読者を惹きつける魅力を持つ短編小説であり、内容的にも明るい作風であると言えるだろう。

「走れメロス」の成立にはシラーの「人質」という詩を見逃すことが出来ない。現在、「走れメロス」の材料として、小栗孝則訳『新編シラー詩抄』（改造文庫、一九三七年）に掲載されている「人質」を使ったことが角田旅人によって明らかになっている。このような成立過程を経た「走れメロス」は、太宰作品の中でも「富嶽百景」や「人間失格」とともに代表作と目されている。

教科書採択の歴史

「走れメロス」は一九五六（昭和三一）年度使用の中学校国語科用教科書である時枝誠記編『国語　総合編　中学校　二年上』（中教出版、一九五五年）で初めて教科書に採択された。その後、高校の教科書に採択されたこともある。採択されたばかりの頃は、光村図書や大修館書店や東京書籍などでは中学三年生の教材として扱われていたが、次第に中学校二年生のいわゆる定番教材として多くの出版社に採択されるようになった。長谷川泉は「走れメロス」が「年少の読者に愛好されている」理由として、「テーマが明確である上に、信義と友情という、青年期に共感を呼ぶ、重大でしかも切実な問題を取り上げているためであろう」と述べており、教科書に採択されている理由として現在でも通用しうる指摘であると言えるだろう。また、本文には若干の異同があり、採択された初めの頃は結末部の少女がメロスに緋のマントをわたす場面が掲載されていなかったこともあった。しかし、現在ではほぼ全ての出版社が「走れメロス」をそのまま採択し、中学校二年生の定番教材となっている。

作品の研究

定番教材でもある「走れメロス」には数多くの先行研究が積み重ねられている。研究初期には作者である太宰治と関連して言及されることが多かったが、次第に作品の内容に言及されるようになる。具体的には、メロスは何のために走っているのかということを問うたり、シラーの詩との異同を問うたりと研究の幅が広がった。メロスが友のために走る姿から「友情」「信実」を読み取る論調が多く、同時代の文脈と照らし合わせた研究はあくまで傍流に位置していた。研究の主流はメロスが何のために走ったかであり、その結論として「走れメロス」を友情と信実の美談とするものであった。もちろん、作品読解に留まらず、太宰の内面に迫る論もある。国松昭は「勇者メロス」に「非勇者的描写」が多く、それらは「太宰的」であるとしており、「太宰が、迷ったりくじけたり苦しんだりしつつも、一口の清水を力に、自分の決めた唯一の道を進みつづけるという自らの覚悟を示した作品」であると指摘している。このように、作品の研究は太宰治の内面を研究するものへと発展した。

そして近年では、これまでメロスとセリヌンティウスとの友情が読み取られることの多かったメロス論に対し、同時代言説に照らし合わせて読むものやテクストの細部を読むことによって、単なる美談ではないとする論も見受けられる。高田知波は語り手や他の太宰作品に注目することによって、これまでの「走れメロス」の位置付けに多かった「美談」ではなく、「反美談（アンチ）」として読むべきという論を提出しており、これまでの研究に一石を投じたと言ってよい。

さらに、松本和也は一九四〇（昭和一五）年の時代背景の中で「走れメロス」を位置付けており、当時のドイツ文化との関わりやオリンピックがもたらすナショナリズムの高揚といった時代背景の中において論じている。また、大國眞希は教科書の挿絵を活用した授業案を提示しており、教材としての「走れメロス」研究も新たな角度からの光があたりつつある。これまで挙げてきたものは膨大な研究の蓄積のごく一部に過ぎない。これまでの研究を受けた上で、新たな読解を続けていくことが重要であろう。

教材の評価

「走れメロス」の評価として第一に挙げられるのは、友情の尊さであろう。「竹馬の友」であるセリヌンティウスを残してひた走るメロスの姿と、クライマックスにもあたる二人の抱擁から人を信じることの大切さや友情が読み取られてきた。また、人を信じる人物としてのメロスと人を信じることができない王ディオニスとの対立する構図と「仲間に入れてくれないか」という結末部での王が仲間に入るという展開は、先述した人を信じることの大切さということを強調しているようにも読むことが出来る。光村図書の『中学校国語指導書2　下』（二〇一六年）を参照すると、作品の主題として「メロスとセリヌンティウスの友情と信義の美しさ」、「幾つもの苦難を乗り越えて自己形成していくこと」、「メロスと王の人物像に見られる人間の善悪」、「メロスの強さや弱さ、王の暴君的要素とその変容など、人間の多面性」が挙げられており、「これらは全て内面と他者との関わり合いの問題」であると結ばれている。たしかに、中学二年生という自己の内面と他者との間に悩みを抱えることが多い時期に、これらのテーマと向き合うことが出来る教材として長い間位置付けられてきたことは意義があると言えるだろう。

　しかしながら、「走れメロス」の物語内容だけを取り上げることは、教材としての「走れメロス」の魅力を乏しいものとしているのではないだろうか。山田有策はメロスの走る描写は「身体的に快感を感じさせるほどリズミカル」であるとし、その理由は「文体のスピード」であると指摘する。たしかに「メロスは激怒した。」から始まり、短い一文が積み重ねられる冒頭はリズミカルであり、メロスが走っている際の文体も非常に躍動感がある。主題とされている友情などを抽出しようとするあまり、「メロスの全身全霊を賭した疾走疾駆」の「快楽」を無視するべきではないのだろう。

　また、中学二年生で採択されていることを考えると、文学教材の読解方法を教えることが出来るという点でも評価ができるだろう。作品のクライマックス近くに多用されている赤色と「蒼白」である王ディオニスとの対比や、直喩や隠喩によって表される登場人物の内面など、「走れメロス」を学ぶことによって得られる文学的知見は枚挙に暇がない。

　そして、教材としての評価として、近代文学への読書案内としても機能していると言えるだろう。現在、多くの出版社が中学校二年生の教科書に「走れメロス」を採択しているのは、太宰治の他の作品を読む入口としても恰好の教材と言えるのではないだろうか。友情の大切さや人を信じることの大切さという身近な内容と疾走感のある文体は、太宰治の他作品への導入としてふさわしいとも言える。そして、太宰治から他の近代文学作家への興味へと繋がっていくことも可能だろう。

読みの提案

　これまで「走れメロス」には膨大な研究が積み重ねられてきた。やはり、これまでの「友情」「信実」といったものを読み取る方向性が教室では主流となるのだろう。この道徳的な読解は教室という空間と非常に親和的であるからだ。しかしながら、近年の研究で指摘されているように、「走れメロス」は単なる「美談」ではなく、様々な解釈ができるテクストである。ここでは同時代の状況と照らし合わせてテクストを読むことで新たな解釈を提示することを目標としたい。

「走れメロス」が発表された一九四〇年は松本和也が指摘するように、オリンピックが国内での大きなイベントであった。テクストの大部分を占めているのがメロスが走っている描写であることを考えると、オリンピックという要素は無視できないものであると言えよう。西川貴子は一九二〇～三〇年代における「走る」という行為の表象を論じており、「走れメロス」について同時代的な「〈走る〉ことをめぐる語りの特徴が効果的に表されているといえる」とし、「さらにいえば、メロスが羊飼いとして設定されている点には、第一回アテネオリンピックの優勝者スピリドン・ルイスの職業がギリシャの羊飼いであったことと関わるのではないかとも推測される」と補足した上で、「それまでの〈走る〉ことをめぐる語り〈の流れ〉に沿うものであることはいうまでもない」と指摘している。同時代の状況や文化表象と照らし合わせた時、どのような解釈が考えられるのだろうか。

同時代の状況と接続する前に、基本的な読解を試みたい。

メロスは「政治がわからぬ」人物であるが、「邪悪に対しては、人一倍に敏感」な人物であると冒頭部で語られている。そしてメロスは「邪智暴虐の王」に対して「激怒」していることが印象的に語られている。ここで考えなければならないのは、良識を持つメロスと「邪悪」な王との対立であると誘導するかのような語りがなされていることである。さらに語り手は「暴君ディオニス」「暴君」と繰り返し語ることによって、その対立を強調する。そしてこの対立する構図は、「人の心を疑うのは、最も恥ずべき悪徳」であるとするメロスと「人の心は、あてにならない」という王との対立構図へとスライドする。メロスは人を信じることは可能だということを王に示すために竹馬の友であるセリヌンティウスを人質に差し出し、妹の結婚式を挙げるために村へと走る。セリヌンティウスがメロスの申し出に対し「無言で首肯」いていることからも、この二人はお互いを信じあっているという点において、先に述べた対立構図を補強する。「走れメロス」はこの対立構図を軸に語られて行くのである。ここまでの指摘は先行研究において何度も指摘されたことである。教室においてもこのような読みの実践が何度も為されてきたことであろう。読みの提案のためには、議論を更に進めなければならない。

妹の結婚式を挙げた後、メロスは濁流を泳ぎ切り、一隊の山賊をも打ち倒す。しかしながら、疲労困憊したメロスは「悪い夢」を見てうとうととまどろんでしまう。清水を飲んで復活した後、メロスは「私の命なぞは、問題ではない」とまで思うほど、「信じられている」ことを問題にする。「私は信頼されている。」と二回も繰り返すほど、メロスは信じられていることを問題にしている。フイロストラトスとの対話において、メロスは「人の命」も「間に合う、間に合わぬ」も問題ではないと言い、「もっと恐ろしく大きいものの為に走っている」と言う。これまでも「もっと恐ろしく大きいもの」とは何かという議論が重ねられてきたが、これはメロスのアイデンティティであろう。人を信じるまたは人から信じられるメロスと人を信じられないという王という対立する構造の「走れメロス」において、メロスが信頼を破棄し走ることをやめるということは、このテクストにおいてメロスがメロスでなくなってしまうことでもある。だが、この構図を俯瞰することが出来ないメロスにとっては、「もっと恐ろしく大きいもの」として認識し得ないのである。

メロスは刑場に突入し、間に合う。そしてセリヌンティウスと友情を確かめ合う。メロスが一度悪い夢を見たこと、そしてセリヌンティウスがちらとメロスを疑ったことをお互いに謝罪し、二人はひしと抱き合い泣く。友を信じなかったことを互いに謝罪し、人を信じることの尊さを見た時、群衆からすすり泣きの声が聞こえる。人を信じない人物であったディオニスは「信実とは、決して空虚な妄想ではなかった。」と考えを改める。ここでこれまで「走れメロス」の軸としてあった対立構図は消える。そして王はメロスたちの仲間となり、大団円を迎える。人を信じる、人に信じられるメロスの勝利で「走れメロス」は閉じられているのである。メロスのアイデンティティは守られたのだ。

ここまでメロスと王の対立を見てきたが、ここで新たに注目すべきは群衆と少女なのではないだろうか。なぜなら、同時代の状況に照らし合わせた時、群衆と少女は「走れメロス」において大きな意味を持つからだ。群衆から見ていきたい。ここで問題とすべきは群衆の態度の翻し方であろう。松本和也は「振り返ってみれば、冒頭以来、登場人物の誰もが、デイオニスが王であること自体は、一度も疑ってこなかったはず」だという興味深い指摘をしている。たしかに松本が指摘するように群衆は「万歳、王様万歳」と王を称え、メロスやその友を称えてはいない。群衆はメロスとセリヌンティウスの友情を確かめ合う美しい光景と、それに加わろうとする王を称揚し、歓声を起こす。権力者の美談に酔う群衆に対するアイロニカルな語りとするのはあまりに牽強付会であろうか。しかし、戦争に突入する当時の時代背景を考えると、オリンピックによって無意識にも高揚する民衆のナショナリズムへの批評的な言説として読むことが出来るのではないだろうか。

さらに、少女の存在も無視することができない。この少女はなぜ登場したのであろうか。セリヌンティウスは「メロスの裸体を、皆に見られるのが、たまらなく口惜しいのだ」と、少女が「緋のマント」を差し出した理由を説明している。しかし、ここで忘れてはならないのは、少女の真意は語られることがないということだ。この声なき少女はメロスに好意的な人物となり、王を含む彼らを群衆にとってのヒーローへと位置付ける役割を果たしている。その証にメロスは結末では「勇者」と語られる。美談に迎合する群衆と、強いものに声を奪われる少女。オリンピックで高まる民衆のスポーツへの期待とそれに伴って生成されるナショナリズムという時代へのアイロニカルな視線を、「走れメロス」から読み取ることが出来るのではないだろうか。

＊参考文献＊

・長谷川泉「『走れメロス』鑑賞」『国語通信』第二二号、一九五九年五月
・国松昭「『走れメロス』の暗さについての一考察」『信州白樺』第五一・五二合併号、一九八二年一〇月
・角田旅人「「走れメロス」材料考」『香川大学一般教育研究』第二四号、一九八三年一〇月
・山田有策「〈主題(テーマ)〉なるものへの反逆」『月刊国語教育』第一〇巻第二号、一九九〇年四月
・西川貴子「「わたし」と「わたしたち」の狭間―「走ることを語ること」の意味」疋田雅昭・日高佳紀・日比嘉高編著『スポーツする文学　1920―30年代の文化詩学』青弓社、二〇〇九年
・高田知波「〝反(アンチ)美談〟小説としての『走れメロス』」『駒沢国文』第五〇巻、二〇一三年二月
・松本和也「ドイツ文化との共振／〝権力強化の物語〟――「走れメロス」」『昭和一〇年代の文学場を考える―新人・太宰治・戦争文学―』立教大学出版会、二〇一五年
・大國眞希「国語科指導における挿絵の活用考：指導書の変遷と「走れメロス」を視座として」『太宰治スタディーズ』別冊3、二〇一七年六月

17 故郷 ■魯迅■
――新たな「私」の捉え方

数井千春

作品の成立・刊行

「故郷」は、中国近代化のためにペンによって闘い続けた文学者、魯迅の作品である。一九二一年に雑誌『新青年』に発表され、一九二三年に小説集『吶喊』に収録された。

魯迅の本名は周樹人。一八八一年、浙江省紹興に生まれた。生家の周家は代々、科挙の合格者を出し続ける家柄で、経済的にも恵まれた環境だったが、魯迅が一〇代半ばの頃、清朝の高官だった祖父の投獄と父の病死により没落した。一八九八年から江南水師学堂や江南陸師学堂付設の鉱務鉄路学堂で学び、一九〇二年に官費の留学生として来日する。東京弘文学院を経て仙台医学専門学校で医学を学ぶが、在学中に教室で上映された日露戦争の幻灯で、中国の人々の屈辱的な姿を映し出すニュース映像を見たことで、国の改革のためには国民の肉体より「精神を改造する」ことだと考え、医学から文学に転向する。その後東京で同志と文芸雑誌の創刊を目指すが、その計画は出版間際で挫折する。一九〇九年に帰国し師範学校の教師となるが、辛亥革命によって清朝が倒れ、中華民国が成立すると、臨時政府の教育部に招かれる。当時、袁世凱による帝政復活と軍閥政治が行われ、国民党による第二革命、日本からの「二十一カ条の要求」受諾、清朝復活のクーデター等の政治的混乱が続く状況で、魯迅は一九一八年に代表作「狂人日記」、一九二一年に「阿Q正伝」などの作品を次々と発表し、封建的旧体制を支える儒教を批判し、民衆の目覚めと真の改革を訴えた。この一連の執筆活動の中で生み出されたのが「故郷」である。一九三六年に死去。

教科書採択の歴史

「故郷」は半世紀近く中学国語科の授業で読み継がれてきた定番教材だが、着眼点や解釈の仕方は、社会情勢の変化や学習指導要領の改訂とともに少しずつ変化している。

日本で教科書に初めて掲載されたのは、一九五二（昭和二七）年で、教育出版が三年生下巻に「世界の読物」という単元の中で、アルフォンス・ドーデ「最後の授業」、ツルゲーネフ「おおかみ」と共に読書教材として配置した。「最後の授業」は敗戦国における国語の価値や郷土愛を、「おおかみ」は労働者の姿を描いた作品である。指導書によると、この単元の目的は「国際的理解を進め、すべての人々の福祉と世界平和に貢献する積極的な態度を養うこと」で、特に「故郷」は「中国農民の児童生活に取材して、古来日本と不離関係にある中国の民衆生活について理解を与え、両国の親善」に役立ち、「民主的な新しい社会建設への意欲を高め得る」という理由で採用された。当時は冷戦下で、日本は第二次世界大戦終結の講和条約を東西全ての国々と結ぶことが難しく、国内では全面講和論と単独講和論が対立し、結局は単独講和としてサンフランシスコ平和条約を締結してアメリカ占領下から独立した頃である。「故郷」は世界平和と自国の発展を願う思いを背景として教科書に掲載され、卒業を控えた三年生の教室で他国理解と国家建設に向けた思想として読まれていたことがうかがえる。手引きには「私」の心情や閏土（ルントウ）の外見の変化を読む学習の他に、自分の故郷について作文を書く活動や、中国人の風習やものの考え方を知るために他の魯迅作品を読んで話し合う活動が示されている。

その後、「故郷」を採用する教科書は増え、一九七二（昭和四七）年、中国との国交が正常化した年には全社が採用した。三省堂だけが二年生に、他の四社は三年生の教科書に掲載している。一九五二年の教科書では読書教材として扱われたのに対して、一九七二年は全社が文学教材として位置付け、心情や人物の変化を読むための手引きを付している。また、人生や社会について感じたことや考えたことを話し合う活動を提示し、文学を読むことで自分の生き方や社会の在り方を考えさせようという意図も見える。

また、一九七〇年代の教科書の手引きを概観すると、「私」の心情変化に着目した問いが多い。「変わってしまった閏土に会って、『私』はどんな気持ちになり、どんなことを考えたか」、「楊（ヤン）おばさんに対する『私』の印象や気持ちは、昔と今とでどう違っているか」のように、「私」の内面についての問いが中心である。一方、閏土や楊おばさんについては外見や言動の整理をするのみで、内面を考えさせる問いはほとんどない。語り手「私」の視点から本文通りに読み進め、まとめたり話し合ったりしながら「私」の心情変化を捉えることに重点が置かれていたことがわかる。

一九九〇年代になっても「私」の心情を読む傾向は変わらないが、離郷する場面についての問いを詳細に設定したうえで、「作者がこの作品で描き、かつ訴えようとしたものは何かについて話し合ってみよう」、「主題をノートにまとめ発表しよう」など、主題を読みとるための手引きが多くみられるようになる。

また、中国の社会情勢や慣習、魯迅の伝記的な知識の扱い方についても、現在と違いがある。現在は学習対象を作品の構造や表現それ自体として、歴史や伝記的事実は最小限に留め補足的に扱うことが多い。だが、一九九〇年代までは歴史的事実の扱いを重視する教科書会社が多く、主題を把握するためには当時の中国の社会情勢などを理解しておくことが必須だとして、単元の前後で、図書館で魯迅の生きた時代を調べる学習や、魯迅の生き方を教師が説明したうえで、他の作品と読み合わせる学習活動に時間をかけていたようである。

二〇一〇年代になると、「私」の心情推移だけでなく、閏土や楊おばさんの立場に立って心情を考える問いが重視されるようになる。特に閏土との再会の場面で「私」と閏土が感じたそれぞれの悲しみを問う。手引きでは各登場人物になりきって互いに質問し合う活動をすることで、他視点から作品を捉え直すことの良さを感じさせたり、会話文の「……」に着目させ、「私」と閏土の両者の沈黙や言葉にならなかった思いを言語化させたりする。視点を様々に置き換えながら作品を統合的に考えさせようとしていることがわかる。

作品の研究

「故郷」に関する研究としては、まず藤井省三による『魯迅「故郷」の読書史―近代中国の文学空間―』がある。[注1] 中国において「故郷」がどう読まれ、教材化されてきたかがまとめられ、その後の論文でもしばしば引用されている。例えば、灰の中から碗や皿が見つかった出来事について、日本では閏土を犯人として読むのが一般的であるのに対し、中国では政治的な背景から閏土を擁護し、楊おばさんを犯人とする見方があるという事実を指摘する。このような藤井の研究成果を踏まえ、最近では中国では原文で読まれ、日本では竹内好の訳文で読まれることによって、どのような解釈の違いが生じるか、また、両国での学習目標や指導法、教科書の比較研究なども行われている。今後、このような研究成果をもとに授業を展開することで、中国と日本の生徒同士が対話しながら共に読みを深める学習が成立するかもしれない。

作品の読み方の研究としては、二〇〇一（平成九）年発行『文学の力×教材の力』に田中実と田近洵一の論考がある。[注2] 登場人物でもあり語り手でもある「私」の捉え方と、作品の終末部の「希望」についての解釈を中心に紹介する。

まず田近は「求めるべき読みは、作品の構造や表現の特質をふまえつつ、それぞれの生徒が一人の読者として作品の世界と深く関わり、新しい出会いをしていくようなものでなければならない」という立場を重視したうえで、四つの視点（①状況、②人物、③視点人物、④プロット）を設定し、どの視点からの発見・追求の読みが、生徒の既成の観念の枠組みを壊し、新しい世界創出の契機となるかという問題意識のもとで読みの成立の可能性を考察した。特に③視点人物の項では閏土との再会場面で言葉を失った「私」について、事実を自分自身の問題としては捉えていないとして、語り手としての「私」には自己相対化の視点が欠如していることを議論の対象とすべきと述べた。そのうえで「私」が閏土との隔絶を嘆きながら希望に思いいたったとき「どきっと」したのは、希望という偶像を持つことで現実を回避している自分のあり方に思い至ったからだとして、これを「自己否定につながる、きびしい自己認識」と述べ、そこにこの作品の価値を認めている。作品全体について、「現実の故郷との出会いが、未来への希望を偶像化した自己を明らかにし、それを否定する中に、希望を地上の道とする可能性を自らの内に見いだした」という田近の解釈は、授業実践の重要な視点となる。

一方、田中は、まず小説を「物語の構成」と「詩に近い純粋なものの表現」、すなわち「〈語り手〉の自己表出における表現」であると定義した。そのうえで作中の実体的人物「私」とともに動いていく、語り手としての「私」のレベルを越えて、全体を俯瞰し統括する機能をもつ、「〈語り手を超えるもの〉＝〈機能〉としての作者」という視点を設定した。物語の外部に語り手を想定することで、「私」は「でくのぼう」と化した閏土を過酷な現実として捉え、「大人の閏土と等価である、自己解体した「私」の無残さが逆照射」される。そのことによって「私」は「自分の置かれている立場を相対化し、自己存立の根拠そのものを追い込んでいき、結果、一種自己解体していく自身をみつめている」と述べる。

末尾の「希望」についてては、もともとあると考えれば、それは「《普遍》や《絶対性》があるという思い込み」にすぎないが、もともとないと考えるのもまた、「観念の産物であり虚妄の『絶望』」であり、希望も絶望も現象にすぎないことを承知し、「虚妄の『希望』の道だからこそ、人は真に歩いていくことが出来る」として、それを「この世での幸福や報いを極限まで捨て去った者が、なお持ち得る最後の、真の『希望』」であると論じる。これに対して田近は、〈語り手を超えるもの〉を設定しなくても、田中論文は書けるのではないかと問題を提起する。一方で田中の論を受けとめ、〈語り手を超えるもの〉の視点で書かれた指導書や実践報告も出ている。

教材の評価

中村龍一はこの「私」をどう位置付け、語りをどう捉えるかという問題は、長く安定教材だった「故郷」に対して強い批判が出たことに起因すると語る。(注3)例えば宇佐美寛は「私」

は現在の社会条件をどう考えるかという問題を自覚的に語らず、無責任で無自己であると論じ、(注4)千田洋幸はこの作品は「私」の認識を最後まで相対化することがなく差別小説でしかあり得ないと批判した。(注5)ここに「故郷」では「私」を相対化できていないのかという問題が生じ、前述の田近や田中の論が展開されることとなる。

また、作品としての評価とは別に、翻訳としての評価も分かれている。「故郷」は一九二七(昭和二)年に日本に紹介され、その後一九三二(昭和七)年に雑誌『中央公論』で佐藤春夫の訳が発表されると広く日本文化界に知られるようになった。その後、井上紅梅、竹内好、高橋和巳、増田渉、丸山昇、藤井省三など一〇人以上の翻訳によって多くの出版物が刊行されている。長年教科書に掲載されてきたのはほぼ竹内好訳であり、中学生にとってわかりやすく文学的価値が高い名訳だと定評がある。その一方で、竹内訳にはいくつかの問題点も提起される。例えば藤井省三は、魯迅の原文では一つの長文であるのに、竹内氏が多数の短文に置き換えている点を指摘し、悩み迷走する思いが論理的で明快な思考に変換されてしまっていると批判した。(注6)藤井の他にも、例えば閏土との再会場面の「わたしは口がきけなかった」について「私は」か「私も」かの違いで教材解釈が変わるという指摘や、離郷の場面の「はっと胸をつかれた」という訳では持続的な失意が表現されていない等の批判もある。一方で、竹内訳をベースに様々な翻訳を比較することで言葉の働きを考える実践や、竹内訳の特長を言語化する実践報告もなされている。

関連する作品

国語教科書に採用されている魯迅の作品は、他に「藤野先生」がある。これは魯迅が日本に留学していた頃の出来事を題材として、熱心に指導してくれた藤野先生との思い出や試験問題漏洩事件、幻灯事件をきっかけに自らの進路を変えた「私」の生き方を描いたもので、一九二六年に発表された。

この作品が最初に高等学校の国語教科書に採用されたのは、一九六三(昭和三八)年である。以後、外れたことはあるものの現在も複数の「現代文」の教科書に掲載されている。価値目標として、国家を超えて人間どうしが交流する様子を読み取り、真の国際化とは何か、人間の尊厳とはどのようなところに現れるか考えることを重視する教科書もあれば、時代を超えて文学を鑑賞するための教材として、作品の背景にある社会状況や時代状況を踏まえて「私」の行動や心情の変化を理解し、「私」にとって藤野先生はどのような存在だったかを読ませる教科書もある。中学校よりも歴史的背景の中に作品を位置づけ、魯迅文学として読み深める。

新しい読みの提案

「故郷」は義務教育を締めくくる文学作品である。これまで身に付けてきた文学鑑賞の技能を前提として、一中学校教師としては作品と生徒一人ひとりとの間に生きた関係が生まれることを願う。

最終場面で海辺の広い緑の砂地と紺碧の空、金色の丸い月が「私」の目に浮かぶ。そこにはかつての閏土の姿はない。誰もいない一枚の風景、現実から離れた別世界が読者の眼前に現れる。「金色の丸い月」を希望の象徴とする読み方もあるが、この風景を背景として、そこに自分自身の身を置く生徒がいる。金色の丸い月に照らされ、彼女は海辺の広い緑の砂地とその向こうの海を眺め、空を見上げる。そして「思うに希望とは、もともとあるものともいえぬし、ないものとも言えない。それは地上の道のようなものである」という文を読んだとき、視点は身体から離れ上空へと昇り、月が海辺の砂地に一人佇むちっぽけな自分を照らし出すのを見る。そこに立ち続けるのか、座るのか、歩き出すのか。自分の姿をじっとみつめる。そして「もともと地上には道はない。歩く人が多くなれば、それが道になるのだ」の文で、視点は地上にある身体に戻り、土を踏みしめて歩き出す身体的なエネルギーと仲間の気配を自分の内側に感じるのだ。

自らの「故郷」から一歩を踏み出そうとしている中学三年生は、この最終場面で様々に考える。「希望」は観念の産物にすぎないことを受けとめ、実現に向けて確かな一歩を踏み出したい、様々な制約や障壁に悩み苦しみ、時に絶望するだろうが、絶望も観念に過ぎないことを思い、再び仲間とともに歩き続けたい等、それぞれの読書体験と考えを語り合うことで、この作品が一人ひとりの生徒にとって「希望の文学」として生き続けてゆくことを願い授業をする。

注

1　藤井省三『魯迅「故郷」の読書史—近代中国の文学空間—』創文社、一九九七年
2　田近洵一「魯迅『故郷』における人間追求—反転する人間理解」、田中実「虚妄の希望・虚妄の絶望—『故郷』の〈ことばの仕組み〉—」、田中実・須貝千里編『文学の力×教材の力　中学校編3年』教育出版、二〇〇一年
3　「座談会「故郷」の〈文脈〉を掘り起こす」『日本文学』第五九巻第八号、二〇一〇年八月
4　宇佐美寛『宇佐美寛・問題意識集四　「文学教育」批判』明治図書、二〇〇一年
5　千田洋幸『テクストと教育—「読むこと」の変革のために—』溪水社、二〇〇九年
6　藤井省三「解説」、魯迅著『故郷／阿Q正伝』光文社古典新訳文庫、二〇〇九年

18

少年の日の思い出■ヘルマン・ヘッセ■

——語りの理論にもとづいた解釈

川嶋正志

作品の成立・刊行

「少年の日の思い出」は、一九三一（昭和六）年、高橋健二がヘルマン・ヘッセ（一八七七〜一九六二）から託された四つの新聞切り抜きから訳出された。高橋は「少年の日の思い出」の切り抜きを訳出し、他のヘッセの翻訳とともに『放浪と懐郷』（新潮社、一九四〇年）に収めた。当初、「Nachtpfauenauge」は「ヤママユガ」と訳されたが、岡田朝雄（東洋大学名誉教授、日本昆虫協会副会長）の指摘があり、「クジャクヤママユ」として翻訳されている。岡田はその後、動物学的にも完璧な新訳『少年の日の思い出』（草思社文庫、二〇一〇年）を出版した。

教科書採択の歴史

一九四七（昭和二二）年に文部省の『中等国語』に載録されて以来、現在まで七三年にわたって載録され続けている定番教材である。これほど長期間、定番教材として確固たる地位を築いた作品は他にないだろう。二〇二一（令和三）年度から使用される教科書でも、主要四社の教科書に載録されており、まさに不動の定番教材である。

「少年時代」「少年の日」は「少年の日の思い出」と同内容であるが、『中等国語（改訂版）三上』（三省堂、一九五二年）に採録されている「少年時代」のみ、別の作品である（「少年時代から」「幼年時代から」）。また、「クジャクヤママユ」は前述の通り岡田朝雄による翻訳で『現代の国語1』（三省堂、二〇〇二年）に一度だけ採録された。だが、現在採録されているヘッセ作品は「少年の日の思い出」（高橋健二訳）のみである。

作品の研究

「少年の日の思い出」はこれまで盛んに研究されてきた作

「少年の日の思い出」年代別載録数

	学校図書	教育出版	三省堂	光村図書	東京書籍
1950年代				2	
1960年代		1		2	1
1970年代		2		3	
1980年代	3			3	
1990年代	3	3		3	
2000年代	5	5	3	5	4

品であるが、そのほとんどが文学作品としての研究ではなく、実践研究である。これはヘッセの作品としての「少年の日の思い出」ではなく、定番教材としての「少年の日の思い出」という捉えられ方が一般的であることを示している。

　全体的な研究の流れをまとめているものとして、三浦和尚、初谷和行が挙げられる。三浦は「少年の日の思い出」の教材としての内容的特徴として、「人間存在の本質に関して、美と情念の側から投げかけられる問いについて考えることが出来ること」、「場面描写をはじめ、優れた描写を味わうことができること」、「「額縁構造」や場面の移り変わりといった構成について捉えることができること」の三点を挙げ、複数の実践論文を整理している。これからの課題として挙げられている、「「成長」ということばで語るのか、そういったことを超えて、人間の本質をそこに見るのか」という読みの問題は一考の価値がある。最後に投げかけられている「「同世代としての共感」に胡座を掻いていてはならない学習指導の状況がそこに見て取れるであろう。中学一年という学年を前提としたとき、学習者に無条件にある種の共感が生じると考えるのは、無邪気に過ぎるかもしれない」という指摘は、この論考が出されてから一〇年が経過した今となっても、多くの実践者が目を背け続けている重大な問題であろう。

　初谷は本作品の研究の上で避けては通れない「語り直し」という構造に注目している。「語り直し」とは、本作品が「私」と「客」による第一場面と、「客」が「僕」として少年時代の出来事を回想する第二場面から構成されていることに注目した解釈を指す。回想である第二場面から、第一場面の時制に戻ることのないこの構成は、「不完全な額縁構造」と呼ばれ、多くの論考が解釈に挑んできた。解釈のポイントとなるのは、第二場面の回想が「客」である「僕」が直接語っているのではなく、その語りを聞いた「私」によって「語り直されている」という点である。完全な額縁構造であれば、「僕」の語りに対して「私」がどのような意味を見いだしたかの手掛かりになりそうな描写がありそうなものだが、本作品は第一場面の時制に戻ってこないため、「私」の価値判断が保留され、多様な解釈を生んでいる。

　初谷は竹内常一、角谷有一、田中実、須貝千里、丹藤博文の読みを取り上げ、「語り直し」の作品論の課題を示した。今後、考察が求められる点として、「①「客」の語りを「私」はいかなるものとして受け入れたのか」、「②「私」は「客」との対話全体を、いかなるものとしてとらえたのか」、「③上記②をふまえて、「私」は第一場面と第二場面をいかに語ろうとしたのか」、「④上記②をふまえて「私」は、「客」の語りに対する「私」の反応をなぜ語り直しの中に含めなかったのか」の四点を挙げている。上手く整理されているが、従来の「語り直し」に注目した論考が抱えていた問題から進展が見られず、「語り直し」という視点の行き詰まりを示す結果となっている。それもあってか、近年は「語り直し」の問題をいかに生徒に考えさせるかを研究する方向に進んでいる。

一方で、従来的な国語科教育の視点とは異なる視点からの論考も現れ始めている。千田洋幸は、本作品を「欲望の主体が構築される」物語として捉え、従来の「少年と大人」、「罪と罰」、「裁きと赦し」といった解釈コードからの脱却を図っている。中村哲也は、心理学の視点から作中に現れる「嗜癖行動」に注目し、「僕」が過去の「トラウマ」から解放される途を示す。高橋正人は、認知心理学の視点から、「眼(Auge)」、「指(Finger)」、「箱(Kasten)」という言葉の「重層的・多層的なネットワーク」に注目し、このネットワークを辿っていくことこそ文学を読むことであるとまとめている。

教材の評価

一九四七年から七三年間、教科書に載録され続け、現在でも主要四社の教科書会社に載録されている「少年の日の思い出」は他に類を見ない定番教材である。「善／悪」、「大人／少年」、「罪／罰」など一読してわかりやすいモチーフ含んでいるため、生徒は初読の段階で文学を読んだ体験をお手軽に味わうことができる。さらに教員は「語り直し」という構造を示すことで、生徒を新たな読解方略と出会わせることができるため、定番教材としての地位を確固たるものとしているのであろう。

しかし、確固たる地位を築いてしまっているからこそ見過ごされている問題に目を向け、もう一度、教材がもつ価値と向き合う必要があるだろう。三浦和尚も指摘している通り、かつて信じられていた「同世代としての共感」はもはや存在しない。中学生が普遍的に体験しなければならない通過儀礼など現代には存在しないのだ。千田洋幸が試みた「手垢にまみれた常套句を再生産しつづける教室的読解を解体」した先にしか、この教材が国語科教育の中で価値あるものとして受け入れられ続ける未来はない。

関連する文学

ヘッセの作品で過去に載録が確認できたものは、中学校の教科書では「幼い日から」「少年時代」「働くハンス」「春」「夢」など、高等学校の教科書では「郷愁」など全二七作品あった。今では、多くの教科書で読書を広げる意味合いとして、『車輪の下』(一九〇六年)が紹介されている。『車輪の下』はヘッセの自伝的長編小説で、ヘッセの作品として世界中で最も多く読まれている。安易な成長の物語でない点、学校や勉強に対して疑問を抱く点は評価できるが、学校空間にはなじまないため、今後も載録されることはないだろう。中学生には是非、読んでほしい作品である。

新しい読みの提案

千田洋幸は読みの新しさについて次のように提言している。

> テクストの読みの「新しさ」の追求は、その「新しさ」を保証する場や文脈を検証の対象としないかぎり、むしろ有害なものとなりかねない。文学教材を扱う場合、たとえば「少年の日の思い出」を材料として、どのような理論や方法や思考を動員することが可能であるかを積極的に追求しなければならないという自明のことをあらためて確認したいまでである。

では、「少年の日の思い出」を材料とすることで動員可能なものなにか。

まずはこれまできちんと行われてこなかった「語り」の理論に基づいた解釈をしていく。「語り」といえば、ジュラール・ジュネットを参照するのはもはや自明であろう。しかし、現在では『物語のディスクール』は手に入りづらい本になってしまったので、今回は比較的入手がしやすいピーター・バリー、橋本陽介によるジュネットの解説を参考に「語り」についてまとめていく。

まず、「少年の日の思い出」の語りは「ミメーシス」と「ディエゲーシス」が効果的にブレンドされている。ピーター・バリーによれば、「ミメーシス」とは「行為と発言は読者の前で演じられ、直接見聞きしているような錯覚を与えるもの」で、「ディエゲーシス」とは「できるだけ効率的に、重要もしくは前後をつなぐのに必要な情報を伝達するのが目的」であるものである。この分類で物語を整理していくと、冒頭やラストが「ミメーシス」である意味、一方で、蝶の収集に熱中し始めたころは「ディエゲーシス」である意味を考えることができる。こう整理することで、それぞれの語りの特徴も捉えやすくなるだろう。

つぎに、「焦点化」という概念によって、行き詰まり感のあった「語り直し」を整理していく。橋本陽介は、ジュネット以前の理論では「誰の視点から書かれているのかという問題」と「語り手の問題」が「混同されて議論されていたが、ジュネットは「「誰が語るのか」と「誰が見るのか」を分けて考えた」と指摘している。だが、一連の「語り直し」の論考が平行線を辿っている原因はこの「混同」にあるのではないか。「少年の日の思い出」は、「私」が「僕」に「内的焦点化」して語っている作品である。「僕」に「内的焦点化」することでしか語ることができなかったことに目を向けて解釈していくことが自然であろう。

ピーター・バリーは、「枠物語」の下位分類として、「シングルエンド型」、「ダブルエンド型」、「介入型」の三つの分類を示している。「少年の日の思い出」は「埋め込まれた物語が完了しても枠の場面に戻らないタイプ」である「シングルエンド型枠物語」であり、これまでの「不完全な額縁構造」という理解とは異なる。これまでは「不完全」という言葉がもつイメージに解釈が引き寄せられてしまっていたのではないか。「少年の日の思い出」が「枠の物語が終わると枠の設定が再導入」される「ダブルエンド型」であったとしたら、ラストのチョウを潰す場面には「劇的効果を打ち消してしまう危険」があり、語り手が「何らかの教訓的なコメントを述べざるを得なくなってしまい、それが確実に拍子抜け効果をもたらす」ことになる。

こう考えると、オープンエンドで終わるこの作品を読み終えてから、「善／悪」、「大人／子ども」、「罪／罰」といった典型的な二項対立で思考する教室的読解がいかにナンセンスであるかが明らかになるであろう。安易な二項対立から脱却しなければ、この作品の価値は捉えられない。

安易な読みからの脱却するひとつの視点としてあげられるのが「欲望」という視点である。千田洋幸は、ルネ・ジラールの「欲望の三角形」のモデルを援用し、チョウの収集を「欲望する主体」たる「ぼく」がチョウをひとつひとつ押しつぶす行為は「自殺」であり、この物語を「少年」時代特有のものではなく、人間の「欲望」が生み出す「無惨な末路」として受け入れることでしか救いはないと指摘する。これは、従来の「善悪」や「成長の物語」としての読みからの脱却である。「欲望」という視点を導入することで、その出発点である「私」のアイデンティティに迫る必然性が生まれ、「自殺」という読みの強度も高まっている。

しかし、現代では固定化されたアイデンティティという考え方はもはや幻想でしかない。平野啓一郎によれば、現代を生きる我々の自己認識は「多元的自己」であり、「個人」をさらに分けた概念である、複数の「分人」がゆるくまとまっているだけなのだ。そう考えると、「僕」と様々な対象との関係から生まれる「分人」を読み解くことが新しい解釈を生むのではないか。これまでは重視されてこなかった「私」との僕、「母」との僕に改めて注目することで、これまでの「僕」は更新される。かつての辛い経験がありながら、冒頭でチョウを取り出し、「羽の裏側」を見る「僕」は、一体何者なのだろうか。

＊参考文献＊

・ジェラール・ジュネット著、花輪光・和泉涼一訳『物語のディスクール』風の薔薇、一九八五年
・竹内常一「罪は許されないのか」田中実・須貝千里編『文学の力×教材の力　中学校1年生編』教育出版、二〇〇一年
・竹内常一『読むことの教育―高瀬舟、少年の日の思い出―』山吹書店、二〇〇五年
・千田洋幸「欲望と他者　ヘルマン＝ヘッセ「少年の日の思い出」への視点」『テクストと教育―「読むこと」の変革のために―』溪水社、二〇〇九年
・中村哲也「文学教材における思春期の自尊心―「嗜癖行動」から読む教材「少年の日の思い出」（H. ヘッセ）―」『福島大学人間発達文化学類論集』一一、二〇一〇年六月
・三浦和尚「「少年の日の思い出」（ヘッセ）の授業実践史」浜本純逸監修『文学の授業づくりハンドブック　第4巻』溪水社、二〇一〇年
・角谷有一「『少年の日の思い出』、その〈語り〉から深層の構造へ―「光」と「闇」の工作を通して見えてくる世界―」田中実・須貝千里編『文学が教育にできること―「読むこと」の秘鑰―』教育出版、二〇一二年
・田中実「ポスト・ポストモダンの〈読み方〉はいかにして拓かれるか―あとがきに代えて―」田中実・須貝千里編『文学が教育にできること―「読むこと」の秘鑰―』教育出版、二〇一二年
・須貝千里「「語り手」という「学習用語」の登場―定番教材『少年の日の思い出』（ヘルマン・ヘッセ）にて―」『日本文学』巻六一巻第八号、二〇一二年八月
・平野啓一郎『私とは何か―「個人」から「分人」へ―』講談社現代新書、二〇一二年
・丹藤博文『文学教育の転回』教育出版、二〇一四年
・ピーター・バリー著、高橋和久監訳『文学理論講義―新しいスタンダード―』ミネルヴァ書房、二〇一四年
・初谷和行「『少年の日の思い出』作品論に関する一考察―作品構造と語りを中心に―」『武蔵野教育学論集』二、二〇一七年八月
・橋本陽介『物語論　基礎と応用』講談社選書メチエ、二〇一七年
・高橋正人「『少年の日の思い出』(Jugendgedenken) の多層構造分析に関する研究 ―「眼（Auge）」「指（Finger）」「箱（Kasten）」をめぐって―」『福島大学人間発達文化学類論集』三〇、二〇一九年一二月

19

現代詩
——吉野弘を視座に概観する

疋田雅昭

中学国語における近現代詩は、両義的な位置にある教材である。一つは、従来からの内容読解中心の国語の授業の中で、内容そのものを相対化する視座をいつの時点から導入するべきかという問題において。もう一つは、道徳(倫理)教育と文学(国語)教育における「制度的」対立構造の中で、文学的読解を教室空間において、どこまで「管理」し得るのかといった問題においてである。むろん、この問題は、国語教材全体に普遍しうる問題ではあるのだが、現代詩においては、それが最も先鋭化した形で現れるのだ。

以下、中学国語における現代詩の教材をめぐる問題を、吉野弘を軸として概観してみようと思う。

作品の成立・刊行

詩が「現代詩」という呼称をともなって教科書に掲載されるようになるのは、一九六〇年代あたりからである。それまで「現代詩」とされていた戦前の詩を「近代詩」と見做し、歴史化しようとすることに伴った変化だと考えることができるだろう。そうした中で茨木のり子、谷川俊太郎、吉野弘などが「現代詩」として掲載されるに従って、島崎藤村、三好達治などの掲載が減ってゆくことは理解しやすい。

だが、昭和初期に活躍していた中原中也、戦後も詩壇の中心にあった草野心平に加えて、高村光太郎などの詩が「現代詩」の領域に長く残り続けることになったのは、考えて見れば、不思議なことでもある。

同時代の中央文壇からは決して高い評価を受けていたわけではなかった宮沢賢治が、戦後の地方文化運動とともにその名声を上げていったことは有名な話だが、中原中也、高村光太郎など、草野心平や吉本隆明ら戦後詩壇の中心的人物によって高く評価された詩人たちが、「現代詩」の領域に名を連ねていることは、偶然ではないだろう。

もちろん、そこには、文壇的評価と教科書採用との間にある深い連関性が見られるのだが、同時に、掲載された詩人たちが描いたテーマが、戦後(倫理)教育の内容と符号しやすい面があったことも重要だろう。家族、愛、平和(反戦)といった戦後教育の中心的なテーマには、愛を唄う女性/子や妻を想う男性といったジェンダー・ロールも明確に存在していた。その中で、吉野弘の詩は、こうした戦後教育の倫理空間に最も適合しているものとして、定番テキストになっていった面が大きい。

　吉野は、一九二六（大正一五）年一月生まれの詩人なので、その年齢は昭和の時代と符合する。教科書における「現代詩」の詩人として登場して来た最初の世代には、吉野と近い年齢が多い。また、ロック・ミュージシャンの浜田省吾（「悲しみは雪のように」は「雪の日」の影響下にある作品）や脚本家の山田太一のテレビドラマなど、いわゆるサブカルチャーの領域との関連性も強く、より当時の生徒に親しみを与える詩人であったと言える。

　茨木のり子らとの同人誌『櫂』出身の吉野は、一九六〇年代より本格的な詩作を始めているが、教科書でよく見られる初期の代表作は一九八一（昭和五六）年の『吉野弘詩集』（青土社）にあり、以後八〇年代は花神社や青土社を中心に第二期とも呼べる詩群を生み出した。二〇一四（平成二六）年に亡くなっている。

教科書採択の歴史

　吉野の詩が中学国語教科書に掲載されたのは、『現代の国語　中学3』（三省堂、一九六六年）あたりが早かった。「現代の家庭」と題された三つの小篇の一つとして、「菜々子に」が採録されたのだ。これに、日本書籍や光村図書などが追随して、「菜々子」は吉野の代表詩となった。「菜々子に」とともに絶唱とされる「夕焼け」は、一九七五（昭和五〇）年の『中等　新国語2』（光村図書）が最も早い。吉野の詩には、幼いあるいは若い女性を年上の男性から見つめる視点のものが多いが、その印象は、家族、道徳教育などといった視点と結びついて吉野の詩を教科書の定番教材に押し上げたのだと思われる。

　浜田省吾の歌詞にインスピレーションを与えたことなどでも有名な「祝婚歌」は、高校の教科書に採用されることが多く、近いコンセプトの詩として「菜々子に」が中学教科書に採用されているようだ。一方で、「夕焼け」のように、中高どちらの教科書にも掲載されるものもある。

　一九八〇年代には、「夥しい数の」（『中学校　国語3』（学校図書、一九八四年）や、「一年生」（『現代の国語　中学1』改訂版、三省堂、一九八四年）、一九八七年の「蛇の足」（『新編新しい国語　3』東京書籍、一九八七年）、「石仏」（『中学校国語1』学校図書、一九八七年）、「樹」（『新訂中学国語3』教育出版、一九八七年）、「生命は」（『新訂版　現代の国語3』三省堂、一九九〇年）など、様々な詩篇が採用されたが、ここで定番教材化したのは、「虹の足」くらいであったように思われる。

吉野の詩業は、八〇年代の花神社からのものを中心に、一九九四（平成六）年に青土社から『吉野弘全詩集』としてまとめられている。以後も吉野は詩画集や写真詩集などを刊行しているが、実質的な詩人としての活動は八〇年代がピークであったと言え、大体九〇年代初頭に「菜々子に」「夕焼け」「虹の足」あたりが定番教材として落ち着いた。

一九九〇年以降も、「岩が」（教育出版、一九九三年）、「素直な疑問符」（教育出版、二〇〇〇年）、「詩が生まれるとき」（光村図書、二〇〇二年）、「自分自身に」（教育出版、二〇一六年）と新たな試みがなされたが、「詩が生まれるとき」を除いて新たな定番となることはなかった。

女子大生ブーム以降の、女子大や女子短大における文学部の台頭によって、文学の制度化は八〇年代にピークを迎えている。それを象徴するのが、「定本」版の全集ブームや「全詩集」の刊行である。こうした、文学側の状況と教科書における「定番」の定着は、密接に関連していると見ていい。教科書における定番教材の完成は、作家や詩人たちにとっての代表作の「完成」と軌を一にしているのだ。

作品の研究

「夕焼け」にせよ「菜々子」にせよ、描写される人物や語り手（詩に特化した用語がないので仮にそう呼ぶ）の「気持ち」の読解、それも倫理的な読解が中心となっていた状況に対して、宇佐美寛は『国語科授業批判』の中で痛烈な批判を行った。

宇佐美の批判は、「僕」の傍観者的な位置に対する批判意識の欠如にある。文学教育が、そのテキストの権威付けに寄与することによって、それを受容する生徒側に（同時に教員側に）、内在する（かもしれない）道徳的観点から見られる問題点が不問に付されることに警鐘を鳴らしているのである。

望月善次「宇佐美寛氏の『夕焼け』（吉野弘）に関する一考察—その危うさと有効性—」や高木まさき「吉野弘『夕焼け』論—行為する者と見つめる者—」などは、この宇佐美論にたいする反論に位置づけられるが、宇佐美の提示した倫理的読解と文学的読解という二項対立においての反転としての反論におさまっているきらいがある。

平野晶子は、宇佐美が批判する、倫理的に「気持ちを読む」ことの弊害をある程度認めながら、あるべき国語の授業の代替案を提示していないことに対し、同じ詩人の複数テキストを読ませることで、読解の客観性を担保する授業の試みを提唱している。

平野によれば、同一作家の読み比べは、「作家固有の表現や言語観の特徴を明らかにする」ことによって、「作品の表現や構造に注目」する読み方への転換が期待出来るとあるが、この点に関しては、留保が必要である。

平野論の「方法」は「日本近代文学研究の作品研究の方法を援用」したものとされているが、二〇一一（平成二三）年時点で「援用」された「方法」としては、随分と古典的な作家論的手法である。それも、もしこの「方法」によって、作家固有の表現形態を考えるのであれば、やはりある程度の詩数を揃えたアンソロジー形式での掲載が必要であろう。

さらに、同じ作家であれば、同じ言葉に同じイメージが付与されるとは限らないことにも注意が必要だ。時系列でみた時の変化、さらには同時代的な言説空間における語の特殊性なども考慮されねばならない。

教材の評価

門脇通雄の論考「転回視座という詩学――詩人・吉野弘の世界」は、二〇年ほど前の論だが、吉野の詩に通底する重要な構造についての指摘として重要である。

教科書における吉野の代表詩「奈々子に」「雪の日に」「夕焼け」などの初期詩篇に、「転回視座」という詩法を見出すこの論は、第一詩集『消息』（谺詩の会、一九五七年）における「奈々子に」の位置に、労働からの呪縛から解き放たれ、他者への思いを寄せる作品への突然の変化をみる。そして、対他的な意識と利己的な自己意識の間に一方向的な変化ではなく、ある種の円環運動が認められることを指摘している。「労働者から書く人」「苦悩の人から誠実の人」「利他的から利己的」と、これらの「転位」を様々な形に言い替えながらも、その特徴は、両者の拮抗にあるといっていいだろう。たとえば、「夕焼け」では、「やさしい心の持ち主」が「受難者」となる表層的読解（内容）に対し、「エゴイズムが自己実現の原動力」であった深層的意味（語り手の位置）を重ね、そこにある種の「転回」という意識を見出しているのである。

この興味深い文学的実践が、先に紹介した教材読解あるいは教育実践に充分反映されていないことは明らかだろう。

文学テクストが国語のテキスト（教材）となるにともなって、非・教育的な読みの可能性が抑圧されてゆくことは、よくあることだ。それが肯定されるのならば、吉野の教材的価値も、読みうる倫理的読解の可能性が限定された結果に過ぎないということになる。しかし、国語が道徳ではない限り、ある倫理的判断の絶対性に疑いをもつ視座を与えることは、絶対に必要な実践のはずだ。

「転回視座」という着眼点の面白さは、相矛盾する理念や概念を詩に同居させることによって、日常言語にはない詩的効果を狙うという「パラドックス」という技法を、吉野の詩の構造に則って説明しているところにある。「パラドックス」は、イギリスのニュークリティックの提唱する手法だが、こうした文学実践も日本では、川崎寿彦の「分析批評」の実践の影に隠れてしまい、正当な形で検討・評価されず、古い手法として過去の遺物におしやられてしまった感がある。

関連する作品

教科書における吉野弘と言えば、「祝婚歌」「I was born」が挙げられることが多いが、これらは高校の国語に採録されている。吉野に限らず、小中学校と高校の教科書における掲載される詩人の傾向は、道徳的な傾向と観念的な傾向で分けられる。

また、戦前までの近代詩は、小中学校では年々減少の傾向があり、今でも掲載の多い戦前の大家は、中学における光太郎や高校での朔太郎などといった形で位置が固定化しつつある。形式的な面で野心的な挑戦を含む前衛詩なども、高校の一部に残るのみで、詩歌の学習においての内容読解重視の傾向がその傾向に拍車をかけていると言える。

新しい読みの提案

先に検討した平野の同一詩人の複数の詩を読み比べする実践であるが、もちろん、比較読解という手法そのものが問題であるとは言えない訳で、例えば同一テーマのアンソロジーとして複数の詩歌を比較検討する作業などは、読解の相対化あるいは言葉の概念を歴史的な位置づけによって考えるなどの観点から見て有効であると想われる。たとえば、「夕暮の風景」などというテーマを設定すれば、近代詩から現代詩に至るまで多様な詩人の実践を並べ検討することが可能だろう。

ただ、どの実践においても現状で不足しているのは、詩という形式に関する考察なのではないか。たとえば、吉野の詩が倫理的なテーマに則した内容読解に終始してしまう問題点は多いが、それは同時に詩の形式面における問題を授業中に取り上げないことの裏返しでもある。

詩の形式的な側面に最も意識的な実践が、前衛詩であることは議論を俟たないだろう。高校の教科書には草野心平などの前衛詩が掲載されることがあるが、小中学校ではまず掲載されることはない。谷川俊太郎の言葉遊びの系譜などをどう捉えるかという問題はあるものの、近代詩全体が日本語の表現体系の中にあっては、形式実験であったことは、あまり問われることがなく、むしろ、ある時期に確立した「抒情詩」の系譜が、ややデフォルメされた印象で詩の印象と重なり、詩的であることが、ややもすれば、気恥ずかしい意味を帯びるようになってしまっている現状がある。こうした影響が、短歌や俳句の創作実践は広く授業に取り入れられているにもかかわらず、詩作の実践が授業に定着しない背景にあるのではないか。

また、内容読解の際に、何故その内容が詩という形式に落とし込まれたのかという観点も重要である。たとえ、それが強い縛りの中での倫理的読解であったとしても、その内容を「詩」としているだけで、散文とは異なった構成意識を抽出することができるのではないか。

国語の時間における詩の学習は、どうしても多義的な解釈テキストを利用した読解の練習といった面が否めない。だが幾つかの意味が拮抗していることは、道徳的な素材を扱う際には必ずしも、いい側面ばかりではないだろう。先の読解の論争にあった「傍観者的位置」といった問題も、もし傍観者であることだけを示したかったのならば、小説などの形式によってもっと詳細な描写を試みてもよかったはずである。

ロシアフォルマニズムによれば、内容の伝達を散文的機能なのだとすれば、詩はその形式性自体への注目を促す芸術であるという。詩は散文に比較して字数が短く、語や行間の意味の飛躍が大きい。だが、それだけに膨大なイメージが集約されているトポスであるといった印象を読者に与え、その形式そのものに注意を促す。

韻律、音数律、オノマトペ、比喩、イメージ操作など詩的な技法を整理し、そうした効果の検証により、内容の読解の多義性に一定の歯止めをかける解釈の「枠組み」を志向する授業実践は、膠着した詩の授業に新たな一石を投じることができるはずである。

＊参考文献＊

・吉野弘『吉野弘詩集』青土社、一九八一年
・宇佐美寛『国語科授業批判』明治図書、一九八六年
・高木まさき「吉野弘『夕焼け』論―行為する者と見つめる者―」『「他者」発見する国語の授業』大修館書店、二〇〇一年
・望月善次「宇佐美寛氏の『夕焼け』（吉野弘）に関する一考察―その危うさと有効性―」『論争・詩の解釈と授業』明治図書、二〇〇一年
・門脇道雄「転回視座という詩学――詩人・吉野弘の世界」『東北公益文科大学総合研究論集』第五号、二〇〇三年五月
・平野晶子「読み取りを深める国語科指導の試み―1作家の2作品を併読する・吉野弘「夕焼け」を教材として―」『学苑・人間社会学部紀要』第八八四号、二〇一一年二月

20 春望■杜甫■
――日本文化に与えた影響の大きさ

松原洋子

作品の成立・刊行

漢詩は漢文で書かれた詩のことである。では漢文とは何か。古代中国で発達した文語文である。ゆえに中国語の古文であり、書き言葉で書かれている。古代において中国文化は東アジア圏の中で際立っていたため、漢文はいわば東アジアの共通語的な存在であった（ちなみに同じような構図で、ラテン語とその古典文学が西欧諸国の言語やその文化圏の基層にある）。

そのころ日本は文字を持っていなかった。そこで、中国の文字をそのまま日本の文字としても使うことにした（遅くとも四世紀には伝わっていたとされる）。はじめは当時の中国語で直読していたが、その後「漢文訓読法」を編み出し、日本語の語順で漢文を読み下すようになった。これにより、漢文は中国語ではなく、日本語の文として読めるようになった。ゆえに、日本人は漢文を日本の古典の一つとして受けとめるようになったのである。

こうして漢文や中国古典は、日本語や日本文化の成立・発展に大きく貢献してきた。日本では古代より近代までの長きにわたり、漢文が日本人の大事な教養であり続けた。たくさんの有名な漢詩、漢文を暗唱するのはもとより、自分でも漢詩文を作れるというのが、知識人として不可欠であった。

これらの基礎的な知識は、現在の日本人の構成要素にもなっている。現代の日本で使われる日本語の漢語には、私たちが無意識で使っているが、漢文が多い（例「読書」……「書を読む」）。よって、漢文の知識を持っている人は日本語を使いこなせることにもなる。

そもそも漢字は表意文字なので、初めての言葉でもだいたいの意味がわかる。ある情報を伝えるとき、漢語であれば短い文字で論理的に情報を伝えることができる。公式の文書を読んだり、論文を書いたりする際、漢語、書き下し文のリズムなどを身につけていると、抵抗なく読んだり書いたりすることができる。このように、現代の日本語の基礎には漢文がしっかりと息づいているのである。

そして先に述べたように、一般的な日本人の教養には中国古典が大きく存在する。教養は人生を豊かにする。そして人間同士の信頼を得ることもできる。特に漢詩は日本人の心に訴えるものがある。

教科書採択の歴史

このようなわけで、漢詩そのものは戦前より教科書に掲載され続けてきた。

二〇一七（平成二九）年度の学習指導要領では、「伝統的な言語文化と国語の特質に関する事項」という、新設された項目がある。今回の改訂では，伝統的な言語文化に小学校の低学年から触れ、中学校においても引き続き古典に親しむ態度の育成を重視している。

「漢詩」について見てみるならば、小学校高学年の国語教科書に掲載されている。「春眠　暁を覚えず」で有名な「春暁（孟浩然作）」などが、書き下し文の形で載っている。小学校では音読や暗唱を楽しみ、昔の人のものの見方や感じ方を知ることに重点が置かれる。

これが中学校になると、古文・漢文の音読だけではなく、古典特有のリズムを味わいながら、古典の世界に触れることも求められるようになる。そして古典に表れたものの見方や考え方に触れ、登場人物や作者の思いなどを想像する。中学校の教科書では、漢詩は中学二年以降に掲載されることが多い。唐代の盛唐四大家「李白」「杜甫」「孟浩然」「王維」の漢詩の中から幾つかが選ばれて掲載されるが、特に唐代の両巨頭である「李白」と「杜甫」の作品は欠かせない。

中学校の教科書に掲載される主な作品は、以下のとおり。

黄鶴楼にて孟浩然の広陵に之くを送る（李白）
静夜思（李白）
絶句（杜甫）、春望（杜甫）
春暁（孟浩然）
元二の安西に使ひするを送る（王維）

また、中学校では漢文の学習を通して、レ点や一・二点、絶句・律句などの漢詩の形式を学ぶ。

これらの中で、杜甫（七一二～七七〇）の「春望」はその後の日本の文化に与えた影響も大きく、まさに「定番教材」と言えるのではないだろうか。ではこれから、「春望」に焦点をあてて進めていこう。

作品の研究

A　春望　　　　春望
B　国破山河在　国破れて山河在り
C　城春草木深　城春にして草木深し
D　感時花濺涙　時に感じては花にも涙を濺ぎ
E　恨別鳥驚心　別れを恨んでは鳥にも心を驚かす
F　烽火連三月　烽火三月に連なり
G　家書抵万金　家書万金に抵たる

H　白頭掻更短　白頭掻けば更に短く
I　渾欲不勝簪　渾べて簪に勝へざらんと欲す

【言葉の解説】

A　春望……春の眺め。唐の玄宗は優秀な皇帝であったが、世界三大美女として知られる楊貴妃に夢中になり、政治を投げ出してしまう。家臣の安禄山が反乱を起こし、玄宗と楊貴妃は逃亡、長安の都は反乱軍に占領される。これが「安史の乱」である。作者の杜甫はこの反乱軍によって、家族とも引き離され、長安の都に二年間も抑留されていた。その長安の春の眺めなので、楽しい春の眺めではない。

B　国破……「国敗れて」ではない。「破壊」の「破」であるから、国の組織も何もすべてが破壊されて、という意味。

C　城……日本の殿様が住むような城ではなく、ここでは「長安の街」。この違いを鮮明にするために、「しろ」ではなく「ジョウ」と読むべきとする考えもある。

D　感時……戦禍で国土が荒廃しているという時代のありさまに、激しい動揺が抑えられない様子。

F　三月……「春の三月」「三カ月間＝何カ月も」「春の三カ月」「去年の三月から今年の三月まで」など、様々な説がある。「三カ月」説の場合は、「さんがつ」ではなく「サンゲツ」と読ませることで意識化させたいという考えもある。

H　更短……髪を掻きむしるから髪が短くなるという考えもあるが、「短」は少ないという意味。他の漢詩でも杜甫は自分の髪の薄いことを語っている。

I　渾欲不勝簪……もう冠をかぶるための簪さえ挿せない、ということだが、当時、中国では公の場に出るには必ず帽子・冠をかぶるのが常識であった。そして、冠を人前で外すことはいわば下着を露出するのにも等しい大変な恥であった。ゆえに、冠を頭に固定するためには簪が必要。ところが杜甫は髪が薄くなったために、簪が挿せず、こうした冠を頭に留めることができない。つまり、もう自分は公の場に出る（仕事に就く）ことができなくなってしまった、という嘆きなのである。

【現代語訳】

A　春の眺め
B　国は破壊されても山や川は（昔のまま変わらずに）あり、
C　荒廃した長安の街にも春がきて、草や木が深々と生い茂っている。
D　世の趨勢に心を痛めて、（美しい）花をみても涙が落ち、
E　（家族との）別れを悲しんでは、（心がはずむ）鳥のさえずりを聞いても心が揺り動かされる。
F　戦さを告げる狼煙（のろし）は何カ月（または三カ月）も続き、

G　（連絡が途絶えた）家族からの手紙は万金にもかえがたい。
H　いらだちのあまり白髪頭を掻くと、（髪は）ますます薄くなり、
I　冠をかぶるためのかんざしも挿せないありさまだ。

【解説】

■形式　五言律詩

■押韻　深・心・金・簪

■対句　対句とは、句を強調するために、形や語感が似たペアの句を作る技法であり、文法構造や用いている文字が呼応しているなどの特徴がある。五言律詩では原則として「第三句と第四句」、「第五句と第六句」が対句となるよう決まっているのだが、「春望」ではさらに、「第一句と第二句」と、三ペアも対句になっている。

戦乱・憂国・家族との別れ・老いの悲しみという要素がこれらの対句でつながり、「全くすべてが思うようにならないという、杜甫の深い悲しみ」が迫ってくる。五八歳で亡くなった杜甫の、二年間も囚われの身であった四六歳のときの詩であることを思うと、人生の秋を迎えた彼の、不安、焦り、そしてどこまでも終わることのない絶望感が伝わってくる。

教材の評価

時代背景を解説しなければなかなか理解できず、表面的な意味はとれても、戦争や老いをイメージするには難しい漢詩教材ではあるが、学校教育で一度触れさせておくことで、その後の人生の中で活きてくる教材として評価できる。

関連する作品

ここでは「春望」が日本文学に与えた影響をみていこう。

平安時代の貴族にとって、白楽天の『白氏文集』は誰もが知る教養書であった（『枕草子』に書かれた、清少納言への中宮定子の謎かけエピソードで有名）。それに比べて、中国で杜甫の再評価がなされたのは唐代末期から宋代にかけてであり、李白・杜甫の詩はやや遅れて日本に入ってきた。

『春望』に影響を受けたのは、『おくのほそ道』を書いた松尾芭蕉である。源義経が亡くなった平泉の高館を訪ねて、彼が書いた文章を挙げてみよう。

【原文】

さても義臣すぐつてこの城にこもり、功名一時のくさむらとなる。国破れて山河あり、城春にして草青みたりと、笠うち敷きて、時の移るまで涙を落とし侍りぬ。

【傍線部を中心にした現代語訳】

（杜甫は、「春望」で「国破れて山河あり」と詩を詠んでいる。）

「国が滅びてしまっても、山や河は昔と変わらずそのままだ。荒廃した街にも変わらず春は巡ってくるが、ここ

には草木がただ生い茂っているだけだ」。私は笠を置いて腰をおろし、その詩を思い出しながら、いつまでも栄華盛衰の移ろいを思って涙した。

松尾芭蕉は古戦場で見た風景を描写するために、原作をそのまま引用するのではなく、「草木深し」を「草青みたり」とアレンジしている。義経や家来たちが最後の奮戦をしたこの場所も、今はどこまでも草が生い茂るのみ。芭蕉はこの体験をもとに、あの有名な「夏草や兵どもが夢の跡」を作った。

新しい読みの提案

「春望」は現代でも日本人の心によりそう漢詩であるが、この詩の中で特に後世の日本人に受け入れられたところは、第一句「国破れて山河あり」であろう。「国破れて」は戦いによって「変化する人の世（営み）」を指し、「山河あり」は「変わらない自然」を指す。「変化する、人間の営み」と「変わらぬ自然」の対比が、強く人々の心を打ってきたのである。

では、その対比をすることで何を主張しているのだろうか？　可能性は次の二つある。

対比をすることで、「変わらない自然」の偉大さを語る。「自然は変わらないでがんばっているのだから、人間もあきらめずにがんばれ」という励ましであるという解釈。

対比をすることで、変わってしまった今の自分の状況を嘆いたり、悲しい気持ちを強調したりしているという解釈。

では杜甫はどうか。この漢詩を最後まで読めば、彼がこれまで苦労を重ねて努力してきたことも無になり、捕虜としての不安な毎日を送り、家族とも引き離され、老いを感じている……というように、夢も希望もなく、悲しみだけに包まれている状況が読めてくるだろう。だから、杜甫は「後者」の意味で使っていることが明らかである。

では、この詩を引用しながら自分の俳句を作った松尾芭蕉はどうか。杜甫の見た世界を今自分が目の前にしている古戦場の風景と重ねながら、「あんなにあのとき、主君のため、わが一族のため、自分のため、誇り高く戦った武士たちの、必死の思いや行いも、すべては時と共に消え、今は夏草が覆いつくしているばかりであること」をしみじみと思ったであろう。ゆえに、これも「後者」の意味であり、杜甫の思いを正しくうけとめていると考えられる。

私はこれまで、太平洋戦争にかかわった方々が遺した文章をたくさん読んできた。兵士だった方、大空襲や広島・長崎の原爆に遭われた方、シベリア抑留の方……。戦争体験者の方々が幅広い視点から様々な手記を書かれているのだが、その中に「国破れて山河あり」を引用される例を幾つも目にした。紙面の関係で引用を差し控えるが、もう立ち上がれないほどに国力を消耗した人々や景色を目の当たりにしたときに、「これがまさに、国破れて山河ありだなあ」と実感した方が多かったということである。それだけ、「春望」が人々のものになっていたということがわかる。

ところで、広島は原爆によって「七五年は草木も生えぬ」と言われた。ところが、実際には間もなく荒野に緑が芽吹き、広島の復興への大きな希望になったことは、よく知られている。人間が「変わらぬ自然の営みの持つ強さ」を実感した例である。自然の持つ力に勇気をもらい、それを自分のパワーとして生きていく。それもまた、人間である。戦後、自然の「あきらめない」力を励ましの意味でとらえて、「国破れて山河あり」を使う人が増えていく。確かにそれは杜甫の意味とは異なるけれども、新しい使い方としても考えられる。

もう一つ、新しい使い方を見つけた。東日本大震災のときに福島第一原発事故が起こり、放射線が漏れだした。このときに福島の農民・漁民から、「終戦直後の日本は『国破れて山河あり』と言われたが、今は『国栄えて山河なし』ですよ」という発言があったことが、新聞に紹介されている。杜甫もびっくりの、インパクトのある新しい言葉である（これは本歌取りと言ってよいだろうか?!）。時代とともに言葉の意味も使い方も変わっていくのだということを実感した次第である。

ともあれこのように、大昔から「春望」は日本人に学ばれ、不安や悲しみにくれる体験をしたときに、ふと口について出ることばとなった。現在、定番教材として「春望」を学ぶのは中学生であることが多いが、一四、五歳では杜甫の深い悲しみを理解することは難しいだろう。しかし、その後彼らは人生を切り拓くにあたり、多くの挫折を体験する。そのときに、そっと杜甫が寄り添ってくるのだ。これが杜甫の「春望」の第一句であることは忘れてしまっているのに、「ああ、これが『国破れて山河あり』だなあ」と実感する。そうして杜甫と対話し、杜甫から何かを学び、自分の力として明日に向かっていく。自然の美しさ、人生の苦しみや喜び。漢詩にこめられたさまざまな思いは、こうして、国を越え時代を越えて伝わり続けていく。

＊参考文献＊

・一海知義『漢詩入門』岩波ジュニア新書、一九九八年
・松浦友久『漢詩―美の在りか―』岩波新書、二〇〇二年
・全国漢文教育学会編『朗唱漢詩漢文』第一集〜第三集、東洋館出版社、二〇〇三年
・石川忠久『漢詩鑑賞事典』講談社学術文庫、二〇〇九年
・向嶋成美編『李白と杜甫の事典』大修館書店、二〇一九年

21 伊勢物語
——和歌の特性と散文の語りが生み出す物語

水野雄太

作品の成立

『伊勢物語』の成立は複雑であり諸説あるが、今日においては三次成立過程を主張する片桐洋一の説（『伊勢物語の研究〔研究編〕』など）が広く受け入れられている。それによれば、『古今和歌集』の撰集（醍醐天皇による撰集の勅命が九〇五〈延喜五〉年）以前に原初『伊勢物語』（第一次）とでも言うべきものが存在した。第一次『伊勢物語』は『古今集』の編纂資料となったと考えられるため、『古今集』と現存『伊勢物語』とのあいだの重出歌は、第一次『伊勢物語』の本文から『古今集』に採られたとされる。本項目で取り上げている「東下り」は第一次に属すると考えられている。

その第一次『伊勢物語』にさらなる歌と物語が増補され、第二次『伊勢物語』が成った。この第二次『伊勢物語』は現存の『業平集』（だいたい『後撰和歌集』成立以後、『古今和歌六帖』成立以前に成るか）の編纂資料と考えられる。

さらに歌と物語の増補が進み、現存『伊勢物語』と同じような姿の『伊勢物語』第三次がようやく成立した。第三次『伊勢物語』では、『古今集』『後撰集』の詠み人知らずや『万葉集』の歌、紀貫之や橘忠幹などの歌を利用して物語化した章段が多くを占めている。本項目で扱う「筒井筒」は第三次において増補された章段である。

作者についてもいまだ諸説紛々としており、業平自身やその子孫がかかわっているとする説、歌人の紀貫之や伊勢が関係している説などが提出されているが、いまのところ断定できる根拠はない。

教科書採択の歴史

戦後、『伊勢物語』は一九五〇年代の前半から教科書に採られている。そのなかでも「東下り」と「筒井筒」は現在、『国語総合』の教科書に広く採られ続け、主に高校一年生の学習に利用されている。『国語総合』の教科書にはほかに「芥川」（六段）、「梓弓」（二四段）も多く採られる傾向にある。一方、『古典』の教科書では「初冠」（初段）、「関守」（五段）、「渚の院」（八二段）などが採録される。

『国語総合』に採られる章段は話の筋がシンプルで、現代の生徒が作中人物の心情を推測しながら読むことができるものが多い。一方、『古典』では王朝的美意識、古歌の引用、唱和歌の構造など、平安期の習俗や和歌の常識を学びとれるような章段が選ばれているように見受けられる。

作品の研究

『伊勢物語』はその成立過程の複雑さから、かつては成立を問う研究が盛んに行われたが、その後作品自体の読みを問う作品論、享受のありようを問う享受史論、『源氏物語』など他のテクストとの関係を問う引用論、語りの方法を問う語り論など、様々な方面に研究が分化されていった。

今日における『伊勢物語』の広がりを感じさせてくれる書籍として、山本登朗『伊勢物語の生成と展開』がある。山本の二〇〇〇年代以降の論文が収められたこの書籍では、『毛詩』(『詩経』)や中国伝奇小説との関係、後世の謡曲や絵画資料、注釈書を踏まえた読みなど、さまざまな他テクストとのかかわりのなかで見えてくる『伊勢物語』のありようを解き明かしている。

教材の評価

「東下り」は和歌の修辞を理解し、そこから作中人物の状況や心情を理解するための活動が想定される教材である。また、指導書では貴種流離譚について言及され、この「東下り」をきっかけとして『源氏物語』における光源氏の須磨流離など、神話や物語文学における貴種流離の話型について理解を深めることが期待されている。和歌が物語の中核をなす『伊勢物語』の性質や、文学史上で脈々と受け継がれてゆく貴種流離の話型の範疇にあるものとして評価されていることがうかがえる。

「筒井筒」の指導書では、現代を生きる生徒の感覚と作中人物の行動を比較し、生徒に共感・違和感を抱かせるような活動が提案されている。こうした活動は、業平個人にとどまらず普遍的な人間像を描きだしているという『伊勢物語』の性質や、いつの時代にも共通する感性を語り継いでゆく伝承のありようを踏まえたものであると思われる。

新しい読みの提案

歌物語を代表する作品として著名な『伊勢物語』。語りと歌という、性質の異なる言葉を巧みに調和させることで、歌を中心に据えた物語を見事に構成しえているところに、『伊勢物語』の真骨頂がある。

本項目で取り上げている「東下り」は、四首の歌を核として成る物語である。

A　から衣きつつなれにしつましあればはるばるきぬるたびをしぞ思ふ

B　駿河なるうつの山辺のうつつにも夢にも人にあはぬな

りけり

C　時しらぬ山は富士の嶺いつとてか鹿子まだらに雪のふるらむ

D　名にしおはばいざ言問はむみやこどりわが思ふ人はありやなしやと

これらのうち、A「から衣」歌とD「名にしおはば」歌は『古今集』に業平詠の羇旅歌として見え、詞書も『伊勢物語』の内容に酷似していること、B「駿河なる」歌とC「時しらぬ」歌は『古今集』には見えないことなどを根拠に、今日ではA・D歌のみ『古今集』成立以前の原初「東下り」章段のなかに見え、B・C歌はその原初「東下り」章段にあとから増補されたものだと推定されている。業平とは別の者が詠んだB・C歌から駿河の旅の物語がこしらえられ、原初「東下り」章段に増補されることで、現在の「東下り」章段ができあがったのだ。

このように、「東下り」は本来は来歴の異なる和歌四首に語りを付加し、つなぎ合わせることによって、東国への旅という統一的な内容の章段として構成されている。こうした章段内容の整序化は、景物と地名とを結びつける歌の力を前提にしてこそ可能であった。A「から衣」歌とD「名にしおはば」歌は、詞章のなかに地名を含みこんでいない。にもかかわらず、「東下り」の本文や『古今集』の詞書においてはすでに八橋や隅田川といった具体的な地名と結びつけられて語られている。これは、歌のなかに詠みこまれた「かきつばた」「みやこどり」という景物と、具体的な地名とが、連想の糸で結びつけられていなければ成り立ちえない事態である。土地から景物を連想させる意識、すなわち平安後期から「歌枕」と呼ばれるようになる土地をめぐる意識が背景にあったからこそ、A歌とD歌は語りのなかで地名と結びつき、「男」の東国への旅路をかたどることができるようになったのだと考えられる。

そして、A・D歌は八橋・隅田川という地名と結びつけられることによって、それらの地のあいだにある駿河国の景を詠じたB・C歌を呼びこみ、「男」の道程をより詳しく語ることができる章段として生まれ変わることになった。A・D歌が景物から地名を連想させて旅路を語る物語を生み、その旅路に見える地名がまた別の景を連想させることでB・C歌を引き寄せた。「東下り」は、景と地名を結びつける歌の特性が生みだした物語なのだ。

歌という言語の特性として、多彩な表現技巧が挙げられるが、「東下り」には、歌特有の表現技巧が散文の語りに影響をおよぼし、物語を形成してゆく様相を見ることができる。

あらためてＡ「から衣」歌周辺を詳しく見てみよう。

　から衣きつつなれにしつましあればはるばるきぬるたびをしぞ思ふ

とよめりければ、みな人、かれいひの上に涙おとしてほとびにけり。

「から衣」歌は、八橋の沢のほとりに咲くカキツバタに寄せて、「かきつばた」という五文字を句の冒頭に据えて詠んだものである。五文字を句のはじめに配置する折句歌であるうえに、「から衣」の縁語として「着（つつ）」、「褻れ」（衣が着古して柔らかくなること）、「褄」、「張る張る」、「着ぬる」を導き、そこで構成された衣の文脈に掛けて「妻しあればはるばる来ぬる旅をしぞ思ふ」とつなぐ。歌の表現技巧をこれでもかと言うほどに取りこんで詠まれた一首である。

注目すべきは、技巧と機知に富んだ「から衣」歌の直後に、「みな人、かれいひの上に涙おとしてほとびにけり」――乾かした飯が涙によってふやけたという、ユーモラスな諧謔表現が用いられていることである。技巧に満ちた歌と、諧謔味のある語りとのあいだには関係があるのではないか。

『伊勢物語』のなかで、和歌に導かれるようにして笑いが生じる場面として注目されるのは八七段の一節である。

　ぬき乱る人こそあるらし白玉のまなくも散るか袖のせばきに

とよめりければ、かたへの人、笑ふことにやありけむ、この歌にめでてやみにけり。

「ぬき乱る」歌は、摂津国蘆屋の里にある布引の滝を見て詠まれたものである。滝から石に叩きつけられる水しぶきを「白玉（真珠）」にたとえ、滝の上に玉を連ねる糸を抜いて白玉を乱れ飛ばしているひとがいるらしい、と詠む。実景としての滝の水しぶきを真珠に見立て、かつ水しぶきが飛び散るのはひとの行いによるものだとする点で機知に富んでいる。こうした言語遊戯に導かれるように、ともに滝を見ていた人々のあいだには笑いが漏れる。歌の機知と笑いのあいだにある関係をかいま見せている一節である。

さらに、『伊勢物語』と同時代の諧謔表現と言えば、『土左日記』の「潮海のほとりにてあざれあへり」（潮海のほとりなので「鯘れ」（腐れ）るはずがないのに、人々は酔って「戯れ」ている）といった、言語的な機知に即したものが想起される。こうした諸例からあきらかなように、「東下り」の記述に見られた諧謔表現もやはり、「から衣」歌の技巧と機知に導かれるようにして、語りのなかに表れたのである。

「から衣」歌と、そこに含まれる技巧と機知に導かれるように語りに表れた諧謔表現は、郷愁の念を抱えながらも東国に下ってゆく「男」の旅路に、ほのかな明るさを加えている。しかし、その明るさの底に、都から隔絶することへの暗い嘆きが沈められているのをたしかに見ることができる。明暗のコントラストが、景物に心を寄せながら東へと歩みを進める「男」の心情に、あざやかな輪郭を与えている。

「から衣」歌と諧謔表現ののち、物語は場面を駿河国へと移し、宇津の山の「暗う細きに、蔦かへでは茂り」という暗い風景を映しだすことになる。「から衣」歌周辺の明るい気分と対照をなすように場面が構成されていることは言うまでもない。歌特有の表現技巧と機知が語りに影響を与え、そこで醸しだされた気分から対照的な場面への転換をもたらす、高度な物語形成の方法がかいま見える。歌という特殊な言語の形式を生かしながら、語りと調和させることで物語を生みだしてゆく、歌物語としての達成の一端を「東下り」に見ることができるのである。

「東下り」が右に述べてきたような歌の特性による物語形成を方法としているのに対し、「筒井筒」はまったく異なる方法によって成る章段である。

結論から言えば、「筒井筒」では、歌は作中人物の心情を表す手段へと成り下がっており、歌ではなく散文の語りこそが物語の中心を成している。

このことは、「男」の幼なじみが詠む「風吹けば」歌と、高安の女が詠む「君があたり」歌のはたらきを見れば容易に理解できる。この二首を並べてみると、自分とは離れている「男」がいる山に思いを致すという点で、実は似た発想を持っているということに気づく。にもかかわらず、幼なじみの女は「男」を自身のもとにとどめ置くことに成功し、高安の女は「男」と疎遠になっていってしまう。

一般に「筒井筒」は、「風吹けば」歌がもたらす展開によって歌徳説話だと目されているが、高安の女の歌がなんら効用を持ちえていないことに鑑みれば、むしろこの物語は歌の徳を否定しているのだとすら思われる。

この章段は歌徳説話のパターンを踏襲しているように見えながら、結局のところ語りのなかで設定された状況が、「男」の行動をすべて決めてしまっているのである。ふたりの女の結末の違いは、散文の語りのなかで語られた行動の差異にもとづくものなのだ。「男」が外出していてもたしなみを忘れず化粧をする幼なじみの女と、「男」との関係に油断して自ら一家眷属のために飯を盛り分ける高安の女。当時の王朝的美意識に照らせば、高安の女が疎んじられるのは言うまでもない。王朝的審美眼の前では、高安の女がいかに「男」を思う歌を詠もうとも、またその歌が「男」の心をつかんだ幼なじみの歌といかに近しかろうとも、なんら結末が変わることはない。歌は物語を領導する力を失った。歌から離陸し、自立し始めた語りこそが物語の展開の鍵なのである。

　こうした「筒井筒」の方法は、「筒井筒」の後半部分と同じ内容の物語を語る『大和物語』一四九段を見ることでより明確になる。『大和物語』一四九段では、『伊勢物語』「筒井筒」には見られたはずの高安の女の詠歌が二首ともなくなっている。にもかかわらず、物語の展開は『伊勢物語』「筒井筒」と同様である。高安の女の歌は、物語の展開上必要不可欠なものではなくなっていることが証し立てられている。

　語りが歌とは無関係に作用し、物語を形成してゆく「筒井筒」。歌の力によって語りを生みだしてゆく「東下り」とは決定的に異なるが、「筒井筒」の方法も一概に否定すべきものではない。『大和物語』一四九段では、「筒井筒」と比べて語りがより詳細になり、「筒井筒」からは読みとることのできない作中人物の状況や心情が散文によってつまびらかにされている。「筒井筒」が歌から解き放たれた語りによって展開される物語であったからこそ、『大和物語』一四九段において散文による物語形成への道が推し進められたと見てよいだろう。こうした散文化の営為の延長線上に、『源氏物語』のような卓越した散文叙述を有する物語が現れるのだと考えられる。

　歌と語りの関係性の違いによって、「東下り」と「筒井筒」はまったく異なる性質を持つ物語として形成された。古代の物語は、歌と語りが作用し合う磁場のなかから生まれ出てくるものなのだ。

＊参考文献＊

・片桐洋一『伊勢物語の研究〔研究編〕』明治書院、一九六八年
・鈴木日出男『伊勢物語評解』筑摩書房、二〇一三年
・山本登朗『伊勢物語論　文体・主題・享受　新装版』笠間書院、二〇一七年、初版は二〇〇一年
・山本登朗『伊勢物語の生成と展開』笠間書院、二〇一七年

※『伊勢物語』の章段名や本文は『新編日本古典文学全集』（小学館）による。

22

源氏物語■紫式部■

――切り出された教材の可能性

植田恭代

教材としての「北山の垣間見」

教科書に採録される『源氏物語』として、若紫巻のいわゆる「北山の垣間見」は、物語の始発である桐壺巻冒頭部分とならび、多く取り上げられる場面である。定番教材としての北山の垣間見場面については、文学研究の側からもたびたび言及されてきた。(注1) 教材としての『源氏物語』を考察することは、いまや『源氏物語』研究の一分野をなすと言っても過言ではあるまい。

『源氏物語』の教科書への採録状況については、すでに諸氏によって精査が重ねられ、(注2) 桐壺巻冒頭とこの北山の垣間見場面が定番教材であるのは、まず揺るがない。もっとも、その扱われ方には、近代以降の時代状況が反映されてもいる。原岡文子は、歴史的変遷の観点から、一色恵理の論考(注3)をふまえて考察され、昭和戦前期に『源氏物語』教材化が須磨一色になる状況は、すでに大正期にすでに発しており、戦う国家へと向かううねりのなかで、ある種の不敬である藤壺思慕が規範をはずれるものとして遠ざけられていたことを指摘する。(注4) 谷崎潤一郎訳の初版本から藤壺思慕の場面が訳出されないことはよく知られているが、教科書もまた、時代状況のなかにある。原岡はさらに、戦後は民主化の動向と軌を一にするように、昭和二〇年代に無邪気な少女の姿が印象的な若紫巻の垣間見場面が多く採録されるようになり、昭和三〇年代に至ると藤壺思慕に触れる教材が通常のものとなり、現在の教科書に引き継がれることを述べる。(注5)

文学作品は、それが享受される時代と無縁ではあり得ない。教材としての文学作品は、若い世代の「教育」という目的のもとに、時代を鋭敏に反映することは、常に自覚される必要があろう。教材をとりまくしがらみから解放されて、文学作品そのものの魅力をいかに伝えるかが問われてくる。

物語の始発である桐壺巻にせよ、若紫巻の「北山の垣間見」にせよ、教材として扱われるのは、教科書をとりまく制約のなかで、何らかの判断を介して切り出された部分である。

若紫巻の場合、教材として切り出される範囲については、「日もいと長きにつれづれなれば」から「思ふ心つきぬ」までをあげるものが多く、一段落前の「帰りたまひぬ」までをとる教科書もあることにかつての旧稿でふれたが、その後の菅智子の調査によっても、この傾向はほぼ変わらないようである。（注6）光源氏の垣間見部分を中心とし、光源氏の心中、すなわち藤壺思慕までをひとまとまりとしてとらえる見方である。

無垢な少女への興味と禁忌の恋を描く物語本文を丁寧にたどることと同時に、それをとりまく物語のさまざまな要素を視野に入れることが、この場面を教材として扱う側にもとめられている。

古語表現の効用

北山の垣間見場面で着目されるのは、垣間見という行為に即した自在な古語表現のあり方である。（注7）

この場面は、「惟光の朝臣とのぞきたまへば」と始まり、小柴垣の間からのぞき見る光源氏の視線にそって描かれる。語り手の視線が次第に登場人物の視線と一体化するのは『源氏物語』の常套的な手法であり、そこに読者も入り込んでいく。この場面で、まず光源氏の視線にとらえられるのは尼君である。

人々は帰したまひて、惟光朝臣とのぞきたまへば、ただこの西面にしも、持仏すゑたてまつりて行ふ尼なりけり。簾すこし上げて、花奉るめり。

（若紫巻、二〇五頁）（注8）

ここで着目されるのは、助動詞の巧みな用い方である。尼君なのだ、と光源氏が認識するとき、「なりけり」が用いられる。いわゆる気づきの「けり」で、まさに、のぞき見る光源氏の心情を巧みに掬い上げた表現となっている。続く一文では、簾を少し上げて花をお供えする尼君の様子に、推量の「めり」が用いられる。距離を置いた垣間見によって見える動作から、仏に花を供えているようだと光源氏が判断する過程を的確に表している。引用部分に続く尼君の様子も、「四十路ばかりにて」「髪のうつくしげに」と、のぞき見る行為を反映して曖昧さを含む表現が多用され、それは、続いて登場する少女、すなわち若紫の描写に至っても同様である。

この垣間見場面では、ともすれば丸暗記の対象とされがちな文法事項が、古典文学作品の本文のなかで生き生きと用いられ、それぞれの語の持つ意味合いが発揮された表し方となっている。この場面こそ、巧みな古語表現のおもしろさを知る格好の素材であり、生きた助動詞による表現の醸し出す臨場感を味わうことができる。

教室という場の教科書に採録される教材であれば、古語本来の意味合いを体験的に学ぶ絶好の機会となろう。学習するべき文法事項が、こんなふうに原典のなかで生かされていることを直に知れば、おのずと古語が現代語に通じる日本語としてみえてこよう。

　距離を置いて垣間見る光源氏の視線は、次第に人々の姿や様子の細部へと移り、そこに光源氏の興味と心情が反映されていく。ここで登場する元気いっぱいの無垢な少女への執心は、本文をたどり読むうちに、光源氏の秘めた藤壺思慕への興味に由来することが明らかになっていく。走り出して登場する若紫の設定がこの時代の規範をこえるものであることはすでに文学研究で指摘され、（注9）その少女を垣間見て惹きつけられる光源氏の心中には、藤壺思慕が表出されている。

　つらつきいとらうたげにて、眉のわたりうちけぶり、いはけなくかいやりたる額つき、髪ざしいみじううつくし。ねびゆかむさまゆかしき人かな、と目とまりたまふ。さるは、限りなう心を尽くしきこゆる人にいとよう似たてまつれるがまもらるるなりけり、と思ふにも涙ぞ落つる。

（若紫巻　二〇七頁）

あはれなる人を見つるかな、かかれば、このすき者どもは、かかる歩きをのみして、よくさるまじき人をも見つくるなりけり、たまさかに立ち出づるだに、かく思ひの外なることを見るよ、とをかしう思す。さても、いとうつくしかりつる児かな、何人ならむ、かの人の御かはりに、明け暮れの慰めにも見ばや、と思ふ心深うつきぬ。

（若紫巻、二〇九頁）

前者は、光源氏がこの少女に目がとまった理由を自覚する部分、後者は垣間見が一段落したところで藤壺に面差しの似た少女を明け暮れの慰めにしたいという心を深くする部分である。光源氏の藤壺思慕が入り込んでくるとき、「思ふにも涙ぞ落つる」「思ふ心深うつきぬ」と、思う主体である光源氏への敬語が共通して欠落する。

　高等学校の教室において、『源氏物語』は、敬語を学ぶ教材でもあり、二重敬語を学ぶ場合も多い。高貴な登場人物に敬語が用いられるのは当然でもあるが、ここではその逸脱という事実が重ねて確認される。

　桐壺帝の后に立つ藤壺宮への思慕は、父帝の女御への思慕をこえて体制そのものへの侵犯でもあり、禁忌の恋といわれる。その危険をともなう恋の心情が垣間見のなかでふと表出されるとき、読者もその心中に誘われるように敬語が消える。（注10）この自在な古語表現のあり方こそ、原典の『源氏物語』ゆえであり、定型と思いこみがちな用法からはずれるところに、古典文学作品を読む醍醐味もある。

　教科書に採録される『源氏物語』で二重敬語などを学ぶのみならず、その基本的な前提からはずれる待遇表現に着目し、その生きた古語表現の世界を体験的に考えることがもとめられてくる。

逸脱という現象に向き合うことから、文学作品の理解がひらかれていく。

読みの多様性

場面を読むことが『源氏物語』を読むことでもあるのは自明だが、切り取られた一部分が教材として読み手に与える印象は、根強く心に刻まれる。北山の垣間見場面を切り出して「教える」ことは、元気な少女の姿を介して光源氏の藤壺思慕を特化する。

実際、若紫巻では、このあとほどなく藤壺との密通事件がある。かつて不敬ともとらえられた密通場面は、現代でもまず教科書には採録されないが、あとの物語展開と密接に関わることを視野に入れつつ、垣間見場面は読み解かれるべきであろう。

一方で、藤壺との密通は『源氏物語』の重要な事件であるものの、『源氏物語』はそれのみに終始するわけでもない。北山の垣間見場面は、前後の物語や時間の重複のなかにある。

教科書では、教材の前に説明を付すことが試みられるが、学ぶ側にしてみれば、本文として切り出された文章が『源氏物語』なのであり、教材を扱う側が、いかに懐深く物語世界を見据えているのかが問われてこよう。北山の垣間見場面の場合も、そこに多様な読みの可能性がひらかれている。

顧みれば、若紫巻は、冒頭からさまざまな要素が盛り込まれていた。病を患う光源氏という設定、京の郊外である北山という物語の舞台設定、供人たちとの会話など、巻頭からの短い間に、さまざまな事柄が盛り込まれている。

今年度、たまたま本務校の演習で若紫巻をとりあげ、学生たちの率直な感想を聞く機会に恵まれた。感染症の流行という事態に図書館の利用もままならぬなか、思いがけず学生たちの在宅時間はふえ、おのずと本文を自力で読むことが中心となった。最新の注釈である岩波文庫をテキストとし、ジャパンナレッジの新日本古典文学全集（小学館）を利用するのがせいぜいであったが、高等学校で学んだおぼろげな記憶を頼りに手探りで読み進めて出された意見は、なまじ先覚の教えに頼りすぎないだけに率直で、高等学校での印象との違いをあげる意見も相次いだ。社会状況もあるのだろうが、まず、「わらは病み」という光源氏の病から始まることに着目が集まり、華麗な恋愛遍歴の超人的な主人公という漠然としたイメージとはずいぶん違う設定に学生たちは興味を惹かれていた。さらに、京の中心から離れて北山という場が選びとられることやその豊かな自然描写の巧みさ、そこからの眺めの連想で明石の浦から明石一族が話題となること、その間に和歌は見られず垣間見場面に至り和歌が詠まれることなど、どれも物語の本質に関わるさまざまな意見が出された。一部を切り出すことは、それ以外を封印することでもあるのを、改めて感じさせられた経験であった。

切り出された一場面として特化されることには、効用も限界もある。教材を扱う側の場面をとりまく原典の世界の深さと広がりへの目配りが、作品をゆたかに読むことに繋がる。

関係性のなかで

さらに大きな視座にたてば、若紫巻自体、物語世界の時間の重複のなかにある。『源氏物語』の研究のひとつに年立の研究があり、物語の時間の重なる巻々は、並びの巻と呼ばれてきた。若紫巻も末摘花巻と重複し、後半は紅葉賀巻とも重なってくる。

若紫巻の北山の垣間見場面は、通行の年立では光源氏一八歳の三月末になるが、それとほぼ重なるのが、末摘花巻の最初である。亡き夕顔の面影をもとめていた光源氏が大輔の命婦の話によって故常陸宮の姫君の存在を知るのは、やはり一八歳の春。十六夜の月に誘われて姫君の弾く琴の琴の音色をほの聞きつつも、垣間見ることはかなわず、様子を察した頭中将にあとをつけられ、妙な恋の鞘当てが導かれる。ともに恋物語の発端でありながら、笑いをも誘う末摘花と若紫の発見場面は同じ物語の時間軸のなかにある。そうした視座に立てば、無垢な少女と禁忌の恋という深刻な内容と、あてのはずれる姫君との物語の両方に関わる光源氏像が浮かび上がり、一面的な人物像のとらえ直しが喚起されてくる。

教科書に採録された『源氏物語』は、時に文法事項を学ぶ教材に偏りがちであったり、切り出された一場面のみに終始したりする場合もあろう。教室のさまざまな制約のなかで、何より古典文学作品を楽しむ一読者として伝える姿勢が、文学作品をゆたかに読む喜びをもたらしてくれる。

注

1　神田龍身「源氏物語「北山での垣間見」」、拙稿「北山での垣間見」、ともに前田雅之他編著『〈新しい作品論〉へ、〈新しい教材論〉へ　[古典編]1』右文書院、二〇〇三年、有馬義貴「高等学校「古典」における『源氏物語』採録箇所の提案―「桐壺」冒頭と「若紫」垣間見場面との連結―」『源氏物語続編の人間関係―付物語文学教材試論』新典社、二〇一四年、菅智子「高等学校国語教科書における『源氏物語』採録箇所の研究―桐壺巻・若菜巻採録の適切さを中心として」『日本文学ノート』第五二号、二〇一七年七月、最近の提言として、河添房江「『源氏物語』で「深い学び」はいかにして可能か―桐壺巻・若紫巻における古典教育と研究の協働―」）中古文学会特別企画「文学研究と国語教育の未来を拓く」二〇二〇年五月二四日など。なお、本稿は旧稿と一部重なる部分がある。

2　注1の有馬文献、菅文献。

3　一色恵理『『源氏物語』教材化の調査研究』淡水社、二〇〇一年。

4　原岡文子「教科書の『源氏物語』「若紫」垣間見小考―教材化の史摘変遷、そして史摘文化状況の中の受容」『愛知県立大学説林』第六五号、二〇一七年三月。

5　注4の原岡文献。

6　注2の菅文献。

7　これについては、旧稿でもふれた。

8　『源氏物語』本文の引用ならびに頁は、新編日本古典文学全集（小学館）による。

9　原岡文子「紫上の登場」『源氏物語の人物と表現』翰林書房、二〇〇三年。

10　最近の論考として、佐藤光「『源氏物語』における垣間見の研究：敬語表現の消失に着目して」『日本文学ノート』第五三号、二〇一八年七月がある。

23
更級日記■菅原孝標女■
――物語へのあこがれを語る物語作家

中村　勝

作品の成立・刊行

作者・菅原孝標女は、一〇〇八（寛弘五）年に生まれた。母は藤原倫寧女で、藤原道綱母の妹。一〇一七（寛仁元）年作者一〇歳の折、父・孝標が上総介に任ぜられ、継母、姉、兄らと任地へ下向した。作品の叙述は、この上総時代、物語にあこがれるところから始まる。作品全体の約五分の一が、上総からの上洛の記であり、福家俊幸はこの紀行が日記全体に先んじて、作者が祐子内親王家に出仕した一〇三九（長暦三）年ごろから数年の間に成立したのではないかと考えている。作品は、一〇五八（康平元）年の夫・橘俊通の死、そしてその数年後の甥の来訪、尼への贈歌で終わっており、このころに現在の形になったと考えられる。

書名の更級は、作品末尾の、甥の来訪に際して作者が読んだ歌「月も出でて闇にくれたる姨捨になにとて今宵たづね来つらむ」に拠るもので、この歌が踏まえている『古今集』の「わが心慰めかねつ更級や姨捨山に照る月を見て」から取ったものである。更級は夫・俊通の最後の赴任地、信濃の地名でもある。

この日記は藤原定家が筆写した御物本が最古の善本であるが、この本に錯簡（綴じ誤り）が生じ、以後の写本はその誤りのまま書写された。江戸時代には板本も数種刊行されたが錯簡は正されず、かえって誤った修正を加えたものもあった。一九二四（大正一三）年に至り、佐佐木信綱、玉井幸助によって御物本が調査され、翌年、玉井の『更級日記錯簡考』（育英書院、一九二五年）が刊行され、今日見る、錯簡が正された本文が広まった。

教科書採択の歴史

本文の錯簡が正される前の明治期から教科書に採用されていた。作品冒頭の「門出」を含む上洛の紀行に錯簡はない（但し地名を根拠に順序を改刪（かいさん）してしまった西門蘭渓本系統の本文は「くろとの浜」以降の箇所に異同がある）。上洛後の『源氏物語』全巻を入手して耽読する「物語」の場面は綴じ誤りの中間の箇所であり、場面の本文に問題はない。

明治期の教科書に採られている箇所はいずれも、上洛の記か、源氏物語耽読の場面、あるいは侍従の大納言の御むすめの生まれ変わりの猫の場面（ここも錯簡の影響を受けていない）である。しかし、一九〇二（明治三五）年から四半世紀ほど採択がない。これは、同年の「中学校教授要目」で中古文を教材に使用できなくなったことの影響である。昭和に入りこの制約が撤廃されたことにより、善本文の登場も相まって教材採択が復活したのである。

戦後の新制中学では、検定が始まった昭和二〇年代初めから一九六六（昭和四一）年ごろまで、堀辰雄による翻訳的創作『姨捨』を用いた教材化が行われていた。『姨捨』は一九四〇（昭和一五）年に発表された作品である。新制高校でも、採用される場面は従来と変わらず、「門出」や物語耽読の場面が多い。

作品の研究

先行する藤原道綱母の『蜻蛉日記』同様、自らの半生をふり返る回想であるが、詠歌と出来事を手短に記録した（現存しない）家集のようなものをもとに日記が構築されたと考える向きもある。現在の形にまとまったのが、夫の死後の康平年間初めであるとしても、上洛の記が、祐子内親王家への出仕に際して書かれた、とする福家の説に従うなら、全体が一気に書かれたものではないということになる。

『更級日記』は、上洛の記から始まり、一〇二〇（寛仁四）年からは京での生活を描くが、時折、記事を欠く数年を挟んでいる。祐子内親王家への出仕（一〇三九年）から結婚、そして物詣でを熱心に行う四〇代前半を経て、作者五一歳、一〇五八年の夫の死とその後の日々、と展開していく。

この日記の特徴を挙げるならば、まず物語へのあこがれと、信仰へのいざないという二つの間に生きる作者の姿、また折々に現れる霊夢の記事、そして上洛の際の土地土地の説話・伝説、また京での大納言の御むすめの猫の挿話や、宮仕えの中での「春秋優劣論」など魅力的な場面がちりばめられている点であろう。『蜻蛉日記』のような、全編にわたって夫との不和を語っていくような激しい情念はないものの、『源氏物語』成立後の、受領層の女性の生き方を描いた作品として、平安日記文学の中でも独自の地位を築いている。

さらに、御物本の奥書には、孝標女が、『みつのはままつ（浜松中納言物語）』『夜半の寝覚（夜の寝覚）』『みづからくゆる』『あさくら』（後の二編は現存せず）の作者であると記されている。しかし、『更級日記』の中で、作者は物語創作について全く触れていない。あえて触れない、という態度で、自己の人生を語っているのである。近年の研究動向としては、孝標女が物語作家であったという前提に立って、この日記、また『浜松中納言物語』『夜半の寝覚』を読み進めている。

教材の評価

「門出」と呼ばれる、作品冒頭の箇所は、作者自身の生い立ちの紹介から始まり、物語へのあこがれを語り、薬師仏への祈願、そして上洛のため薬師仏を置いて旅立つ悲しみ、といったことが語られる場面である。

「あづま路の道の果てよりもなほ奥つかたに生ひ出でたる人」という自己規定は、『古今和歌六帖』の「あづま路の道の果てなる常陸帯のかごとばかりもあひみてしがな」（紀友則）を引歌とし、歌の序詞に含まれる「常陸」という地名を想起させる。常陸は、『源氏物語』の浮舟の成長の地でもあり、また作者の父も、一〇三二（長元五）年、常陸介に任ぜられ単身赴任している。この表現によって常陸を想起させ、さらにその奥で育ったという卑下を表している。ただし、成長した地、上総の名は直接浮かび上がってこない。常陸から道を南下して上総に行くから「奥」と表現したとも、東国の辺境で生まれたことを際立たせる文飾であるともいうが、浮舟への憧憬があることは揺るがないであろう。「生ひ出づ」について、原岡文子は、『源氏物語』では浮舟や玉鬘、明石の姫君といった辺境の地で育った姫君に使われていると指摘している（『源氏物語とその展開』）。また、自身のことを「人」と三人称化して言っているのは、『蜻蛉日記』冒頭も同様であるが、これも「卑下、謙遜の語法」（今西祐一郎、新大系注）であるという。この卑下は、「あやしかりけむ」という自己認識へとつながっていく。

少女時代の作者は、「物語といふもののあんなるを」と、物語の存在を聞き知るのである（御物本「あんなる」の表記は撥音便が明記されている珍しい箇所である）。物語を愛好する姉、継母たちが、さまざまな物語や「光源氏のあるやうなど」を「ところどころ語る」のを聞くのだが、「そらにいかでかおぼえ語らむ」と、上総に写本を一切持っていっていないように描かれている。ここに出てくる継母は、高階成行女で、上京後孝標と離別し、後一条天皇中宮威子に仕え、上総大輔と呼ばれた女性である。上総下向前から宮仕えしていたと日記内にある。宮仕え経験のある女性として作者に物語の魅力を伝える役割を果たしている。

祈願のために「等身に薬師仏をつくりて」とあり、作者と同じ背丈の薬師如来像をつくるのであろうが、津本信博は、壁面に描いたものとを考えている。仏像か、絵仏かはひとまず措くとして、等身の薬師仏に「人まにみそかに」祈願するのは、作者の心願が、自己の内にのみ秘められたものであることを示し、誰とも共有していない秘密であるために、門出の際に「人知れず」泣くという展開になっている。また、日記の冒頭で現世利益をもたらす薬師仏が語られ、日記全体の終末で阿弥陀如来の来迎の夢が述べられていることに注意したい。

「十三になる年」「九月三日かどでして、いまたちといふ所に移る」と具体的な年齢、日付の叙述とともに「かどで」したことが語られる。門出とは実際の旅立ちに先立って、吉日を選んで近くへ居を移すことであるが、元の住居の調度類を引き払い、中があらわになった家に、夕霧の中、これまで密かに祈りをささげてきた薬師仏の姿を見、それを見捨てて旅立つことの哀しさに作者はひとり涙している。

作者が生まれた一〇〇八年、『紫式部日記』の中で、宮中で『源氏物語』が読まれ広まっていることがわかる記述があるが、その一〇年後には関東の国司館で『源氏物語』について語り合う場面が描かれている。『源氏物語』の流布の速さが伺われる。

また、「物語」の場面は、上洛後、しばらくしての出来事である。『源氏物語』を入手して耽読する、この日記の名場面であるが、そこには、女人成仏のために『法華経』五の巻を習え、という夢がともに語られる。

「かくのみ思ひくんじたるを」というのは、その直前に語られる、継母との離別、乳母の死、そして上洛した折に書の手本をもらった「侍従の大納言の御むすめ」藤原行成女の死の悲しみを受けての表現である。母が物語を「もとめて見せ」てくれるが、それは断片的で、続きを読みたく思うが、誰かに相談することもできない。そんな折、親が太秦・広隆寺に籠ることになった。広隆寺は、弥勒菩薩像や聖徳太子信仰で有名であるが、平安時代には薬師信仰で知られていた。現在、秘仏・木造薬師如来立像（重文）が伝わっている。親の太秦参籠に合わせて作者も薬師仏に『源氏物語』を見せてほしいという願を掛けたが、すぐには見ることはできなかった。そこへ「をばなる人」が地方からやって来るのである。

このおばは父方か母方は不明だが、受領層の妻とおぼしい。年齢的に見ても道綱母ではない。「わたいたれば」は「渡したれば」のイ音便であって、母がおばのもとへ行かせた、と取るべきであり、母とおばとの間に連携があったことを予想させる。おばが「ゆかしくし給ふなるもの」と言って物語を出すところからもそれがわかる。作者は「心の内に」祈っていても、母親は娘が欲しがっているものはわかっていたのである。「門出」の場面で『源氏物語』の流布の速さを指摘したが、受領層の女性が姪のために、貸与にせよ贈与にせよ、『源氏物語』五十巻余りをひと揃え用意できるほどに広まっていたということがわかる。

「はしるはしる」は諸説あるが、「わづかに見つつ、心も得ず、心もとなく思ふ」へと続いていく流れからすれば、「飛び飛びに」と取る説（犬養廉、福家）に従いたい。

作者の物語鑑賞は、「門出」でもここでも「見せ給へ」あるいは「見る」という言葉で語られている。読むという行為が視覚による「見る」という言葉で述べられている点に注意しておくべきであろう。しかも、「人もまじらず」という個の体験としてである。

こうして作者は物語の世界に耽溺していくのだが、これを戒めるかのように、夢に僧が現れて、『法華経』五の巻を習えと言う。五巻の冒頭は「提婆達多品」で、ここでは龍女が男子に変成して成仏したことが説かれていて、女人の信仰を集めた。しかし作者はこの夢を秘密にし、経を習おうともしないで、むしろ、夕顔や浮舟といった物語の女性にあこがれる。夕顔は光源氏に連れ出された某院で物の怪のために死ぬ。浮舟は薫に宇治の山荘に隠し据えられる。作者はこのような薄幸の女性に惹かれるのである。「紫のゆかり」即ち紫の上の生涯にも興味を持つのだが、作者自身の出自からすれば、たしかに夕顔や浮舟は近しい存在である。とりわけ浮舟は常陸で成長したという設定である。

しかし、こうした物語への熱中は、日記を執筆している時点から人生をふり返ってみれば、「いとはかなくあさまし」と感じられるのであった。

なお、おばから提供されたのは『源氏物語』だけではなかった。御物本の本文に『ざい中将』（「さい」の後の空白の傍注の形で「中将」）とあるのは、『在五中将』、即ち『伊勢物語』であるし、『とほぎみ』『せり河』『しらら』『あさうづ』といった現在見ることのできない物語も同時に「一ふくろ」に入れて渡された。『とほぎみ』『せり河』は『源氏物語』「蜻蛉」巻に、『しらら』は『十訓抄』に言及があるが、『あさうづ』については全く手がかりがない。

関連する作品

孝標女の作品としては、この『更級日記』と、『新古今集』以下の勅撰集に採られた和歌以外には、日記の奥書に従うならば、四つの物語があるわけだが、現存しているのは『浜松中納言物語』と『夜半の寝覚（夜の寝覚）』である。

『更級日記』の物語耽読場面の「思ひくんじ」という言葉は、『源氏物語』「手習」巻の浮舟の様子を語る場面に見え、また『浜松中納言物語』巻四の吉野の姫君の描写にもあることを福家は指摘し、表現やテーマ、モチーフの共通項について、「これは同一作者ゆえの書きぐせ、発想法というだけではなく、孝標女が自作の物語の痕跡をさりげなく示しながら、『更級日記』を執筆していた部分があったことを示唆しているのではないだろうか。」と述べている（物語創作を経て、日記の執筆に取り組んだという立場）。

実際に高校での学習に際しては、関連作品というよりは、表現として不適当かもしれないが『源氏物語』の周辺作品という取扱いで、『源氏物語』にあこがれる読者がいたこと、また『源氏物語』がどのように普及し、読まれていたかを知る資料的な扱いに終始してしまう傾向があるようだ。

本来ならば、作者の浮舟憧憬を考えるためにも、『源氏物語』、とりわけ宇治十帖を味読してからこの日記を読む、というのが自然な鑑賞法であるのかもしれない。

新しい読みの提案

物語文学読解のための資料という位置づけを脱し、日記として読む、という立場に立つならば、上洛の記や、大納言の御むすめの猫といった独立して読める部分を読む、ということも一つの方法ではある。戦前の教科書では、上洛の記を、中略を挟みながらではあるが比較的たっぷり採録している例もあるし、平安時代の文章としては比較的平易な和文体であるので、現在でも抄本等を用いた読解演習の補充教材として用いられることもあるようだ。

しかしながら、日記とはいいながら、実は作者による創作的な配慮が隠されているという点も見逃すことはできない。そこには当然、日記を読む読者の存在も想定されるはずである。

上総赴任中、姉、継母が物語を一冊も持参していなかったように語られるが、果たしてどうであったか。田舎育ちの少女の、物語へのあこがれを強調する脚色であるかもしれない。上洛後に、『源氏物語』を全巻一挙に入手し、耽読する場面はこの日記の見どころではあるが、現実にそうであったのかはわからない。

むしろ、事実がどうであったか、ということよりも、作者による〈創作〉としての半生記をどう読み取っていくか、という視点に立つことで、さらに新たな発見があるだろう。

＊参考文献＊

・関根慶子『更級日記　上・下』講談社（学術文庫）、一九七七年
・秋山虔『更級日記』新潮社（集成）、一九八〇年
・津本信博『更級日記の研究』早稲田大学出版部、一九八二年
・吉岡曠『更級日記』岩波書店（新大系）、一九八九年
・犬養廉『更級日記』小学館（新編全集）、一九九四年
・小谷野純一『更級日記全評釈』風間書房、一九九六年
・原岡文子『源氏物語とその展開―交感・子ども・源氏絵―』竹林舎、二〇一四年
・福家俊幸『更級日記全注釈』ＫＡＤＯＫＡＷＡ、二〇一五年

24

雨月物語■上田秋成■
――他者理解の困難さを示す物語

手塚翔斗

「浅茅が宿」は、江戸時代に刊行された怪異小説集『雨月物語』中の一編である。下総の国真間の里に住む勝四郎は、生来の気性から生業である農業を嫌い、家を貧しくする。京に出て一攫千金を狙う勝四郎を、妻の宮木はさまざまに諫めるが、勝四郎は秋の帰郷を約束して上京する。ほどなくして享徳の乱が起こり、宮木が一人残る真間も戦場となる。京で商いに成功した勝四郎は帰郷を試みるも、道中で山賊に襲われて、さらに戦乱のうわさを聞いて妻は死んでいるものと思い京へ引き返す。七年が経ち、京の近くでも戦乱が起こると、勝四郎は宮木のことを思い起こし、真間へと帰る。死んだと思っていた宮木は生存しており、夫婦はその夜同衾するが、勝四郎が翌朝目を覚ますと、家は廃墟となっており、宮木も見当たらない。不審に思う勝四郎は、宮木の書いた歌が添えられた墓を見つけ、妻がすでに死んでいたことを悟って泣き伏す。その後、真間に久しく住む漆間の翁と会った勝四郎は、宮木が自分を待ち続けていたことを聞き、伝説上の人物である真間の手児女に比しても、宮木の心情は痛切なものであっただろうと語られる。悲嘆にくれる勝四郎は、手児女の伝説に寄せて宮木への思いを歌に詠むのであった。

作品の成立・刊行

「浅茅が宿」が入る上田秋成（一七三四～一八〇九）の『雨月物語』は、九つの中短編からなる五巻五冊の怪異小説集である。初期読本の代表的な作品であり、和漢の古典を縦横に駆使して書かれる。序文には、「明和戊子晩春」つまり一七六八（明和五）年の三月に、編集した作品を書肆に渡したという旨の記述がある。したがって、『雨月物語』が一応の成立をみたのはこの年のことである。ただし、実際の刊行は八年後の一七七六（安永五）年である。一七六八年に『雨月物語』の原稿が現在みられるかたちにほぼ完成していたとする説と、一七七六年の刊行にいたるまで推敲がおこなわれ、完成形となったのは刊行に近い時期であるとする説が提出されているが、結論は出ていない。

教科書採択の歴史

阿武泉監修『読んでおきたい名著案内　教科書掲載作品13000』（日外アソシエーツ、二〇〇八年）を参照すると、

『雨月物語』の戦後教科書における採択状況は、一九五七（昭和三二）年を一つの分水嶺としていると考えられる。というのも、一九五六（昭和三一）年以前の『雨月物語』掲載教科書が好学社の『高等文学　二下』『高等文学　二（改訂）』『高等学校国語　二上（新版）』と、中等学校教科書『高等国語総合編　三年上』、および中等教育研究会『総合高等国語三下』の三社五種にとどまっているにもかかわらず、一九五七年に使用開始された教科書中、『雨月物語』を扱うのは二〇社二七種に及ぶ。そもそも教科書に携わる出版社が増えたことが原因の一つであろうが、一九五六年版学習指導要領国語科編の「国語科国語（甲）」の章にも着目しておきたい。「古文については、たとえば、下記のような作品について、生徒の能力や必要や関心などを考慮して、適当な部分を選ぶ」ことが推奨され、ジャンルごとに古典作品が例示されているのだが、「竹取物語・源氏物語・大鏡・平家物語・世間胸算用・雨月物語などの物語類」という一節がある。「物語類」を代表するテクストとして『雨月物語』が挙げられているのである。一九五七年の採択増加には、こうした位置づけも関わっていると考えられる。以後、『雨月物語』はほぼコンスタントに教科書に入り、定番教材としての地位を獲得していく。

近年の教科書採択状況を網羅的に調査することはできていないが、現行の「古典A」「古典B」の教科書をみると、一〇社一七種の教科書が『雨月物語』を採択していることが確認できた。基本的には教科書全体の後半部に据えられており、高校三年次に学習することが想定されているようだ。このうち「菊花の約」を採択しているのが教育出版の『精選古典B　古文編』および『古典B』の二つ、「夢応の鯉魚」を採択しているのが同じく教育出版の『古典文学選　古典A』と大修館書店の『精選古典B　改訂版』の二つであった。『雨月物語』を採択する教科書一七種のうち一三種が「浅茅が宿」を選んでおり、教材としての人気の高さはやはり「浅茅が宿」が圧倒的だといえよう。

作品の研究

「浅茅が宿」の研究は、引歌や物語引用といった典拠研究、表現研究や、「吉備津の釜」「蛇性の婬」といった『雨月物語』中の女性を登場させる物語との比較研究など、多岐にわたって進められてきた。そのなかでも、勝四郎と宮木という夫婦の関係をどう考えるかという問題は、多くの論考が取りあげてきたものである。

早くに中村幸彦『日本古典鑑賞講座24　秋成』（角川書店、一九五八年）は、「浅茅が宿」というタイトルの由来となった

『徒然草』との関連を踏まえ、本作が「男女の情の一つの理想」を描いたものであると指摘した。ただし現在では、「浅茅が宿」はむしろ男女の心が通い合わない物語として読まれることが多い。

宮木に対する勝四郎の言葉が、本人の意志に反して約束の破棄を暗示してしまう、という構造を指摘した高田衛「幻語の構造」や、勝四郎の帰郷の遅さを取りあげて「男女の相互不理解の物語」を読む木越治「くりかえしの修辞学」など、夫婦のディスコミュニケーションが多様な側面から読みこまれている。この点に関していえば、長島弘明が「男性文学としての『雨月物語』」で、勝四郎を待つ宮木を語らない語り手も、男性中心の論理を有していると指摘していることは重要である。

教材の評価

「浅茅が宿」を、国語教育の側から分析、評価する言説はさほど多くない。国語教育の現場において、近世散文というジャンルにさほど光が当たってこなかったことが理由の一つであるだろう。とはいえ、「浅茅が宿」を教材として活用しようとする試みが一切存在してこなかったわけではない。

「浅茅が宿」の教科書における取り扱われ方を批判的に検証しつつ、このテクストの教材的な価値を見いだそうとした論が、風間誠史「「浅茅が宿」にどう躓くか」である。風間は、教科書の「学習の手引き」や抄録の方法が、「浅茅が宿」を「「勝四郎の妻を思う気持ち」の「物語」として読もう／読ませようとする方向づけ」を有していると指摘する。「浅茅が宿」のテクストは、実際には「一義的な「物語」を破壊する様々な仕掛け」を内包しており、一つの解釈の上に読者を安住させない「躓きの石」であるからこそ、「男女の関係性と倫理性」について多角的に考える契機となると風間はいう。

大学の「文学史」の授業における「浅茅が宿」の教材価値を考察した論に、安道百合子「『雨月物語』「浅茅が宿」の教材化」（『日本文学研究』第五二巻、二〇一七年一月）がある。安道は、「各時代ごとに作品を抄出」して時代ごとの特徴を説明する、「いわば文学史を輪切りにするような講義」から脱却し、文学史を「線」として捉えられるような授業を構築することを目指す。多くの典拠を有する「浅茅が宿」は、『今昔物語集』巻第二七「人妻死後会旧夫語」、『源氏物語』蓬生巻などとの比較によって文学史を総体的に捉えていくのに適したテクストとして位置づけられている。安道と同様に、多様な典拠を有するという特徴に着目し、高校国語における「浅茅が宿」の教材価値を論じるのが、宮内征人「憑拠の差異性から「言葉による見方・考え方」を働かせコノテーションを読む」(『国語論集』第一七号、二〇二〇年三月)である。「浅茅が宿」と典拠作品を比較検討する学習活動例を提示し、テクスト間の差異について考察する授業の可能性を示している。

大学での授業実践も含めて、「浅茅が宿」の教材としての評価について述べてきた。近世散文というジャンルとも深く関わり合う「浅茅が宿」の多層的な構造が、このテクストの教材としての価値に直結すると考える。

関連する作品

先にも少し触れたが、『雨月物語』中の作品で「浅茅が宿」と並び教科書に採択されてきたのが「夢応の鯉魚」である。三井寺の画僧である興義は、夢のなかで川に入り魚と戯れ、そのさまを目覚めてすぐ描くことを得意としていた。ある日興義は病に罹って息絶えるが、胸の辺りが少し暖かい。弟子たちが見守っていると、興義は三日後に蘇生する。仮死状態となっていた三日間について語る興義の言葉によれば、彼は自分の死に気づかずに琵琶湖へと泳ぎだし、そこで海神に出会って鯉へと姿を変えてもらったのだという。鯉となった興義は自在に琵琶湖を泳ぎ巡り楽しんだが、急に飢えを感じて餌に飛びついたところ、釣り上げられてしまった。助けを求める声も届かずに切られてしまう寸前で、ようやく目が覚めたのである。以後、興義は天寿を全うするが、彼が描いた鯉の絵を湖に散らしたところ、描かれた鯉が紙から抜け出して泳いでいったという。

「浅茅が宿」と比べてもかなり怪異譚としての色が濃い「夢応の鯉魚」だが、『雨月物語』のなかでも比較的明るい雰囲気のある一編である。現行の教科書においては、教育出版の『古典文学選　古典A』が特徴的な掲載をおこなっているので紹介しておきたい。「夢応の鯉魚」の原文を抄録し、省略部分を石川淳による現代語訳『新釈雨月物語』(角川文庫、一九九四年)によって補っている。さらに三島由紀夫が「夢応の鯉魚」について評した「雨月物語について」(『決定版　三島由紀夫全集27』新潮社、二〇〇三年、初出は一九四九年)も採録し、読解を深めることができるよう工夫がされている。近代の作家にも愛された『雨月物語』だからこそ、こうした組み合わせが可能になっているのである。

新しい読みの提案

「浅茅が宿」における最もみやすい劇は、いうまでもなく勝四郎と宮木という男女の物語である。二人の関係性をいかに意味づけるにせよ、「浅茅が宿」における主題の一つが夫婦の交渉にあることは間違いない。かかるテクストの読み方は、教科書採択のありようにも端的に示されていよう。現行の教科書をみると、勝四郎が宮木の死を知った時点で本文の掲載が終了し、その後に描かれる漆間の翁と勝四郎のやりとりについては梗概を記載する、という方法を採るものがほとんどである。漆間の翁という第三者が登場し、真間の手児女と宮木との類似性を語る、というテクスト末尾の一幕は、たしかに「浅茅が宿」の物語進行上必要不可欠なものではない。

しかし、逆に言えばこの末尾部分の座りの悪さは、「浅茅が宿」の別の可能性を示すものでもあるだろう。結論から言えば、勝四郎と宮木という夫婦の相互理解のみならず、他者理解そのものの困難さが、「浅茅が宿」末尾には示されているように思われる。この場面の流れを簡単に確認しておきたい。

宮木の死を知った勝四郎は、旧知の老人である漆間の翁に会う。翁は「何とて遅く帰り給ふ」と勝四郎を責め、次のように語る。宮木は勝四郎が発って二年後に亡くなり、翁は「手づから土を運びて柩を蔵め、其の終焉に残し給ひし筆の跡」を墓標とした。翁は文字を知らないため、命日も法名も記すことができず、五年が経ったのだという。さらに翁は、男たちに慕われながら、相手を選ぶことができずに入水した真間の手児女の話を想起し、宮木の心は「昔の手児女がをさなき心に幾らをかまさりて悲しかりけん」と心を痛める。勝四郎はこれを聞き、「いにしへの真間の手児奈をかくばかり恋ひてしあらん真間のてごなを」という歌を詠む。

ここで問題とすべきは、宮木と手児女との共通性ではなく差異である。木越論文に指摘があるように、「夫を待ちつづけて死んだ宮木と多くの男のなかから一人だけを選択することに耐えきれず入水した手児女とはどのように操作してみても重なるはずがない」。とすれば、勝四郎が「いにしへの真間の手児奈」を愛した伝承のなかの男たちとの比較でしか自分の心情を歌に詠みえていないことは、宮木の物語を捉え損ねていることと同義であろう。長島論文が述べているように、「勝四郎の甘い涙は、宮木よりも、最愛の女に先立たれた男である自分自身に、より多く注がれている」。

しかし、ことは勝四郎の宮木への不理解という次元にとどまらない。長島は「男性文学」として『雨月物語』各編を読み直すのであるが、それでは勝四郎とともに泣く漆間の翁はどうか。宮木の唯一の理解者が翁であるとし、彼女の「悲しみを受け止め得る感性」は「学問や教養と両立しない」とした矢野公和「私の声が聞こえますか」をはじめとして、漆間の翁を特権的な位置に置く読みは散見される。が、実はここで重要なのは、矢野論文において重視されていた「筆とる事もしら」ない、という翁の設定である。翁が書記言語から疎外されている一方で、「さりともと思ふ心にはかられて世にもけふまでいける命か」という宮木の辞世歌は、彼女自身の書いた文字によって勝四郎に伝わっている。要するに、宮木が最期の際で発した言葉は、漆間の翁がアクセスしえないものなのである。

かかる設定の裏には、翁における宮木への理解不可能性が暗示されているのではあるまいか。くりかえすが、どれほど漆間の翁が宮木のけなげさを嘆き、勝四郎の不実を糾弾しようとも、文字によって記された宮木の最期の言葉を読むことはできていないのである。結果として翁は、真間の手児女という既知の物語を参照枠として宮木の心を解釈し、勝四郎もその語りに巻き込まれていくこととなる。

自分勝手な理由で七年間も不在にした勝四郎は、たしかに宮木の心を理解しえていないだろう。しかし、それは漆間の翁も同様なのではないか。宮木という他者を語るために、二人の男は二人ながら、真間の手児女の伝承を迂回しなければならなかったのである。

＊参考文献＊

・矢野公和「私の声が聞こえますか—「浅茅が宿」私論—」『共立女子短期大学文化紀要』第二四巻、一九八一年
・高田衛「幻語の構造—雨と月への私注—」『江戸幻想文学誌』平凡社、一九八七年
・木越治「くりかえしの修辞学—「浅茅が宿」試論—」『秋成論』ぺりかん社、一九九五年
・長島弘明「男性文学としての『雨月物語』」『秋成研究』東京大学出版会、二〇〇〇年
・風間誠史「「浅茅が宿」にどう躓くか」前田雅之ほか編著『〈新しい作品論〉へ、〈新しい教材論〉へ　［古典編］4』右文書院、二〇〇三年
・井上泰至「『雨月物語』典拠一覧」飯倉洋一・木越治編『秋成文学の生成』森話社、二〇〇八年
・秋成研究会編『上田秋成研究事典』笠間書院、二〇一六年

25

舞姫■森鷗外■

——同一性の基盤であり続ける他者

小仲信孝

作品の成立・刊行

森鷗外（一八六二～一九二二）の「舞姫」は一八八九（明治二二）年一二月に執筆され、翌一八九〇（明治二三）年一月『国民之友』に掲載された。その後『国民小説』（民友社、一八九〇年一〇月）、『美奈和（みなわ）集』（春陽堂、一八九二年七月）、『改訂水沫（みなわ）集』（春陽堂、一九〇六年五月）、『塵泥（ちりひじ）』（千章館、一九一五年一二月）、『縮刷美奈和集』（春陽堂、一九一六年八月）に収録されるが、それぞれ本文に若干の異同がある。定本とされる岩波版『鷗外全集』は『塵泥』を底本としており、今日私たちが読んでいるのは『塵泥』に収録された「舞姫」である。

「舞姫」には鷗外の自筆原稿が存在する。一九三四（昭和九）年から『大阪朝日新聞』社主上野精一が所蔵していたが、臨川書店を経て、二〇一五（平成二七）年に学校法人跡見学園が購入、所蔵するところとなった。

教科書採択の歴史

発表から一三〇年の時を経て、鷗外の代表作として今日まで読み継がれている「舞姫」であるが、国語の教材として採択されたのは戦後になってからである。

一九五七（昭和三二）年、教育出版『標準高等国語総合編2』、清水書院『現代文新抄　全』、数研出版『日本現代文学選』が採録したことが始まりである。因みに、芥川龍之介「羅生門」と夏目漱石「こころ」も同年に国語教科書に登場しており、定番教材と呼ばれる小説のうち、中島敦「山月記」を除く三作品が顔を揃えている。

一九八〇年代になると明治書院、第一学習社、東京書籍が加わって「舞姫」の定番化がほぼ確定した状況となる。それから約四〇年、現状はどうか。二〇二〇（令和二）年時点で、高等学校用の国語教科書『現代文B』を発行しているのは、東京書籍、三省堂、教育出版、大修館書店、数研出版、明治書院、筑摩書房、第一学習社、桐原書店の九社である。この九社すべての『現代文B』に「舞姫」が載っている。定番教材としての「舞姫」がいかに支持されているかが分かる。「舞姫」は出版社にとって外すことのできない安定教材として位置づけられているといっていいだろう。

大学一年生に、これまで読んだことのある近代作家を聞くと、多くの学生が夏目漱石、芥川龍之介、森鷗外の名を挙げる。そして読んだ作品はというと、判で押したように「こころ」「羅生門」「舞姫」なのである。この三作品以外を挙げる学生ももちろんいるが、少数である。「舞姫」という小説に対する日本人の認知度の高さは、こうした高校国語教科書における定番化の歴史がもたらしたものと考えられる。

作品の研究

「舞姫」研究史の中で、長らく謎とされてきたことがある。エリスのモデルはいったい誰なのか、ということである。近年、この謎を解く書物が現れた。六草いちか『鷗外の恋　舞姫エリスの真実』（講談社、二〇一一年、のち河出文庫、二〇二〇年）である。六草がいかにして謎解きに至ったか、そのスリリングな調査の過程を紹介する前に、エリス探索の歴史を簡単に辿っておこう。

森鷗外は一八八八（明治二一）年九月八日、足かけ五年のドイツ留学を終えて、フランス船アヴァ号で帰国した。そのわずか四日後の九月一二日、一人のドイツ人女性が鷗外の後を追ってドイツ船ジェネラルウェルダー号で来日する。この女性の出現は、すでに林太郎（鷗外）の結婚話を進めていた森家の人びとを困惑させたが、ほぼ一カ月後の一〇月一七日、女性は帰国した。いわゆる〈エリス事件〉である。鷗外の長男森於菟が一九三三（昭和八）年にこの事実を公表して以来、エリスの正体をめぐる探索が続けられてきた。昭和四〇年代半ば以降、鷗外研究の本格化にともなって、諸説が出現する。鷗外がライプチッヒで出会い、日記にも記されたルチウス（ピアノ教師）と主張したのは藤井公明である。オーストリアのウラージア曲馬団の一員として来日した「エーマ女」説の石川悌二。演出家の今野勉はドイツ女性が鷗外に贈ったモノグラムの文字の配列から「W・B」の女性であるとした。

一九八一（昭和五六）年、エリス探索を大きく前進させる発見が報告される。中川浩一と沢護が『ジャパン・ウィークリー・メイル』に掲載された乗船名簿から「Miss Elise Wiegert」（エリーゼ・ヴィーゲルト）という名前を特定したのである。これを機に、植木哲『新説　鷗外の恋人エリス』（新潮選書、二〇〇〇年）や林尚孝『仮面の人・森鷗外』（同時代社、二〇〇五年）などがエリスの探索を試みたが、特定には至らなかった。

エリスの来日以来一二〇余年、ついにエリスの実像にたどり着いたのは六草いちか『鷗外の恋　舞姫エリスの真実』である。エリーゼ＝「Elise Marie Caroline Wiegert」（エリーゼ・マリー・カロリーネ・ヴィーゲルト）は一八六六年九月一五日、シュチェチン（現ポーランド）に生まれた女性であった。六草がここに至るまでには、気の遠くなるような調査の積み重ね、原資料との格闘があった。調査の対象は両親の婚礼記録、本人の洗礼簿、堅信礼簿、葬儀記録に及ぶ。一歩ずつエリーゼの実像に肉迫するものの、最後の決め手が見つからない。諦めかけたとき……。さながら推理小説のように、一二〇年来の謎が解けていく。

『鷗外の恋　舞姫エリスの真実』は研究書ではない。しかし、エリーゼの実像を明らかにした功績は大きく、「舞姫」研究の必読の書となっている。

教材の評価

「舞姫」は学習指導するものにとって、おそらく扱いにくい教材であろう。第一に文体の問題がある。内容読解以前の問題として、文語体で書かれたテキストは読むのに強い抵抗を覚えるであろう。拒否反応を示す生徒さえいるかもしれない。加えて時代的な隔たりの問題がある。明治の時代や文化についての知識が少ない高校生が、明治の青春、明治人の苦悩をテーマとする作品に果たして共感できるのか。教える立場としては、生徒と教材との接点をどこに見出したらいいか、悩むのではなかろうか。「現代文」の教科書では、三年の二学期以降に扱う配当になっていることもあり、大学入試を目前に控え、「舞姫」を教えないという選択もされているようである。

「舞姫」の扱いにくさ、教えづらさの原因はそればかりではない。読みの枠組みの定番化という問題がある。「舞姫」をどのような物語として捉えるか、という問題をめぐっては長年、「近代的な自我の目覚めと挫折」という読みの枠組みが付与されてきた。「舞姫」が教科書に採録されはじめた昭和三〇年代以降、今日に至るまで、この枠組みは継承されてきている。しかし、「舞姫」が定番教材化していく中で、ある年代までは読みの枠組みとして有効性を保っていたであろうが、六〇年以上を経た現在、こうした「歴史的な理解の枠組み」（高橋修「「舞姫」から『ダディ』へ／『ダディ』から「舞姫」へ」『日本文学』第四八巻第四号、一九九九年四月）を共有できる生徒がどれほどいるであろうか。「国民文学」論争を歴史的背景とする読みのコード＝主題としての自我の目覚めと挫折を自身の問題として、リアリティをもって受け止められる生徒はごく少数であろう。伊藤誠子「「舞姫」を読み続けるために」定番教材「舞姫」を学校現場で読み続けるために」（『山口国文』三二、二〇〇九年三月）は、次のように指摘する。

「近代的自我の目覚めと挫折」を中心に据えた定番的な読解は、生徒の生活実感から離れ、知識としての「舞姫」理解に止まるおそれがある。

「近代的な自我の目覚めと挫折」という読みの枠組みが、いわば賞味期限切れになっていることは教科書出版社にも認識されているようだ。教科書本文の末尾に付された「学習の手引き」や「設問」をみると、従来の読みの枠組みをベースにしながらも、豊太郎とエリスの「恋愛」や豊太郎と相沢の「友情」に焦点化した問いが設定されている。できるだけ生徒たちの「生活実感」に近づけ、作品世界への共感を得やすくするための配慮といえよう。

筑摩書房『精選現代文B　改訂版』（二〇二〇年）の「羅針盤」では、恋愛と出世どちらを選ぶかで葛藤する豊太郎が、肝心のところでは決断できなかった事実を踏まえ、「弱さへの批判と共感」から読み直すとどうなるか、と問いを発している。さらに「舞姫」を豊太郎の物語として読むのではなく、エリスの物語として読むことを提案する。

最初から最後までエリスの立場に立って読んでみても面白いだろう。純情可憐な少女のイメージとは別に、したたかに現実と戦い、敗北していくもう一つの物語が浮かび上がってくるのではないだろうか。

現代を生きる高校生の目線に立った読みの枠組みの模索といっていい。「近代的な自我の目覚めと挫折」という読みの枠組みが更新を迫られていることはまちがいない。

川島幸希『国語教科書の闇』（新潮新書、二〇一三年）は、定番教材である「羅生門」「こころ」「舞姫」はいずれも「後味の悪い話、悲惨な結末の話」であり、「明るい未来はいささかも感じ取れない」と指摘する。中でも「舞姫」に対しては、生徒に嫌悪感を与えているとして、「一刻も早く、高校の教科書から「舞姫」を退場させるべきだ」と辛辣である。「舞姫」を「退場」させることが正しい選択肢なのかはなお議論が必要であろうが、「舞姫」を定番教材として存続させるのであれば、生徒の共感を呼び起こす新たな読みの枠組みを模索しなければならないことは、議論の余地がない。

新しい読みの提案

「舞姫」の新しい読みの可能性を探るために、これまでほぼ自明化されてきた「近代的な自我の目覚めと挫折」という読みの枠組みについて、その有効性を検証してみたい。

豊太郎の「挫折」の始まりは、「所動的、器械的」な自己像に疑いの目を向けたことである。豊太郎は二五歳の今日に至るまで、「父の遺言」「母の教へ」、そして官長が敷いたレールの上を言われるがままに歩んできたことを悔いている。

余はひそかに思ふやう、我が母は余を生きたる辞書となさむとし、我が官長は余を生きたる法律となさむとやしけむ。辞書たらむはなほ堪ふべけれど、法律たらむは忍ぶべからず。

そして自我に目覚めた豊太郎は「奥深く潜みたりしまことの我」に導かれ、これまでとは違うレールを敷こうと試みる。しかし、その自立への階段を登るのを断念したと手記の中で告白しているのが「舞姫」という物語にほかならない。

豊太郎は挫折の原因を生来の「弱き心」と分析する。「我が心はかの合歓といふ木の葉に似て、物触れば縮みて避けむとす」、「余は守るところを失はじと思ひて、己に敵するものには抗抵すれども、友に対しては否とは答へぬが常なり」――豊太郎は自分が弱い人間であることを繰り返し説明する。相沢謙吉の忠告に従って、エリスとの関係を絶つと約束したのも、天方伯から帰国の意志を問われて「承りはべり」と応じたのも、すべては「弱き心」に起因するという。肝心なときに決断ができない脆弱さが心の内なる「まことの我」を封印し、エリスをも裏切る結果となっていたのである。豊太郎の説明は一貫しており、「舞姫」研究史においても、目覚めた自我の基盤の脆弱さが挫折の原因であると捉えられている。

が、はたして本当にそうか。現象的には「弱き心」が豊太郎の挫折の原因であることは間違いないとしても、それだけだろうか。豊太郎が「強き心」を持っていたとしたら、「まことの我」の導くままに帰国の道を断念し、エリスとの愛を貫く、別の人生を選択することができただろうか。

挫折をもたらしたのは、豊太郎が目覚めたとされる「まことの我」に内実がともなっていなかったからではないか。豊太郎はこれまで、父母の教え、官長の命令に忠実だったことによって安定した価値の物差しを内面化していた。国家に有用な官吏となって立身を遂げ、家名を上げることを絶対的な価値と信じ、堅固な自己像を確保することができていた。だからこそ、留学生仲間から外れ、疎んじられたとしても微塵も揺らぐことはなかったのである。

だが、絶対と思われた評価軸に疑念が生じた。豊太郎はそれを「まことの我」の発現と捉えているが、この時点で「まことの我」の実体が見えていたかは疑わしい。「まことの我」の発現は、あくまで現状に対する違和の表出であった可能性が高い。これまでの自己像を相対化しうる、確固たる評価軸を基盤とする自己像を手にしていたわけではなかったろう。つまり、豊太郎にとって「まことの我」の発見は、安定的な同一性を見失うことと表裏の関係にあったのである。その意味で、免官となった豊太郎がエリスと過ごした時間は、自己同一性の問題に焦点化した場合、自己を肯定できる新たな評価の基盤を探すための時間であったといえる。

豊太郎が官長や母親の意に背く道を選んだことは、ひたすら他者の期待に合わせているだけの自分に疑問を感じ、そうした自己形成のあり方からの逃走を試みたと見ることができる。しかし、そもそも自己形成とは他者と無縁に行われるものではあるまい。自己とは、対人関係の中でこそ構築されていくものであろう。周囲の他者からの役割期待、それにどう応じていくべきなのか。受動的にではなく、主体的にありうべき自己を創造していきたいと願っても、他者との関係性の網から逃れることは難しい。

他者を通じてしか自己を知ることができぬ。他者の中でしか存在できぬ。他者との関係においてしか自己は存在せぬ。自己とは？　自己とは？　自己とは？

一九六九（昭和四四）年六月、二〇歳で自ら命を絶った高野悦子の心の叫びである（『二十歳の原点』新潮社）。他者は、自己疎外をもたらす抑圧的な存在として高野の前に立ちはだかっている。しかし、他者は一方で、同一性の枠組みを与え、自己の輪郭を明示的にしてくれる存在でもある。しかも、同一性を強固なものにしてくれるのは、自己肯定への欲望の強度ではなく、むしろ他者からの期待の強度にほかならない。

豊太郎と高野悦子、八〇年の時を隔てた二人の青春像を重ね合わせることには無理があるだろうか。たしかに二人が生きた時代も状況も違う。しかし、自己にとって圧倒的な拘束力を持つ他者と対峙した二人が見ていた風景は、思いのほか似たものだったのかもしれない。ただ、異なっているのは、豊太郎は、生きづらさをもたらしていた他者の期待や社会からの拘束が、自己の存在に欠くことのできない、同一性の確固たる基盤であるという事実を甘受したことである。

土井義隆『友だち地獄』（ちくま新書、二〇〇八年）は、「現代の若者たちは、自己肯定感が脆弱なために、身近な人間からつねに承認を得ることなくして、不安定な自己を支えきれないと感じている」と指摘する。他者は同一性の基盤であり続けているのだ。だとすれば、豊太郎は現代の生徒たちにとっても等身大の人物であり、「舞姫」を学ぶことの意味は、今もなお失われていないといっていいだろう。

＊参考文献＊
・山崎一穎『Spirit 森鷗外』有精堂、一九九〇年
・橋本暢夫『中等学校国語科教材史研究』渓水社、二〇〇二年
・石原千秋『国語教科書の思想』ちくま新書、二〇〇五年
・山崎一穎「文庫版解説」六草いちか『鷗外の恋　舞姫エリスの真実』河出文庫、二〇二〇年
・野中潤「定番教材の誕生「こころ」「舞姫」「羅生門」」筑摩書房の教科書サイト「ちくまの教科書」

26 こころ■夏目漱石■
——平凡な男の死を特別に見せるレトリック

伊藤かおり

作品の成立・刊行

夏目漱石（一八六七〜一九一六）の「こころ」は、一九一四（大正三）年四月から八月まで、『東京朝日新聞』と『大阪朝日新聞』に発表された。連載の回数はともに一一〇回である。第一回は題名に「心」とあり、その後に副題「先生の遺書」と記されている。同年九月に岩波書店から刊行された単行本の「序」には、連載前の構想が連載中から完結後にかけて変化したことにふれつつ、「先生の遺書」だけを単行本にまとめて、それを「上　先生と私／中　両親と私／下　先生と遺書」に区切って、「全体に『心』という見出し」を付したことを述べている。装幀は漱石によるもので、表紙題・扉題は「心」、内題・尾題は「こゝろ」と表記されている。

教科書採択の歴史

「こころ」が国語教科書に初めて採録されたのは、一九五六（昭和三一）年一一月に刊行された『高等国語二』（清水書院）である。採録されたのは、上編の「先生と私」の最初の部分（「私」が「先生」宅を訪問するところから「先生」が自らを「淋しい人間」と語るところまで）だった。これは、現在の読者にとっては意外かもしれない。「こころ」の採録箇所といえば、下編「先生と遺書」の「K」が登場する部分が一般的だと思われるからだ。下編の一節を最初に採録したのは、一九六三年（昭和三八）一一月に発行された『現代国語2』（筑摩書房）である。以後、友情と恋愛の葛藤を描く下編を採録することは、各教科書会社が「こころ」を採録する際の常道となって現在にいたる。なお、教科書採録についての研究の経緯については、井上孝志『高等学校における文学の単元構想の研究』に詳しくまとめられている。

作品の研究

漱石文学の研究史を辿っていくと、日本の近代文学研究のモードが手に取るようにわかるだろう。漱石研究は新しい研究方法が試される実験場のような役割を担ってきた面がある。漱石の各小説の中でも、「こころ」は発表された論文数が圧倒的に多く、その研究史をまとめるだけでも研究的価値がある。紙幅が限られているので、近年の研究動向に接続する分岐点を示しながら研究概観をまとめていく。

同時代の「こころ」研究は、安部能成、小宮豊隆をはじめとする漱石の門下生によるものが中心だった。以後、先生を漱石と重ねて読む見方が支配的となり、「こころ」を漱石自身の生き方やほかの小説と比較しながら考察する傾向が一九六〇年代まで続いていく。「こころ」の語りや構造を分析した優れた研究が花開くのはこの頃からで、以後、江藤淳、山崎正和、作田啓一などによって、「先生」やKに〈近代知識人の孤独〉なるものが読み込まれていくようになる。この枠組みは現在も国語教科書や教室空間の「こころ」の読み取りの前提になっている。

　従来の「こころ」論が「何らかの形で、「先生」の死を美化してきた」ことを指摘した小森陽一「「こゝろ」を生成する心臓」は、石原千秋の「『こゝろ』のオイディプス―反転する語り―」とともに注目を浴び、「こころ」論争のきっかけとなった。議論の中心は、小森が指摘する〈「奥さん」―と―共に生きること〉を青年が選んだ可能性と、石原が指摘する青年による手記の公開意図の問題だった。テクストの細部を繋ぎ合わせ、「こころ」の〈空白〉に青年と静の物語を読んだ両氏の論考は、「深読みがすぎる」と批判される一方で、多様な研究手法による大胆な読み替えに挑む論考が数多く発表される契機となった。

　しかし、のちに佐藤泉がふりかえるように、「こころ」の構造そのものが、これまで議論されてきた問題を根拠づけて説明する決定打を含んでいない。青年である「私」の心に映じた静や「先生」を語る言葉の中には、青年や「先生」たちを相対化するような第三者の視点が介入していないからである。そこに目をつけたのが押野武志の「「静」に声はあるのか―『こゝろ』における抑圧の構造―」である。赤間亜生「〈未亡人〉という記号」もまた、従来の研究史で等閑視されてきた「軍人未亡人」の経済事情を新たな解釈枠として提示した点で注目すべき論考である。近年では、北川扶生子が「軍人未亡人」の記号性とともに、奥さんと先生の関係を「もうひとつの師弟関係」として読む枠組みを提案している。

　この二〇年余りの間、「こころ」は日本語学・比較文学・社会学・教材論や授業実践研究など、近接する学問領域を含め多くの論考が提出されてきたが、意外にも、「こころ」を中心的に論じて新たな解釈を示す論文は多くない。どちらかといえば、〈作家・夏目漱石〉というパッケージの一部として「こころ」に言及する論考やエッセイが多いようである。これは、漱石のメモリアルイヤーの影響や国内外からの〈世界文学〉として期待するまなざしも影響しているだろう。みな「こころ」よりも、〈夏目漱石〉を語りたいのだ。それはかつての作家論と一見似ているようで大きく異なる。今は生身の作家―芸術家―人間としての漱石ではなく、文化としての記号〈漱石〉に需要があるのだ。今後、漱石が教科書教材に残り続けるとしたら、理由はそこにあるだろう。

教材の評価

一九五六年から現在まで、「こころ」は教科書に採録され続けてきた。しかし今、それが危うくなっている。二〇一八（平成三〇）年に告示された高等学校国語の新学習指導要領の中で「文学国語」は名目上残されているものの、大学入試との関わりから実際には履修しにくくなることが予想されている。各教科書会社はその中でも、どのようにしたら「こころ」を採録し続けることができるかを検討しているようだが、実際に教室で教える教員たちはどのようにこれを受け止めるだろうか。

野中潤によれば、漱石の「こころ」が定番教材になるのを支えていたのは、敗戦後の罪障感を抱えたかつての青年たち（敗戦後の日本を「大人」として生きた教科書編纂者や国語教師たち）だという。さらに、筑摩書房が今のように下編のKとの友情と恋愛の葛藤を描く部分を採録したことで、学習者である高校生は青年期の友情と恋愛の葛藤が死の悲劇を導く過程に主題を見出し、授業を構想する側は自己の不信行為による罪の意識からのがれることができず、お嬢さんと結婚した後も、生きる倫理的根拠を失って苦悩する先生の中に〈人間のエゴイズムの根深さ〉という主題を見ているという二重構造が成り立ったことを指摘している。高校生は恋愛と友情をめぐる心理描写に興味を持ち、教員は彼らの年齢や経験からは読み取れない時代の問題（「明治の精神」「近代的自我」など）や倫理的課題について解説しながら彼らの読解を導いていくことが期待されてきた教材といえる。

ところが今、教員ですらテクストにちりばめられた時代の中の言葉や概念をどう説明して良いのかわからないケースが増えている。それもそのはずで、かつての教員たちが戦後の罪障感を先生に重ねて読むことができたのに対し、教室に立つ教員たちの多くが〈戦後〉から解放された世代なのだ。これは現代の大人たちにとっても漱石文学が〈古典〉となりつつあることと呼応している。経験から感覚的にわかる言葉や概念が変わってきた以上、教材研究の方法も見直す必要があるのではないだろうか。

新しい読みの提案

授業では、ほぼ避けては通れないだろう問題がある。それは「Kの自殺」――あるいは「なぜKは死んだのか」という問い――である。一部を除き、Kは先生の遺書の中でしか語られていないため、読者がKの心（内的思考）を読み取ることは形式的に不可能だ。そもそも、人が死を選択した理由をひとつに絞ったり、確定したりすることが難しいことも、私たちは経験的に知っている。それにもかかわらず、学習者に「こころ」が魅力的に映るとき、そこには人の死の理由を知りたい、あるいは確定して安心したいという読者の欲望が原動力として働いてしまう。青年の手記の後に先生の遺書が置かれることで、読者は遺書とともに先生の自殺を受け止め、あたかも先生の自殺がKの自殺を模倣したもののように見える構成になっているからだ。しかし、この二つの自殺は本当に似ているのだろうか？

Kの死後、先生はそれが新聞の記事に「父兄に勘当された結果厭世的な考を起して自殺した」と書かれていたこと、このほかにも「気が狂って自殺した」と書いた新聞があることをKの友人から聞いたと語っている。ところが、先生は「宅のものの迷惑」にならないか、お嬢さんの名前が記事に載らないかなど「始終気にかかっていた」にもかかわらず、忙しさを理由に「殆ど読む暇がなかった」と、目を通していないことを強調している。

当時、「厭世自殺」というのは煩悶する青年の記号だった。一九〇三（明治三六）年に華厳滝で身を投げた藤村操の死は、自殺現場に残した遺書「巌頭之感」への注目によって、当時の学生たちだけでなく、マスコミや知識人にも波紋を広げた。以後、厭世による死とみなされた自殺件数は急激に増えていく。貞包英之の調査によれば、一九〇七（明治四〇）年に八五〇件を超え、一九二〇（大正九）年には一九八一件が確認されている。問題なのは、実際にそれが「厭世自殺」だったのかどうかではなく、「煩悶する青年は厭世自殺を行う可能性がある」という社会的記号が世間に浸透していたことである。

たとえば、実業之日本社社長・増田義一は、一九一六（大正五）年に青年の厭世自殺の理由の典型として、「家庭における新旧思想の衝突」を挙げている。また、雑誌『変態性欲』主宰したことで知られる田中香涯は、一九二四（大正一三）年に「厭世自殺といへばその大部分は青年学生なるが如き有様」と述べている。つまり、Kの死は若き青年の厭世的自殺という意味で世間の好奇の目を集める程度には話題性がありながらも、煩悶青年の自殺というカテゴリーの中では、新思想を実践したい青年が家から勘当されて絶望するというありふれた自殺ということになる。

先生の死も同様だ。いやむしろ、先生を同情的にまなざす青年の手記がなければ、先生の死は、平凡な青年期の自殺よりももっとありふれた〈中年男の自殺〉でしかない。「こころ」が面白いのは、その平凡な男の死を特別に見せるためのレトリックが語りのところどころに散りばめられている点にある。そのひとつが、血の比喩によって語られるKと先生と青年を繋ごうとする苦悩の継承である。この苦悩とは、先生が語る生きた経験から得られる知といってもいい。先生は青年に向かって、「貴方に解らせるように」書いたと強調し、「記憶してください」と繰り返し呼びかけながら、〈特別な私の物語〉を青年に印象づけるように語っているのである。

Kの死がドラマチックに語られることで、それを模倣するかのように死んでいく先生の死は、青年を内面化した読者の目にKと同程度に神格化されて映るだろう。そこへさらに、本来は何の関わりもないはずの乃木大将の殉死というファクターが重ねられる巧妙さがある。

ところが、「こころ」には、Kの死の平凡さ——言い換えるなら、先生の悩みの平凡さを見抜いている人物がいる。妻の静である。

> 「それっきりしか云えないのよ。けれどもその事があってから後なんです。先生の性質が段々変わって来たのは。何故その方が死んだのか、私には解らないの。先生にも恐らく解っていないでしょう。けれどもそれから先生が変って来たと思えば、そう思われないこともないのよ」
> 「その人の墓ですか、雑司ヶ谷にあるのは」
> 「それも云わない事になってるから云いません。然し人間は親友を一人亡くしただけで、そんなに変化できるものでしょうか。私はそれが知りたくって堪らないんです。だから其所を一つ貴方に判断して頂きたいと思うの」
> （上「先生と私」十九）

「親友を一人亡くしただけで」とあるように、静は友人の死という出来事が夫の社会的自己実現を阻み、人付き合いや人柄を変え続けるだけのインパクトを持ち続けるとは思っていないことがわかる。ここから、先生がなぜ自らの心の内を静ではなく、青年にだけ打ち明けたのかが見えてくるだろう。先生が遺書で試みたような印象操作は、知的エリート青年には通用しても、その解釈共同体の外側にいる静には通用しないからだ。Kの死を特別なものとして語ることで、自らの死とそこへ至る半生を同じくらい意味のあるものとして書き遺す営みには、必然的に女の声を抑圧せざるを得ないのである。

＊参考文献＊

・増田義一「青年の厭世自殺は何故に増加せるか」『実業之日本』第一八巻第一七号、一九一五年八月
・田中香涯『現代社会の種々相』日本精神医学会、一九二四年
・安倍能成「『こころ』を読みて」『草野集』岩波書店、一九三六年、小宮豊隆「『心』」『漱石の芸術』岩波書店、一九四二年、江藤淳「『心』における光と闇」『講座夏目漱石　第3巻』有斐閣、一九八一年、山崎正和「淋しい人間」『ユリイカ』第九巻第一二号一九七七年一一月、小森陽一「「こゝろ」を生成する心臓」『成城国文学』第一号、一九八五年三月、石原千秋「『こゝろ』のオイディプス―反転する語り―」『成城国文学』第一号、一九八五年三月（いずれも『漱石作品論集成　第一〇巻』（桜楓社、一九九一年）でまとめて読むことができる）。
・作田啓一『個人主義の運命―近代小説と社会学―』岩波新書、一九八一年
・押野武志「「静」に声はあるのか―『こゝろ』における抑圧の構造―」『文学』第三巻第四号、一九九二年一〇月
・平川祐弘・鶴田欣也編『漱石の『こころ』どう読むか、どう読まれてきたか』新曜社、一九九二年
・木股知史「夏目漱石『こゝろ』」『国文学　解釈と鑑賞』第五八巻第四号、一九九三年四月
・赤間亜生「〈未亡人〉という記号」小森陽一・中村三春・宮川健一郎編『総力討論　漱石の『こゝろ』』翰林書房、一九九四年
・井上孝志『高等学校における文学の単元構想の研究―「こゝろ」（夏目漱石）の教材解釈と実践事例の検討を通して―』溪水社、二〇〇二年
・佐藤泉『漱石　片付かない〈近代〉』ＮＨＫブックライブラリー、二〇〇二年
・野中潤『横光利一と敗戦文学』笠間書院、二〇〇五年
・仲秀和『『こころ』の研究史』和泉書院、二〇〇七年
・貞包英之「スキャンダルとしての自殺―20世紀前半の「厭世自殺」の歴史社会的分析」『山形大学紀要（社会科学）』第四五巻第二号、二〇一五年二月
・北川扶生子「戦死者遺族からみる『こころ』―軍人未亡人の家―」『日本文学』第六四巻第一二号、二〇一五年一二月

27

羅生門■芥川龍之介■

——文学的な〈読みの方法〉を学ぶ意義

多比羅　拓

作品の成立・刊行

「羅生門」は一九一五（大正四）年九月までに脱稿、同年一一月に雑誌『帝国文学』に掲載されたものが初出である。一九一七（大正六）年に刊行の短編集『羅生門』（阿蘭陀書房）、一九一八（大正七）年に刊行の短編集『鼻』（春陽堂）に収録され、その都度改稿がなされた。結びの一文が「下人の行方は、誰も知らない。」となったのは、短編集『鼻』所収の「羅生門」であり、現在のテクストもこれに拠っている。

教科書採択の歴史

現在では「定番教材」としてすべての教科書が採用している「羅生門」だが、芥川龍之介（一八九二〜一九二七）の作品としては登場が遅く、その初登場は戦後である。「羅生門」の教科書教材化は一九五七（昭和三二）年に数研出版、有朋堂、明治書院で採録されたのが最初である。この時点では高二以上を対象とした科目での採録で、高一向け教材の端緒となったのは一九五八（昭和三三）年の三省堂による採録である。その後、学習指導要領改訂の度に「羅生門」の採録率は高まっていく。一九七三（昭和四八）年「現代国語」開始時に四〇％、一九八二（昭和五七）年「国語Ⅰ」開始時に八三％となり、二〇〇三（平成一五）年「国語総合」開始時につに一〇〇％となった。それ以後の「国語総合」も同様である。

現在では小説教材の基礎として、教科書内の配列においても比較的早い時期での学習が想定されている。

作品の研究

「羅生門」は、芥川の第一短編集『羅生門』の表題となり、その冒頭を飾る作品として芥川自身の思い入れの深い作品であったようだ。同時期に執筆され漱石に激賞された「鼻」に比べると、当初は脚光を浴びた作品ではなく、仲間の久米正雄や松岡譲らの評価は低かった。『羅生門』刊行時の肯定的評価として、江口渙が「芥川君の凡ての長所が自然に現れてゐる」「推奨措く能はざる者」（「芥川君の作品」）としているが、江口は『羅生門』出版記念会の発起人として芥川と関係が深く、その延長線上に位置づけられよう。

しかし、「羅生門」についての論考や研究は、作品誕生から一〇〇年を過ぎた今日まで続き、作家論、作品論、テクスト論など文学研究の動向に応じて研究が進められた。教科書教材としての歴史も長いため、教材研究も並行して進められ、授業における実践のあり方も模索されてきた。それだけの研究に耐えうる多面性を持っている作品と言えよう。

「羅生門」の主題については、まず「エゴイズムをあばいてゐるもの」(吉田精一『芥川龍之介』)を基軸として、「善にも悪にも徹底しえない不安的な人間の姿」(吉田精一『芥川龍之介』)、「善と悪を同時に併存」する「矛盾体としての「人間」そのもの」(駒尺喜美「芥川龍之介論―その精神構造を中心に―」)、「追いつめられた限界状況に露呈する人間悪であり、いわば存在そのものの負わねばならぬ苦痛」(三好行雄「無明の闇―『羅生門』の世界―」)が指摘されてきた。この流れの中で作品世界に作者の「虚無の所在」を見出し「陰鬱な主題をはらむ小説」(三好行雄)として「陰鬱」さを読み取る一方、近年では「生の閉塞状況をつき破る若さ」(首藤基澄「読む『羅生門』」)、「カタルシスを実現した明るさ」「さまざまな束縛からの解放の叫び」(関口安義「座談会『羅生門』を読む」ほか)といった「自己解放の喜び」「一人の人間の自立への歩み」「新しい世界への旅立ち」(関口安義)が強く主張されている。これらの考察には当初、芥川龍之介の自死に至った人生が影響を及ぼしていたが、近年では自身の回顧(「あの頃の自分の事」など)や新たに発見された草稿ノート、草稿原稿などを援用しながら総合的に解釈されるようになっている。

「羅生門」成立に先立つ他作品との関連や影響関係についても多くの指摘がなされてきた。「羅生門」が『今昔物語集』を下敷きにしていることは広く知られている。『今昔物語集』との詳細な比較(長野甞一『古典と近代作家―芥川龍之介』)のみならず、下人や老婆の造型において芥川自身が「今昔物語鑑賞」で述べた「brutality(野生)の美しさ」を踏まえる考察や、下人の抱く衝動的な「あらゆる悪に対する反感」について、芥川が一高在籍時に同校で行われた徳富蘆花の講演「謀叛論」との関連も指摘されている(関口安義)。

基本的に「羅生門」は芥川龍之介と切り離されずに論じられる傾向が強い作品である。しかし作家としての芥川龍之介から離れた立場から解釈を行った研究も進んでいる。物語内の「羅生門」という空間に着目し、〈境界〉性を見出す論考(平岡敏夫「「羅生門」の異空間」)、「通過儀礼の儀式の言語空間化」とする指摘(三谷邦明「座談会『羅生門』を読む」)、テクスト論の観点から「自己顕示する語り手」の存在の指摘(石原千秋「テクスト論は何を変えるか」)などがある。

他に生徒との読みを前提とする授業実践や教材研究としての論考も多数見られる。この点については別項で扱いたい。

教材の評価

「羅生門」が一九五七年に教科書に登場して以来、長きにわたって読まれ続けてきたこと自体、既に教材の評価の高さを表している。一方で何を評価するかという点は、作品研究の多様さを踏まえても必ずしも一つに限定されない。加えて教室で生徒と読むという営みは個人の読書と異なり、文学研究の成果がそのまま授業にスライドできるとも限らない。

では教材「羅生門」にはどのような要素が期待されるのであろうか。まず文学的な〈読みの方法〉を学ぶ意義が挙げられる。下人の心理の変化、飢え死かと盗人かという葛藤、老婆と下人の対立などの作品解釈に関わる観点、時間や場面の推移や転換、天候や羅生門の寂れ方の情景描写、様々な動物に準える比喩表現、ストーリーとプロット、語り手や焦点化ゼロの物語言説の問題などの物語叙述的な観点、読者に創造的な読みの余地を残す末尾の一文の想像的・創造的解釈などが挙げられる。また、昨今の学習活動に求められる現代文と古典との横断的な読解にも適合する領域である。『今昔物語集』は説話で読みやすく比較も容易で、発展的な学習内容として指導書に資料として掲載されていたが、教科書本体にも掲載して両作品を並置するものも増えている。

また他の定番教材との関わりも深い。「山月記」での李徴の深い内面的な葛藤や、先行する古典をモティーフにした作品の読解の土台になろう。「こころ」「夢十夜」は芥川龍之介と関係の深い夏目漱石の作品で、両者のエピソードも豊富なことから調べ学習にも発展しやすいはずだ。

ただし作品を解釈する生徒は、芥川龍之介を「知らない」。芥川自身の失恋問題や草稿ノートなどの創作過程、「偸盗」と関連づけた位置づけ、『今昔物語集』の「野生の美しさ」の投影など、「羅生門」研究は作者と切り離されない作品論として論じられたものが多い。しかし、芥川を知らない生徒はテクストしか拠り所を持たない。生徒は自身の経験に則した主観的または直観的な読解か、作者を排したテクスト論的な読解しかできない。芥川龍之介と「羅生門」が有機的につながった際の総合的な〈読み〉を目指すのか、作品そのものから精緻に立ち上げた限定的ではあるが分析的な〈読み〉を目指すのか。この両者に優劣はないが、立場を曖昧なままに授業を進めることには十分に留意する必要があろう。

最近ではALや問題解決学習が教育現場で求められている。複数テクストの比較や作品の立体化（舞台化）、「その後の下人」の想像がその典型であろう。このような教育活動にも十分に対応してきたように、「羅生門」はこれまでの度重なる学習指導要領の改訂とそれに伴う学習活動の変化にも対応し得る幅広さを持ち合わせていた。そのことが「羅生門」の定番教材化の一つの理由であったとする指摘もある（幸田国広「「定番教材」の誕生」）。今後も国語の学習活動において「羅生門」が果たす役割は少なくないだろう。

「羅生門」が「芥川が一生に一度しか書かなかった類の、積極的な意欲に満ちた作品」（笹淵友一「芥川龍之介『羅生門』新釈」）であり、芥川を代表する小説とされ、すべての教科書に採用される「国民教材」としての価値は現場の教員に支持され、ゆるぎないものとなっている一方で、作品そのものは二者択一と言ってもいい「単線的な選択」という指摘がなされ（石原千秋「テクスト論は何を変えるか」）、「ぜひこれを高校生に読ませなければならないという決定的な理由は何か」「他人ごととしてわかった気になって終わりということになってしまうのじゃないか」「高校生の内面をゆさぶるようなアクチュアリティーを持ちうるのか」という指摘（田近洵一「座談会『羅生門』を読む」）も忘れてはなるまい。

関連する作品

芥川龍之介の作品は、戦前から中学校（旧制）や高等女学校の国語の教科書に多数採録されてきた。多く採録されたのは「戯作三昧」「蜘蛛の糸」「蜜柑」「手巾」であった。

一九五七年以降の高等学校の教科書での「羅生門」の採録数は二二二回で、それに次ぐ、「鼻」の四四回の約三倍以上である（二〇〇三（平成一五）年まで、阿武泉「高等学校国語科教科書における文学教材の傾向」による）。

戦前から戦後の変化について、自分だけが助かろうとするエゴイズムを否定しているのが「蜘蛛の糸」であり、他者を踏み台にしてでも生き延びようとするエゴイズムを容認するのが「羅生門」であるという指摘がある（幸田国広「「定番教材」の誕生」）。このエゴイズムの問題は他の定番教材「山月記」「こころ」「舞姫」にもつながっていく要素である。

また「鼻」は一九七三（昭和四八）年以降、「羅生門」との採録率が逆転し、近年では採録は多くない。「羅生門」の教材としての扱いやすさに加えて、「鼻」が話題的に身体の特徴を扱うものであることが理由であろう。

新しい読みの提案

「羅生門」はさまざまな観点からの切り口や授業形態に対応し得る作品であって、冒頭の京の荒廃から始まり羅生門で下人が遭遇していく出来事を暗示するような不気味な描写、天候と下人の心象の連動、下人の揺れ動く心情、老婆の演説、改稿された結末と余韻の残る末尾の一文まで、余すところなく焦点が当てられてきた。これまで何度も「羅生門」を授業で扱ってきたが、なかでも生徒の関心が深いのは末尾の一文であった。そこで、末尾の改稿と物語の必然性について考えてみたい。

末尾の一文は二回の改稿を経て現在の形となった。
Ａ　下人は、既に、雨を冒して、京都の町へ、強盗を働きに急ぎつゝあつた。（『帝国文学』）
Ｂ　下人は、既に、雨を冒して、京都の町へ、強盗を働きに急いでゐた。（『羅生門』）
Ｃ　下人の行方は、誰も知らない。（『鼻』）
ＡからＣへの改稿点は、①天候の削除、②場所の削除、③目的の削除と朧化である。またＣの結末は、物語に余韻を持たせて読者に解釈を委ねる方向性で考えられている。ただし、下人の行方に幸運や明るい未来を想定する生徒は少ない。生徒が下人に感じる危うい将来は何に起因するのだろうか。

まず夕刻からの短い時間で「飢え死」から「盗人」へ、正義から悪へと対極的な判断へ移り変わってしまう下人に、さらに老婆の言葉という外発的要因により行動していく過程に受け身的な消極性を感じ、そこに積極性や成功を予想することが難しいと感じるようだ。もちろん「黒洞々たる夜」という描写も作用しているだろう。たとえば「いつの間にか雨も上がり」や「あたりの暗さが薄らいで来た」という「山月記」風の描写があれば、解釈も変わっていったかもしれない。

同時にその消極的解釈には、下人の内面的な判断や外界の描写のみならず、物語そのものの持つ構造的な展開も影響を及ぼしているのではなかろうか。下人を引剥ぎへと駆り立てた老婆の話を改めて整理すると次のような流れになる。

ａ１【女】は人々に蛇を魚と偽って売った悪人である。

ｂ１【女】は［老婆］に髪を抜かれても仕方がない。

ａで「仕方がない」【悪を働く者】は、ｂで［新たな誰か］から「仕方がない」〈悪〉を被る。この構造は次の場面ａ２・ｂ２でｂ１の［新たな誰か］である老婆に適応される。

ａ２【老婆】は女の髪を抜く悪人である。

ｂ２【老婆】は［下人］に着物を奪われても仕方がない。

構造は繰り返されることで安定をもたらすと同時に、ある種の既定路線となる。ａ２で「仕方がない」【悪を働く者】老婆は、ｂ２で［新たな誰か］として登場する下人から「仕方がない」〈悪〉を被る。物語はここで終わる。しかしその先のａ３・ｂ３を読者は読み取るのである。それは次のような形をとるはずだ。

ａ３【下人】は老婆の着物を奪う悪人である。

ｂ３【下人】は［新たな誰か］に〈悪〉されても仕方がない。

そしてその先のａ４・ｂ４で【悪を働く者】も次の「新たな誰か」から〈悪〉を被るのであろう。物心ともに荒廃した洛中であれば、そこに不思議はない。そう思わせる力が洛中には働いている。下人の行方は洛中ではないかもしれない。しかし結論は同じである。「洛中が荒廃する」という事態を異常と捉えるには「洛中は秩序が働く場である」という前提が存在するからである。このことは同時に「洛外は秩序が働かない場である」という前提を暗示する。

この構造を下敷きにした場合、下人の「強盗を働きに急ぐ行動は不都合なものとなる。なぜなら下人に次に用意されているのはｂ３であり、〈悪を被る〉側への転換であり、〈悪を働く者〉ではないからである。

改稿という観点で言えば、本来は芥川による改稿より前に存在した『今昔物語集』を起点とすべきであろう。「盗セムガ為ニ京ニ上ケル男」「此ノ事ハ、其ノ盗人ノ人ニ語ケルヲ聞継テ」とあるように、当初「盗人」だった男が「下人」となり、末尾も「盗人」要素が改稿を経るたびに希薄になっていく。前田愛は「下人が盗賊になる物語」「ある状態（下人）から別の状態（盗賊）への移行」という形式（『増補　文学テクスト入門』）とした。たしかに下人は老婆から着物を奪って立ち去った。しかしその突発的かつ短絡的な行為から盗みを生業とする決意には飛躍があろう。むしろ「下人が盗賊になれない物語」「ある状態（加害者）から別の状態（被害者）への移行」という形式」を持っており、そこに近づいていくような改稿がなされたと見なせないだろうか。

実のところ、実際の授業では、改稿の過程Ａ・Ｂがない状態、すなわち教科書の本文Ｃのみでも同様の問題提起は行える。物語の持つ形式や構造は『今昔物語集』との関連や芥川龍之介という存在など、全く予備知識を持たない生徒たちでも引き出し得る。生徒に対して「書かれていることをどう読むか」だけでなく、「書かれていないことをどう読むか」を考えるきっかけとなることを期待したい。

参考文献

・三谷邦明・鈴木醇爾・関口安義・田近洵一「座談会　『羅生門』を読む」『日本文学』第三三巻第八号、一九八四年
・関口安義『「羅生門」を読む』小沢書店、一九九三年
・志村有弘編『芥川龍之介『羅生門』作品論集成１・２』大空社、一九九五年
・幸田国広「「定番教材」の誕生――「羅生門」教材史研究の空隙――」『国語科教育』七四号、二〇一三年九月
・国語教室編集室「国語教室　特集：羅生門一世紀」『国語教室』一〇二号、二〇一五年一一月

28 山月記■中島敦■
——次に虎になるのは誰か？

安松拓真

羞（はずか）しいことだが、今でも、こんなあさましい身と成り果てた今でも、己（おれ）は、己の詩集が長安風流人士の机の上に置かれている様を、夢に見ることがあるのだ。岩窟の中に横たわって見る夢にだよ。嗤（わら）ってくれ。詩人に成りそこなって虎になった哀れな男を。

虎となった「哀れな男」は、自作の詩が収められた本が日本中の机の上に置かれ、全世代にわたって己の名が知られる運命にあったことなど、夢にも思っていなかっただろう。

「山月記」は、古代中国を舞台とし、虎へと変身した詩人・李徴（りちょう）と、かつての友人・袁傪（えんさん）の語らいが中心となった作品である。人喰い虎が出るとの噂を聞いた袁傪一行は虎になった李徴と出会い、彼の独白に耳を傾ける。

作者・中島敦（一九〇九～一九四二）の名前とともに、高校の国語教材として圧倒的な知名度を誇り、「羅生門」「こころ」「舞姫」とともに、「四大定番教材」と並び称される。

作品の成立・刊行

中島敦は作家を志しながら、横浜高等女学校で教師を勤めており、この時期には草稿ながら「山月記」を執筆していた。しかし、持病の喘息が悪化し、療養のために一九四一（昭和一六）年の六月、南洋庁内務部地方課へと転職する。南洋への赴任前に、師である深田久弥に「山月記」を含む「古譚」と名付けた小篇四篇から成る原稿を託した。そのうち、翌一九四二（昭和一七）年七月に雑誌『文学界』に掲載されたのが、「山月記」「文字禍」の二作品であった。華々しい文壇デビューを飾った中島敦であったが、同年の一二月には喘息の悪化により没す。代表作として知られる「弟子」や「李陵」は、後年遺稿として発表されたものであった。

没後、一九四八（昭和二三）年には釘本久春らの手によって『中島敦全集』全三巻（筑摩書房）が出版される。当時、言論統制から解放された出版業は好況であった一方で、巷には悪書が出回っていた。そこで、各出版社は「良書」の代表格として文学全集を次々と刊行していた。こうした文学全集ブームのもと、一九四九（昭和二四）年にはこの全集が毎日出版文化賞を受賞する。作家・中島敦の名前は漢文のイメージと共に広まっていき、「李陵」や「山月記」はより有名な作品となった。一方、この文学全集では中島敦自身が編んだ小説集『光と風と夢』での扱いとは異なり、「山月記」は「古譚」の一篇としては扱われていなかった。全集の刊行によって「山月記」は単独の作品として読まれることになったのだ。

教科書採択の歴史

「山月記」がはじめて教科書に採択されるのは一九五一（昭和二六）年のことであり、二葉と三省堂の二社に掲載されている。検定教科書制度が開始した一九四九年、高等学校の国語教科書は一種のみしか通過することができず、出版社は是が非でも文部省の検定を通さなければならない状況にあった。そのため、検定を通過する可能性を少しでも上げるべく、国定教科書に掲載されていた作家を選ぶ傾向があった。中島敦の作品のうち「弟子」が、第六期国定の『中等国語』に孔子案内のために掲載されていたことは、採択の一因とみられる。先述の出版賞の受賞も相俟って、中島の有名作として「山月記」が選ばれたのだろうが、やや疑問も残る。

教科書掲載を境に、評価の未だ定まっていなかった「山月記」は多数の国文学者・国語教師により盛んに議論が重ねられるようになる。そこで見出されたのは、作品の「主題」を追い求めて読む手法であった。一九六〇（昭和三五）年にかけて「主題」や「作者の意図」を目指す読み方が確立される。一度そうなったが最後、「山月記」は日本の「国語」教育の中心的な作品として読み継がれていく。

事実、二〇一七（平成二九）年検定済の『現代文B』の教科書を出版している九社（教育出版、桐原書店、三省堂、数研出版、第一学習社、大修館書店、筑摩書房、東京書籍、明治書院）の全てに「山月記」は掲載されている。次期学習指導要領は教科書の大幅な内容変更が期されるが、「山月記」は青年の悲劇を描く感動的な、あるいは道徳的な「文学」として読み継がれていくことになるのであろうか。

作品の研究

研究において、まず「山月記」に求められたのは、文学研究の立場からも教室においても最重要視される、「主題」であった。文学研究者の読解や批評、現場での実践報告などからやがて導き出されたのは、李徴が虎になった原因として自ら口にする、「臆病な自尊心」と「尊大な羞恥心」や、袁傪が李徴の詩から看取する「何処か（非常に微妙な点に於いて）欠ける所」であった。制御しきれぬ自己、人間性の欠如がもたらした悲劇、という読み方は教育現場の方からも積極的に提言され、やがてそれは作者・中島敦の自我の問題へと結び付けられていくことになる。

また、「山月記」の草稿と、原典となった唐の李景亮による「人虎伝」との比較が詳細に検討されていくにしたがって、中島敦の「意図」を明らかにする試みは、極めて実証的に行われていった。やがてその成果は、李徴を中島敦の分身とする読み方へと発展していき、近代的自我意識の分裂に苦しむ姿や、家族を抱えながら作家生活に専念できない葛藤と重ね合わせて論じられるようになっていく。ここまで述べてきたような、教育現場で今もなお根強く支持される読み方は、一九七〇年代頃から大きくその形を変えてはいない。

やがて文学研究は作家研究から広がりを見せ、西洋の理論を受容していくことになる。一九八〇年代頃からは、心理学的なアプローチや物語理論を用いて「作者の意図」や「主題」からテクストを解放しようという動きが起こっていく。虎／人という二項対立的な読み方を解体していくもの、李徴の語りの中に数多くみられる矛盾を解きほぐしたもの、李徴の詩が文字として記録されることの意味をデリダの〈エクリチュール〉の理論を援用して解釈したもの、語ることを通して李徴は自らを〈劇化〉したと読むものなど、独自の読みを打ち立てるような労作が数多く存在する。

しかし、文学研究者と教育実践者が共に作品の探究をしていた戦後間もない頃の活況は見る影もない。〈文学〉側は定番教材の権威性そのものに批判的な立場から新たな読み方をあの手この手で提示し続けるのに対し、〈教育〉側は作品の読みよりも、教授法や理論へと傾倒していく、いわば〝埋められぬ溝〟が見え始めるのも、この頃のことである。

教材の評価

「山月記」がこれほど長きにわたって教材として掲載されてきたのは、やはり〈人間性が欠如した李徴が自尊心を拗らせて虎になってしまった悲劇〉とする読み方が支配的であったためであろう。「あなたたち（わたしたち）は、李徴のような人間になってはいけません」という道徳的な〝お説教〟は、生徒たちに読ませるにはうってつけのものであったのだ。

戦後間もなく、「期待される人間像」が文部省から打ち出されると、李徴はその対極にある人間として読まれる。己の夢想を追い求めて現実を見ず、才能を過信して本当の意味での努力もせず、仲間とも協力しない人間が生きる社会など存在しない、ということになるだろうか。あるいは、オイルショックが起こって世の中が不安定になると、妻子を見捨てた人でなしの李徴は、人間性が欠けているが故に虎になったのだ、と読まれる。こうしたお説教は、教室という特殊な空間においてはある種の普遍性を持っている。そのため、李徴を貶すための価値観＝〝理想的な人間像〟が社会の方で変わっても、結局彼の性情に責任があるのだという読み方を変える必要はなかったのだといえよう。

一九八〇年代に入り、文学研究の方から「主題」主義や道徳的な価値観に対する反省が提出され、新たな読みが数多く提案されるようになった。しかし、今でも教科書会社の指導書を読むと、たとえば「自尊心のため他者との関係をもつことができず、人間性を喪失してしまったと後悔する李徴の姿に共感、あるいは反発して読むことができたならば、それは生徒にとって自らの生き方を考え直す第一歩を踏み出したことになるだろう」（大修館書店『現代文Ｂ』指導書）という言葉が躍る。人が死ぬこともなく、性的な描写もなく、しかも漢文との接続も視野に入れることができる。加えて、生徒自身の生き方を考えさせ（仲間と協力しているか？　人に優しくしているか？　全力で努力しているのか？）、時代が求める「人間観」を教育することができる。虎となった李徴は、教室で長年生徒たちの反面教師として読まれ続けてきたのだ。

関連する作品

原典となる「人虎伝」は、比較検討の資料として教科書にしばしば掲載される。特に中島敦の独自性が窺えるのが虎になった原因について独白する場面であるために、「主題」や「作者の意図」をあぶり出すために用いられてきた。

しかし逆の見方をすると、「山月記」にはない描写も散見される。「人虎伝」の末部では李徴の息子が父の変身の事実を知ったこと、袁傪が貧窮した李徴の妻子に俸給を分け与えて助けたこと、出世の道を歩んだことなどが述べられており、注目に値する。

また、早くから「古譚」の枠組みで捉える研究成果がありながら、関連作品として教科書会社が「人虎伝」やカフカの「変身」ばかりを取り上げるのは残念だ。そこで、「山月記」を「古譚」の中の一篇として解釈するために重要なことを述べておきたい。

まず、『文学界』で同時に発表された「文字禍」では、文字そのものへの疑いが描かれている。文字の線がバラバラに分解され、それ自体が意味を失っていき、過剰な言葉の数々＝無意味性の中に埋もれていく老博士の発狂を描いた悲劇である。「山月記」の掲載当初、共に読まれたこの作品の根幹には、言葉の不確かさ、あるいは言葉への不信が漂っている（円城塔の同題短編集も同様の意識をＳＦ調の世界観で描いている）。李徴が生涯を捧げた漢詩とは、一字一字を吟味するものであり、永代にわたって名を刻むために必要なのもまた、文字であるはずなのに、だ。

「古潭」の中で「文字禍」以上に注目されるのは、「狐憑（きつねつき）」である。部族の青年・シャクは突然、鯉や隼、牧狼らの

「種々雑多」な生き物たちに取り憑かれるようになり、「譫言」を口にするようになる。シャクの物語は人々を惹きつけてやまないが、この作品中ではその物語の内容は一切語られていない。

空想物語の構成は日を逐うて巧みになる。想像による情景描写は益々生彩を加えて来る。（中略）但し、こうして次から次へと故知らず生み出されて来る言葉共を後々迄も伝えるべき文字という道具があってもいい筈だということに、彼は未だ思い至らない。今、自分の演じている役割が、後世どんな名前で呼ばれているかということも、勿論知る筈がない。

こうしたシャクのありようは、己の詩文を後世まで残すことを渇望し、名を歴史に残そうとした李徴とは対照的である。物語を失ってしまったシャクは、怠惰を理由に部族から排斥され、最後には長老の恨みを買い、喰われてしまう。人を喰ってしまう凡人・李徴と、誰にも知られず名が埋もれて喰われてしまうシャク。言語という悲劇に見舞われた二人は、陰と陽の関係にある。

新しい読みの提案

作品の大部分が李徴の語りということもあって、語り論の視座からの分析には、多くの研究の集積がある。なぜ虎になったか、ではなく、なぜ彼は悲劇的に自己のことを語る必要があったのか、なぜ袁傪という聞き手を必要としたのか、という問いに切り替えていくことが、「主題」的な読み方からの脱却の一歩目になる。

また、先の「狐憑」も念頭に置くならば、「山月記」を言語が存在したがゆえにもたらされた悲劇、として読むことができないだろうか。二〇一八（平成三〇）年度に告知された次期学習指導要領によれば、国語という教科の目標は（3）「言葉のもつ価値への認識を深める（後略）」ことだという。また、「言葉のもつ価値には、言葉によって自分の考えを形成したり新しい考えを生み出したりすること、言葉から様々なことを感じたり、感じたことを言葉にしたりすることで心を豊かにすること、言葉を通じて他者や社会と関わり自他の存在について理解を深めることなどがある。」とも定義される。つまりは、言語を必死に学ぶことで、新しい考え方が身につき、それを言葉で表現することで心が豊かになり、他者や社会に認められるように思えてくる。が、それならば李徴は、幾らかは幸せな人生を送れていたのではないだろうか？

言葉の価値というのは、まるで肯定的な機能を前提視しているようだが、むしろ人を制限したり、無意識が現れたり、万能でなく時に人間を苦しめたりするのが言語というものではないか。

叢の中の袁傪は、一度「一匹の猛虎が叢の中から踊り出」てからは、決して姿を現さない。袁傪は「その声は、我が友、李徴子ではないか?」と尋ね、「見えざる声と対談」する。李徴が虎であるという事実を支えるのは、彼が語るファンタジックな言葉の数々に他ならない。袁傪が対話していたのは、李徴ではなく、あくまで叢から聞こえてくる声なのだ。李徴という自我には、虎という肉体は与えられていない。果たして本当に虎になったのかも分からない、その危うさの上にこそ、李徴の悲劇は成り立っている。李徴が虎になったことは事実としてではなく、あくまで言語による語りとして袁傪に、そして読者にも提示されている。「見えざる声」という表現は、そのことを端的に言い当てているのだ。実際に袁傪が虎となった友に会うのは、彼が語りをやめてからのことであった。

また李徴は、「我が為に伝録して戴きたいのだ」と言い、「長短凡そ三十篇」を読み上げる。しかし、この作品内で紹介される詩は、「この虎の中に、まだ、曾ての李徴が生きているしるしに」と詠んだ即興の詩の方であった。「たとえ、今、己が頭の中で、どんな優れた詩を作ったにしたところで、どういう手段で発表できよう。」と彼は言う。だが、読者の前にもたらされるのは「手段」がないはずの虎になった李徴の漢詩だ。どれだけ望んでも、己が残したかった言葉は、残らない。語りの言葉が悲劇を演出する一方で、本当に語りたかったこと(=人間時代の詩作)は、言葉として残ることがない。ならば、言語とは何のためにあるのだろう?

言語の価値を過信する次世代の国語教育においてこそ、言葉によって生み出される悲劇を見つめ、「言葉の価値」だけでなく言葉がもたらす破滅や限界、不可能性について考える必要がある。冒頭で紹介した、李徴の虚しい願い。彼を嗤い続けた七〇年の歴史に終止符を打たねばなるまい。そうでなくては、次に言葉に取り憑かれて虎になるのは、誰なのか。

参考文献

・勝又浩・山内洋編『中島敦『山月記』作品論集　近代文学集成⑩』クレス出版、二〇〇一年
・佐野幹『「山月記」はなぜ国民教材となったのか』大修館書店、二〇一三年
・前田角蔵「文学教材「山月記」の可能性について」『日本文学』第六五巻第一号、二〇一六年一月
・高木信「分かってもらえない内面を語るということ、あるいは中島敦「山月記」論・補遺:李徴も袁傪も理想化しない教え方に向けて。教室のなかのテクスト論1.1」『相模国文』第四五号、二〇一八年三月
・千田洋幸「自己物語の戦略——「山月記」を読み直す」『現代文学史研究』第二九集、二〇一八年一二月

29 俳句・短歌
――正岡子規・与謝野晶子を例として

菅　俊輔

作品の成立・刊行

明治にあって短詩型文学革新の旗手であった正岡子規。そして、特に近代短歌においてその鮮烈な作風をもって、文学界や当時の社会に対して多大な反響を巻き起こした与謝野晶子。中学校や高等学校において俳句・短歌を学ぶ際、今日に至るまで定番教材として長年にわたり掲載されているこの二人の作品に、触れる機会は非常に多い。

正岡子規は一八六七（慶応三）年、伊予国松山に生を受けた。徳川時代の終焉と明治時代の幕開けとの、まさに過渡期である。幼名を處之助、後に升、名は常規。短詩型文学の中興の祖として、近代俳句の創成と短歌の革新運動をはじめとする様々な表現活動にその命を燃やし続けた、近代文学における巨星の一人である。明治日本の言語表現の在り方の一端を方向づけたといってよい。人生はわずか三五年で、一九〇二（明治三五）年に死去。その人生の短さと、俳句・短歌の創作活動や評論・随筆等といった、成したことの量・価値との対照。遺し、作り上げたものの意義はあまりにも大きい。

与謝野晶子は、一八七八（明治一一）年生まれ、旧姓鳳、本名は志やう。二〇歳を過ぎて迎える、妻帯者であった与謝野鉄幹との道ならぬ恋や、当時の女性に求められる社会的価値観や既成概念を打ち破り、女性の内面を臆さず表出した第一歌集『みだれ髪』（一九〇一（明治三四）年）の発表。それらにより、当時の文壇や社会に大きな波紋を起こすとともに、雑誌『明星』での発表を通してロマン主義の中心人物として活動した女流歌人である。日露戦争時、弟を思って発表された「君死たまふことなかれ」や、『源氏物語』の現代語訳、評論活動等を通し、意欲的に文学活動を重ねた。一九四二（昭和一七）年に死去。

教科書採択の歴史

正岡子規に関しては明治以降、その俳句・短歌や随筆等が戦前の国定教科書（小学校尋常科）や旧制中学校・女学校等で使用された教科書に数多く記載されている。与謝野晶子も昭和にかけて、短歌を中心に記載されている。ここでは戦後の新学制による小学校・中学校の発足（一九四七年）を経た、高等学校の発足（一九四八年）以降の採用の状況に軽く触れたい。二人の作者は、作品としての俳句や短歌が多岐にわたるため、中学校でも高等学校でも、教科書や便覧等に採用されている作品は幅広く、多様である。正岡子規自身の俳句もしくは短歌は一九五〇（昭和二五）年の段階ですでに複数の教科書に掲載されており、与謝野晶子の短歌に関しても同様である。一九五〇年以降長期間、あるいは複数の教科書会社に教材として採用されている作品については、中学校との関連や重複等も含め、それぞれに一定程度の共通が見出される。

作品の研究

その中でも特に正岡子規に共通する代表的な句として、

①いくたびも雪の深さを尋ねけり（一八九六（明治二九）年）

が挙げられる。病を得て身動きの自由を失いつつある正岡子規が、冬に障子が閉めてある室内から、家人に向かって何度も何度も、自分では見えない雪の深さを尋ねたその実感を、感慨を込めて詠んだものとされる。伊予松山の出である正岡子規にとって、雪そのものが、異質で体験を伴った実感を得づらいものであったのであろう。彼自身の子どもらしい純真さが表出されたものとも言え、自身の純真さに対して、一歩引き、病床の身を客観視して詠んでいるものとも言える。

そして、与謝野晶子に共通する代表的な歌に、

②清水へ祇園をよぎる桜月夜こよひ逢ふ人みなうつくしき（一九〇一年）

がある。「桜月夜」という特別な状況下にて、行き交う人が皆美しく見えるとはどういうことか。なぜ美しく感じるのかは、この歌で直接的には示されていない。しかし、「祇園」という場所の意味する華やかさ、満開の桜とともに照り輝く月を思い起こさせる「桜月夜」、昨日でも明日でもない「こよひ」、そして夜桜を見ようと祇園をよぎり清水へと足を運ぶという行為。そういう、特別で季節感溢れる語をもって表現をしたこの歌には、非常に豊かな色彩感覚や与謝野晶子の高揚感、満ち足りた感情を見て取ることができる。

教材の価値・関連する作品

正岡子規の①の句を、「何度も雪の深さを尋ねたなあ。」と簡潔に訳さえすれば、この句の【表現自体の意味】を想起するには十分事足りる。そして【その一時の彼の言動】という視点を加味すれば、彼が家人に向けて何度も何度も雪の深さを尋ねたことを、子どものように雪に興味を示す自身の純真な姿として象徴したり、純真さに対して一歩引き自身を客観化したりしながら、感慨を持って詠んでいると捉えることもできる。そうした価値づけをもって、表現の解釈を終えようとすれば、学習として完結できる句でもある。また、「いくたび・も・雪・の・深さ・を・尋ね・けり」と単語に分け、

文法上の意味や表現技法上の価値を捉え結びつけて、それらしく口語訳すれば、「句」「表現」自体の評価や、言語表現に対する理解はすぐに成される。句や歌を現代語訳するとは、突き詰めればそういうことである。

与謝野晶子の歌も、「清水へ向かおうと祇園を通り過ぎる、桜が咲き誇る月夜。今夜すれ違う人々は誰もが皆美しい。」と訳をすれば、与謝野晶子が詠んだこの歌の【表現自体の意味】と、彼女の【この一時の一連の感慨】を押さえられる。そして「清水・へ・祇園・を・よぎる・桜月夜・こよひ・逢ふ・人・みな・うつくしき」と分け、品詞分解や表現技法等の解釈等を押さえれば、一定の理解は図られる。

これらのことは、正岡子規で言えば、①同様定番教材として多く用いられ、子規の高弟達により、昭和二〇年代にその句の評価を巡って巻き起こされた「鶏頭論争」で有名な、

③鶏頭の十四五本もありぬべし（一九〇〇（明治三三）年）

にも等しく言うことができる。与謝野晶子で言えば、

④何となく君に待たるるここちして出でし花野の夕月夜かな（一九〇一年）

等でも同様である。

しかしながら、単なる訳や言語表現としての内容の理解で止まらせない更なる「意味」や「価値」があるからこそ、現実に「鶏頭論争」が巻き起こり、与謝野晶子の、特に『みだれ髪』の一連の歌の表現を巡って、文壇や社会を巻き込んだ賛否相渦巻く論争が起こったのである。その「意味」や「価値」については、後ほど改めて触れることとする。

闘病の本格化後、正岡子規の様々な言語表現には、有形無形で「病」や「生死」という意識が根底にあったことは言を待たない。正岡子規の生涯が病との向き合いの連続であったことも、教科書の記述や便覧等の内容を結びつけていけば、容易に理解できる。かつその知識を前提として、句そのものに対する理解や解釈の過程を進めることも可能である。与謝野晶子の場合、例えば「君」とは誰か、与謝野鉄幹という存在を前提として問うこともたやすく、正岡子規での「病」を、「若さ」「一途さ」「道ならぬ恋」「止めどない自我」「色鮮やかな色彩感覚」等に置き換えて考えれば分かりやすい。

正岡子規を例に具体的に挙げれば、「子規は病であり、彼の創作の背景には当然病との闘いがあった。身動きの自由が効かなくなった自身の手では、確かめることのできない「雪の深さ」を尋ね、その珍しさに心躍らされた、あるいは年不相応の純真さを、一歩引くことで客観視している。不自由な自身の身体とは対照的な「鶏頭」の漲る生命感と向き合い、自分のこれまで、現在、これより先の命の在り方を見つめて

いる。病に伏し身体的条件が限られる中、周囲の物事との向き合いを通して得た、率直な実感・印象を一七音に象徴した。」というように捉えられる。ここまでは学校現場での様々な取り組みでも多く実践されてきていることであろう。

新しい読みの提案

俳句・短歌はそもそもが、きわめて少ない音数の中で、作品世界が形成される文学である。その上で、読み手として一つひとつの俳句や短歌を読み込んでいくことは、一七音や三一音の中において、その言葉や表現をもとに作者の人生の在り方やその背景を捉えていくことである。逆に、その作者の人生の在り方を捉えながら、その言葉や表現を読み深め、解釈を拡げていく、というようにも言えるだろう。

ある一つの俳句や短歌を起点として、その創作の前後や背景を繋げる。そしてその句や歌を味わう読み手の中で、作品世界をより重層的に屹立させる。それは、語句や文法、表現技法等に関する知識を用いた、言語表現に対する内容理解に関する過程の先に、作者の生き方や時代背景等に思いを巡らす過程があって、それらと内容理解とが結びつき、読み手の中でより具体的な解釈を伴って浮かび上がっていくということに他ならない。それこそが先に述べた①～④にも見出せる「意味」や「価値」である。読み手の中に、作品世界を重層的に屹立させていく過程は、「個」の句や歌に対する、「一句・一首」としての理解を形成するだけに止まらない。その先にある、「代表的な教材としての句・歌を読み比べたり、比較したり、繋げたりしながら、複数の存在の中で見出される個々の句や歌への理解や評価、関連性や相違を見出していくという過程。それとともに詠まれた時代の背景や作者の人生の在り方に強く焦点を当て、作者の人生に沿って読み進めていくこと。その上に作者自身の人生の在り方や背景の変容を見出し、それを理解や読みに還元して、深まりや拡がりをいっそう大きくしていくこと。」で、定番教材に対する新しい読みの可能性が具体化していくのである。そのためには教材としての句・歌に対する理解と、作者に対する基本的な知識があれば浮かび上がる、作者の人生の在り方や背景とをあわせて用いていくことが前提となる。さらに、定番教材に意図的に、作者の人生の在り方・背景の新たな側面を視点化する材料として加味する。そういう工夫の余地こそ、定番教材に見出せる新しい読みの可能性と、個々の作品が持つ、繋がりの中での多様な「意味」や「価値」の、認識や強い実感を可能にする。それを前提として工夫の余地が明確な正岡子規を例に、詳しく述べたい。

正岡子規の病との闘いが筆舌に尽くしがたいものであった

ことは、その時々の表現、最晩年に記された随筆『病牀六尺』（一九〇二（明治三五）年）や『仰臥漫録』（一九〇一～〇二年）等を読めば火を見るより明らかである。可視化された表現や絵画の描写等を通して、如何に想像を絶するものであったか、痛いほど伝わってくる。上京後初めて喀血して「子規」と号し、その後結核・脊椎カリエスとの闘いが、自らの死まで続く。『病牀六尺』『仰臥漫録』へと繋がる病と向き合う中で、子規の世界そのものが狭まっていく。子規という人物の一生の流れの中に、定番教材としての「いくたびも雪の深さを尋ねけり」や「鶏頭の十四五本もありぬべし」が、前後を繋ぐものとして存在しているのである。

彼は最初の喀血後、志して日清戦争の従軍記者となる。その帰国の船上で大量に喀血し、兵庫須磨での療養を余儀なくされる。その後伊予松山で夏目漱石との五二日間にわたる同居生活を送り、上京時に奈良で詠んだのが「柿食へば鐘が鳴るなり法隆寺」（一八九五（明治二八）年）。その翌年、脊椎カリエスと診断される。彼が「病牀六尺」の中での生活を強いられていくのは、一八九六（明治二九）年以降である。

そして①の翌年、「君を送りて思ふことあり蚊帳に泣く」（一八九七（明治三〇）年）を詠む。これは、伊予松山以来の「剛友」秋山真之の米国留学に際して詠まれた句である。①の後子規の病状が徐々に悪化していく中、病床の自分に対して世界へ羽ばたく真之を目の当たりにすることで、様々に思うことがあること、「病牀六尺」「蚊帳の中」へと子規の世界が狭まっていくことを、句作の上でも明示している一句である。教材として用いられる定番の作品の前後を繋ぐものを、新たな視点として挿入することにより、正岡子規の人生の在り方や背景をより具体的に意識して、作品を読み深めていくことができるようになる。

③を詠んだ一九〇〇年夏には再度大量の喀血をし、いよいよ身動きが取れなくなる。『病牀六尺』で「病牀六尺、これが我世界である。しかもこの六尺の病床が余には広過ぎるのである。僅かに手を延ばして畳に触れる事はあるが、蒲団の外へまで足を延ばして体をくつろぐ事も出来ない。」と述べた状態である。①と③の句には、病との向き合いの中で正岡子規が詠んだという共通項がある。一方で、特に死を意識しつつも、死を眼前に迫り来る事実として強く自覚するより以前の、ある程度の余裕や純真さ、大らかさを感じられるのが①である。間近に迫り来る死という避けがたい現実を前に、自身の限界を自覚しつつある中で「鶏頭」と自身を対比するのが③である。そういう厳然たる差の存在。この差の自覚こそ、その時々の正岡子規の人生の在り方と背景をより実感し

て、読みを深め拡げることに繋がる。

その後、正岡子規は短歌の定番教材として多く用いられる、

いちはつの花咲きいでで我目には今年ばかりの春行かんとす（一九〇一年）

を詠み、自らの限界をさらに強く自覚的に詠み込むようになる。翌年『病牀六尺』で述べる、「甚だしい時は極端の苦痛に苦しめられて五分も一寸も体の動けないことがある。苦痛、煩悶、号泣、麻痺剤、僅かに一条の活路を死路の内に求めて少しの安楽を貪る果敢なさ、それでも生きておればいいたい事はいいたいもので、（中略）年が年中、しかも六年の間世間も知らずに寝て居た病人の感じは先ずこんなものですと前置きして（後略）」という状況を迎える。

さらに、子規の病状を懸念し連載を控えた新聞『日本』編集長の古島一雄に対し、子規は、「僕ノ今日ノ命ハ「病牀六尺」ニアルノデス。毎朝寝起ニハ死ヌルホド苦シイノデス。其中デ新聞ヲアケテ病牀六尺ヲ見ルト僅ニ蘇ルノデス。今朝新聞ヲ見タ時ノ苦シサ、病牀六尺ガ無イノデ泣キ出シマシタ。ドーモタマリマセン。若シ出来ルナラ少シデモ（半分デモ）載セテ戴イタラ命ガ助カリマス。僕ハコンナ我儘ヲイハ子（ネ）バナラヌ程、弱ッテイルノデス」と懇願するに至る。自身の表現が世に出ること、世に出た自身の表現を、自らの目で確かめることが限られた命を全うする活力になっていたことがよく分かる。この他『仰臥漫録』には病苦によって自殺を思い、小刀と千枚通しを描いていることさえある。そして終末に詠まれたのが、かの「絶筆三句」である。

その時の状況で作者は何を思い、その句や歌を詠んだのか。状況に応じて、作者の思いや実際の表現はどう変容していったか。作者の人生の在り方や、その時々の病や恋といった個々の状況、その作者が生きた時代背景等を加味して、それぞれの時間の流れの中で、一人ひとりの作者の、一つひとつの作品世界を屹立させていく。作者の人生の在り方や背景について、一歩踏み込んだ材料としての材料提示がなければ、正岡子規や与謝野晶子ら、定番教材の作者の人生の流れの中におけるそれぞれの作品の意味や価値や繋がりは見出せない。そういう工夫の余地を持って、定番教材を新たに読み込んでいく。そういう読みの深まりや拡がりにこそ、定番教材の「意味」と「価値」は具体化していくのである。

＊参考文献＊

・『子規全集』講談社、一九七五～一九七八年
・阿武泉監修『読んでおきたい名著案内　教科書掲載作品13000』日外アソシエーツ、二〇〇八年

史記■司馬遷■

──人生訓や格言が溢れる

松原洋子

作品の成立・刊行

『史記』は、中国前漢の武帝の時代に司馬遷によって編纂された中国の歴史書である。「本紀（伝説時代から漢代までの王朝興亡史）」一二巻、「表（王朝、春秋時代以前の諸侯、戦国時代の七国、漢代の諸侯・王族・重臣などの年表）」一〇巻、「書（礼制、天文、法令、治水工事、経済などの制度沿革）」八巻、「世家（諸侯の系譜と歴史。諸侯ではないが、孔子もここに入っている）」三〇巻、「列伝（思想家、政治家、将軍、役人、侠客、商人、経済人、市井の人物の伝記。最後は自伝）」七〇巻、合計一三〇巻から成る大作で、中国の伝説時代から前漢の初期（武帝まで）に至るまでの歴史が綴られている。

単に年次を追って記録していく「編年体」ではなく、各人物ごとの事績を中心に歴史記述を行う「紀伝体」を編み出したことによって、歴史が立体的に浮かび上がる構成となった。「紀伝体」により、歴史書のみならず、思想書、文学書としての価値も高く評価され、後世の中国人、日本人に広く読まれ、愛され続けてきた。

既に『日本書紀』では、聖徳太子の「十七条憲法」の第十条が『史記』（田単伝）中の文をふまえていたり、日本武尊の蝦夷征伐が『史記』（項羽本紀）（高祖本紀）中の表現をふまえていたりする。平安時代、紫式部が兄よりも先に『史記』を覚えたので、この子が男であったらと父を嘆かせた話は有名であるが、彼女が書いた『源氏物語』の中にも「四五月のうちに、史記などいふ文（ふみ）は読みはて給ひてけり」という文がある。しかし、日本で『史記』が特に広く読まれるようになったのは鎌倉から室町時代以降のことである。「五経」と共に『史記』の訓点本が流布したことによる。江戸時代、頼山陽は『史記』を大いに意識して、『日本外史』を書いた。紀伝体で記し、徳川将軍家に対する風刺を暗にこめて書く方法も、『史記』からの影響と言える。このように、『史記』は日本の知識人にはなくてはならないものであった。

『史記』から生まれた故事成語も数えきれないほど存在する。故事とは知らずに使う「完璧」までが出典『史記』であることからも、いかに『史記』が日本人に親しまれてきたかがわかるだろう。以下に、そのほんの一部を挙げる。

先んずれば人を制す・屍に鞭打つ・右に出ずる者なし・百発百中・桃李もの言わざれど下おのずから小径（こみち）をなす・完璧・寧ろ鶏口となるとも牛後となるなかれ・国士無双・鹿を馬となす・四面楚歌・刎頸（ふんけい）の交わり・流言蜚語・怨み骨髄に入る・曲学阿世・雌雄を決す・傍若無人・満を持す・立錐の地なし・鳴かず飛ばず

教科書採択の歴史

こうした享受の歴史により、『史記』は古くから教科書教材として扱われてきた。高校の漢文教科書であれば必ず載っていると言ってよいほどの「鴻門の会」は、古くから日本人に親しまれてきた話である。「垓下の戦い」は「四面楚歌」という故事成語が生まれるもとになった話でもあるので、中学の教科書に載っていた時代もある。どちらにしても、大昔から日本人に親しまれ、教養の一部となっていたものであるから、教科書に採択されてからの時代は長い。

さらに、「項羽」と「劉邦」という登場人物を対比しながら人生の生き方を語るビジネス本もあり、無意識のうちに、社会人になっても『史記』の恩恵を受ける人々がいるのもまた、事実である。

作品の概要

秦の始皇帝亡き後、世が乱れる中、「楚の項羽」と「漢の劉邦」がそれぞれ有能な部下を持って勢力を伸ばしていく。劉邦が先に咸陽を占領したとき、天下統一をねらう項羽は「劉邦が秦の王になろうとしている」と聞いて激怒する。劉邦はこの時点ではまだ項羽に勝てると思わなかったので、項羽の「誤解」を解こうとして、項羽のいる鴻門にはせ参じる。こうして両者が出会ったのが、「鴻門の会」という、大きな山場の一つである。時に、紀元前二〇六年のことである。

劉邦と項羽が鴻門で会見し、緊張の中で宴会が始まる。項羽の参謀である范増は何回も項羽に目配せし、劉邦を殺すようジェスチャーで示すのだが、項羽は動かない。そこで項羽の家来が剣舞にことよせて劉邦を殺そうとするが、項伯（項羽の叔父だが、劉邦の軍師、張良の友達でもある）がともに舞って劉邦をかばうので、殺せない。

それを聞いて、劉邦の幼馴染みである樊噲（はんかい）が宴会の場に飛び込んでくる。樊噲が項羽とのやり取りをしている間に、劉邦はトイレに立ち、張良の計に従って逃れ去った。劉邦側の部下も逃れた。

項羽の参謀・范増は地団太を踏んでくやしがる。「いずれ劉邦が天下をとり、項羽側はみんな捕虜になるぞ。」と予言するのだが、後日、これが本当のことになるのである。ここまでが有名な「鴻門の会」の話である。

では、故事成語「四面楚歌」が生まれた「垓下の戦い」を見てみよう。

項羽（楚）と劉邦（漢）はその後も覇を競っていたが、紀元前二〇二年、境界線を作り、互いに攻撃しない協定を結んだ。しかしその後、劉邦は項羽が衰弱する時期に、楚を消滅させるべきと考え、項羽軍を追撃し、ついに垓下において、項羽軍を包囲した。

この時、項羽軍の兵士は少なく、兵糧もほとんど尽きていた。漢軍の指揮官である韓信は自軍の中から楚の出身者を選び、楚の民謡を他の一般兵に教え、一斉に歌わせた。これを聴いた項羽は「漢軍は既に楚を占領したのか。外の敵に楚の人間がなんと多いことか。」と驚き嘆き、別れの宴席を設けた。

項羽には虞美人という愛妾と騅（すい）という愛馬がいた。これらとの別れを惜しみ、自らの悲憤を詩に読み、虞美人もこれに唱和し、全員が泣いた。虞美人は騅の前に自刎（じふん）。項羽は兵士達を連れ、囲みを脱出して東へ逃れたが、烏江という渡し場にきたところで、最後は自刎した。

こうして、項羽の死によって約五年続いた項羽と劉邦の戦争は終わる。劉邦は天下を統一して、前後約四百年続く漢王朝の基を開くことになる。

高校生との対話

高校生にとってはこの漢文を読むことも大変だが、その内容を理解するのも一苦労である。「なぜ？」が多いからだ。

○函谷関が封鎖されたことや劉邦が先に咸陽に到着したことに対して、項羽はなぜそんなに怒るの？（先を越されて、ないがしろにされたと感じたから。）

○誰がどこに座るかをわざわざ記述するのはなぜ？（古代中国では座位、特に上位がどこに誰が座るかが重大な事柄だったから。ちなみに『史記』では東向きが尊位。）

○項羽は参謀が劉邦を殺す機会だと合図を送って促すのに、どうして殺そうとしないの？（劉邦があまりにもへりくだっているので、殺す気が失せた。これが項羽の甘さ。）

○項伯は項羽の叔父なのに、なぜ敵の劉邦を守ろうとするの？（劉邦の参謀である張良と項羽の叔父の項伯は、実は昔からの知り合いである。張良が項伯の命を助けたことがあり、項伯はそれをずっと恩義に感じていた。劉邦が先に咸陽に到着したことを知って項羽が激怒し、劉邦を攻めようとしたときも、いち早くそれを張良に知らせ、逃げるようアドバイスした。張良はそれをことわり、劉邦が項羽に詫びを入れるように説得した。といういきさつがあるため。中国では恩義を感じると「義兄弟」の契りを結ぶ。この結果、項伯は項羽という血縁よりも張良のほうが強い結びつきとなった。)
○樊噲が宴会に飛び込んできたとき、項羽にとっては敵なのに、酒や生肉等を与えたりしてなぜ「壮士なり」とほめるの?(「壮士」は、義侠のためには自分の命を捨てられる者であり、敵前に飛び込んできた男を見て、敵ながらあっぱれと項羽は思ったのだろう。ちなみに「生」の肉はおかしいという論がある。「全」ではないか、あるいは「衍字(間違って入ってきた字)」ではないかという説がある。「生肉」のほうがワイルド感が増すが。)
○項羽は垓下の戦いで脱出するときは戦う気でいたのに、烏江を渡れば逃げられるというときには申し出を断っているのはなぜ?(垓下の戦いにおいて「四面楚歌」を実感したとき、項羽は「時利あらず」と歌う。その後も、東城においても烏江においても「天が自分を見放したため」負けるのだと述べる。人生唯一の敗北、その原因を天のせいにするのは無責任と思う人が多いだろう。しかし項羽にとってみれば、戦いにおいてこれまで一度も負けて逃げることがなかった(逃げ続けた劉邦とは大違い)。項羽にしてみれば、戦いというのは兵士同士のぶつかり合いを指す。食料補給、策略、人心の掌握などは戦いのうちに入れていない(これもまた劉邦と正反対である)。よって、個々の戦いには勝っているのに、よくわからないうちに食料が不足し、力衰え、追いつめられてしまった。だから「時利あらず」なのであって、天に責任転嫁をしているわけではない。
「天の我を亡ぼす」、つまり天の意志で自分は滅びるのであって、戦いによって滅びるのではないと思うがゆえに、その証明として項羽は精一杯戦い抜くのである。

しかし烏江において亭長との話の中で、彼は昔、精兵八千人と共に意気揚々と故郷を出発したことを思い出す。彼らはもういない。いまさら故郷に戻っても、わずか数十万人の王になる程度である。憐れみを受けて恥辱の余生を生きるよりは、「天の我を亡ぼす」運命を受け入れる。それが、長江を渡らずに死ぬ項羽の生き方であった。)

こうした疑問をはじめとして、「漢文ならではの(オーバーな)表現方法」「内容理解」「中国の文化・風習や時代背景」にかかわる疑問がたくさん出てしまう。しかし、それらを逆手にとって、学習者がその疑問を自ら解決するために読みこんでいくという方法もあろう。それにしても学習者の疑問は幅広いから、限られた時数の中では指導内容を絞り込む必要がある。

教材の評価

高校の授業でも、ビジネス本でも、「項羽」と「劉邦」という正反対の性格を持つ人物は、「リーダーはいかにあるべきか」を語るうえで、非常に魅力的な人物である。

項羽は貴族出身。自分自身が強い戦闘能力を持ち、勇気、体力ともに抜群で自信を持っていた。参謀として范増がいたが、彼は陳平の計略にひっかかって項羽のもとを去る。項羽はその後も代わりを決めず、ワンマン経営を続ける。情報分析や外交交渉を軽蔑し、軍事力の強化にまい進する。同族優先主義。政治的な感覚に疎い。戦いは七〇回負けなしだったが、最後の一回敗れて死に急ぐ（一つうまくいかないと挫折する）。「匹夫の勇（ものすごく強い男だが、部下を信用して使う勇気がない）」と「婦人の仁（優しい人だが、部下に与える恩賞にはケチ）」と評された性格。

劉邦は無頼漢、下級役人上がりで字もろくに読めなかったが、最後は皇帝になった。自分自身は戦闘能力がないと自覚しており、出身地、経歴、思想などで部下を差別することなく、いろいろな分野の逸材を見つけ出す能力があった。彼らにはそれぞれの分野の全権を与え、役割を委任する。よってさまざまな失敗への対応力を持ち、安定感がある。部下の助言を聞き入れる能力がある。何回も負け戦を経験したが、なりふりかまわず身一つで逃げ、次の機会を待つしぶとさがある。愛嬌、人望があるが、冷酷さと卑劣さもある（例、逃げるとき、車を軽くしようとしてわが子二人を車から投げ捨てる）。項羽との天下取り競争においては、権謀策略や汚い手の限りを尽くして勝った。

この二人がフィクションではなく、実際の歴史上の人物であることがおもしろい。結果的に優秀な人材は自分が活躍できる劉邦の元に集まり、彼らの力をうまく使って劉邦が天下を取ることになるわけだが、人々が劉邦を選んだのは項羽に比べて劉邦のほうが平凡だったからというのも理由の一つであろう。リーダーとなる人が、武将としては完全無比だが、なんでも武力で解決しようとし、いろいろ難ありという人格では、お仕えする側としては神経を使う。それよりは自分たちが動きやすい人のほうがよいというわけである。

戦いには劉邦が勝ったが、後世の項羽人気は消えることがない。項羽の強烈な生き方と悲劇は、今でも多くの人の心を引きつける。そこにも何か価値を見出しているからであろう。

項羽と劉邦をどのように見るか。さまざまな視点が考えられ、それらによって両者の価値は変わっていくだろう。

「いろいろな視点」で考えたくなるという意味で、この教材は評価される。漢文教材という枠を超えて、学習者が人生のうえでいろいろな人に出会い、困難を越えていくさいに必要なアイディアや指針が、この教材には詰まっている。まさに人生訓や格言にも溢れた「生きた教科書」なのである。

関連する作品

この教材に興味を持ったら、司馬遼太郎『項羽と劉邦』と横山光輝『項羽と劉邦』（漫画）をひもとくのが早い。

また、前述したように『史記』は項羽と劉邦以外の魅力的な話が山のようにあるので、「故事成語」のいわれと関連づけながら『史記』をひもといていくのもよい。「史記列伝」もまずは読んでほしい本である。

新しい読みの提案

『史記』はさまざまな作品に影響を与えているが、例えば、『平家物語』には、「千手前」に項羽と虞美人の悲話が語られる。同じように、「医師問答」では傷の治療を拒否する高祖の話、「烽火之沙汰」では周の幽王と笑わない褒姒（ほうじ）の話、などなど、さまざまなところに『史記』の故事が引用されており、『史記』と平家の滅亡への道を重ね合わせることを意図的に行っている。日本人が『史記』を教養の書として受けとめていく中には、このようにして日本の古典と重ねて読むという方法があったということも考えていくと、『史記』の読み方、享受の歴史はまた新たな視点を持っていくと思われる。

＊参考文献＊

・奥野信太郎著、村松暎編『中国文学十二話』ＮＨＫブックス、一九六八年
・貝塚茂樹編『司馬遷』中央公論社、一九七八年
・『中国の古典名著・総解説』自由国民社、一九七九年
・司馬遼太郎『項羽と劉邦　上・中・下』新潮文庫、一九八四年
・増井経夫『史記の世界』ＮＨＫブックス、一九八七年
・貝塚茂樹・川勝義雄『史記列伝』中公クラシックス、二〇〇一年
・横山光輝『項羽と劉邦―若き獅子たち―全一二巻』（箱入り）潮漫画文庫、二〇〇二年
・田部井文雄『漢文教育の諸相―研究と教育の視座から』大修館書店、二〇〇五年

音読の効果を再認識する

白勢彩子

話しことばと書きことばの差異がわかりにくくなってきた昨今ではあるが、話しことばは音声言語、書きことばは文字言語と大まかに分けてしまうと、両者の大きな違いは、発信者の心情が即時に伝わるかどうかという点になろうかと思われる。音声言語の方が、より直接的に感情を伝えることができるという利点がある。音声には、言語内容だけでなく、話者の心情や意図が含まれ、聞き手に即時に伝達されている。

「ごん、お前だったのか。いつもくりをくれたのは。」

定番教材として知られる「ごんぎつね」の最後の台詞である。これを音読するにはどのような音声表現になるだろうか。口調は早いのか、遅いのか。声は高いのか低いのか、高低差は大きいのか。音の伸ばし方はどうか。そして、そのように付した音声表現のよりどころは何であろうか。

1 音声言語の韻律特性が表すもの

話しことばは書きことばより多様な情報を即時に伝えられるという特徴を、森大毅・前川喜久雄・粕谷英樹は「音声の多チャンネル性」としている。言語の音声面は、子音、母音の分節的特徴と、リズムやイントネーションなどの超分節的特徴（韻律的特徴）とに分けられ、「話し言葉では、言語メッセージがもっぱら分節的特徴によって伝達される一方、感情、態度、意図などの情報が、おもに韻律的特徴によって伝達されることで、両者が基本的に独立して、同時並行的に伝達されている」と、「音声の多チャンネル性」を解説している。

感情、態度、意図などの情報と韻律的特徴とが対応することは、近年の音声言語の研究領域での共通認識であり、急速に研究が進みつつあるテーマである。詳しくは前掲書をご覧いただくとして、例を挙げると、「喜び」の感情を表す音声表現では、声の高さ（音響学では、基本周波数Ｆ０）の平均、変動幅等が大きくなり、話すスピード（話速）が早くなり、一方、「悲しみ」では声の高さの平均、変動幅等、話速が減少したことなどがわかりつつある。

実証データによらずとも、同じ「はい」という応答にバリエーションがあることは、経験的に理解いただけるのではないだろうか。この違いをもたらしているのは、主に声の高さやその変動、話速などの韻律的特徴なのである。

音声表出の手がかり

　ここで考えたいのが音読における感情表出である。登場人物の気持ちを表して音読しようとする際、手がかりを示してくれるのは、もちろんテキスト、教材であり、その手がかりに基づいて、韻律的特徴を操作すればよい。では、教材において、登場人物の感情は明示的であろうか。この点について実証的に示そうと、筆者は、小学校の物語文を対象に、感情表現を収集して分析した。対象が茫漠としていることから、登場人物の心情が特に率直に現れやすいと考え、鍵括弧「　」に入った台詞を対照とし、その前後にある「と言いました」「と話しました」などの音声表出を表す動詞に伴ってあらわれて、詳述する語句（副詞、オノマトペなど）を調査した。調査対象は、教育出版、三省堂、光村図書の小学校一年から六年の国語教科書、いずれも二〇一一（平成二三）年度版である。調査したのは、例えば次のような表現である。

　大きなこえで「おうい」と、よびました。
（「くじらぐも」光村図書・一年下）

　この例では、「大きなこえ」のように、声の大小に関わる語句が見られる。

　従来、感情音声を扱う研究の多くが、いわゆる「喜怒哀楽」の基本感情を対象としていることから、まず、基本感情とその他で分類して出現数を捉えてみた。その結果、基本感情を伴うものはほぼないことがわかった。

　続いて、別の指標に基づき整理したところ、ほとんどが「大きな声で」のような声の大小に関わる語句で、学年にかかわらず頻出していた。次いで、「もごもご言いながら」（「わらぐつの中の神様」光村図書・五年）のようなオノマトペを用いた表現、高学年では「子どものように声を上げて」（「大造じいさんとガン」光村図書・五年）などの比喩表現が多く出現しており、一方、基本感情を含め、登場人物の気持ちを直接に表現する語句は限られていた。

　このように、台詞に限っての例示ではあるが、登場人物の心情を直接述べる語句は、文中に示されていないことが、データからも見えてきた。登場人物の心情を明示的に指示する語句は少なく、つまり、声に出して読む場合には、読み手が解釈して音声表出する必要があり、だからこそ音読が重要といえる。心情に合った韻律的特徴が表現されていると捉えられる音読ができていることは、的確に教材を読み取れていることを示す。また、音声表現に表そうとすることによって、メタ的に語れなくとも、教材を読みとろうとすることになるだろう。音読することは、単に声に出すことではなく、理解を促し、かつ、その理解度を表すものと考えられる。朗読のように「豊かな表現力」まで到達していなくても、音読の範囲内で十分達成できることと思われる。

音声言語の韻律特性が表すもの　2

韻律的特徴はまた、文構造や句の係り受けの構造（統語構造）も表示する。例えば、「黒いテレビの画面」（文例はOkahisa & Shirose 2018 による）という語句には、テレビが黒い場合（A）と、画面が黒い場合（B）との二通りの意味がある。両者の違いは文字だけではわからないが、声に出すと、声の高低により区別されることがわかる（図を参照）。

ここまで、「声の高低」などと表現してきたが、言語学の分野では「イントネーション」が適切な用語である。イントネーションは、文に対応した声の高低のことで、図でも確認したように文や句の構造を反映する。アクセントとよく混同されるが、アクセントは語ごとに決まった声の高低のことで、イントネーションとは似て非なる概念である。

イントネーションは文の始まりが最も高く、だんだん下がるのだが、およそ文節に対応した単位ごとに下がっていくのが基本的なパタンである。ただし、文節ごとに下がっていくのは大きな意味のまとまりの内部で、従属節や意味の係り受けが切れたところでは下降は阻止され、図（B）のようにイントネーションが高く再開される。

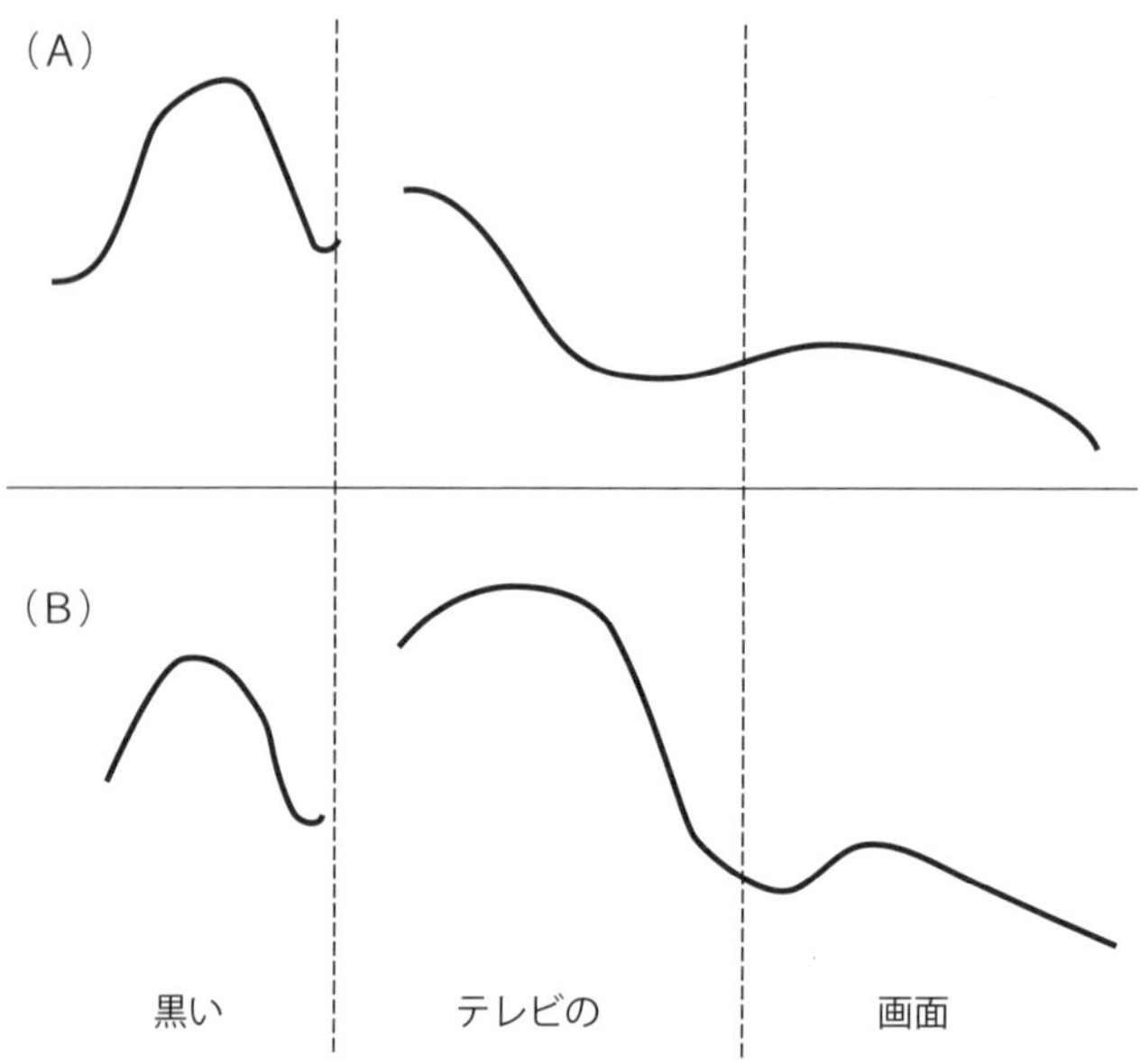

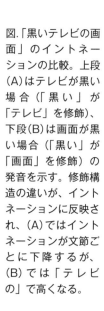

図.「黒いテレビの画面」のイントネーションの比較。上段(A)はテレビが黒い場合（「黒い」が「テレビ」を修飾）、下段(B)は画面が黒い場合（「黒い」が「画面」を修飾）の発音を示す。修飾構造の違いが、イントネーションに反映され、(A)ではイントネーションが文節ごとに下降するが、(B)では「テレビの」で高くなる。

次の文のイントネーションの違いがわかるだろうか。意味の係り受けをよく考えてから発音すると、違いは明瞭となる。

文Ａ「今日の天気は晴れです。」

文Ｂ「今日の京都の天気は晴れです。」

文Ｃ「今日の京都の市内の天気は晴れです。」

文Ｄ「京都の市内の今日の天気は晴れです。」

文Ａでは、文節ごとに徐々にイントネーションが下がっていくが、Ｂ～Ｄでは必ずしもそうではない。例えば、最後の文Ｄでは、「市内の」で下がった後、「今日の」で再度上昇する。これは句の構造に対応した、イントネーションの立ち上がりである。このように、イントネーションと文の構造は密接に関係している。

効果的な音声表出

音読を念頭において、前述の内容を捉え直すと、句構造に応じたイントネーションが適切に表れているということは、文の構造、つまり内容を的確に把握できているということになる。

筆者は、「ごんぎつね」を、音読の熟達者（小学校教員歴一五年）と不慣れな者とが読み上げた音声の韻律構造を比較した。この研究によると、前者では、声の高低の変動幅が大きく、句構造との対応が明確であり、後者では、声の高低の変動幅が小さく、全般に変化が不明瞭であったり平坦であったりする傾向が観察された。加えて、予備的な分析では、話速について、熟達者がより遅いとの結果も見られた。熟達者は、文の構造、内容に応じた適切なイントネーション、韻律的特徴を用いていたといえる。聴取者の評価も高く、わかりやすいといった意見が多かった。

授業場面において、教材にある全ての文の構造を解析し、イントネーション構造を把握することは容易ではない。

しかしながら、イントネーションの高低差が明瞭であるか、読むスピードが速すぎないかどうかといった点は、注意を向けることができるのではないだろうか。あるいは、表現や段落を取り出し、部分的であれば、イントネーションの付け方を検討することは、手軽に実践できそうである。

国語教育における音読の位置づけ

さて、本稿に目を通してくださっている方のうち、どの程度の方が国語の授業で音読を実践しているだろうか。実践している方は、小学校の教員が多いのではないだろうか。小学生には「音読カード」などがあることも多く、いわば「定番的な学び」である。学年や学期の初め、まだ授業に慣れない頃に詩や短文の音読を課すこともあるだろう。声に出して共有することができ、学びの入口となる。

音読・朗読について、小学校の学習指導要領では指導事項として詳細に項目が立てられている。二〇一七（平成二九）年告示の学習指導要領からは、「言葉の特徴や使い方に関する事項」として扱われるようになった。例えば、小学校低学年では「語のまとまりや言葉の響きなどに気を付けて音読すること。」とある。また、この文章の内容と関連する点として、中学年の解説に「登場人物の行動や気持ちの変化などを大筋で捉えたりしながら、音読すること」とある。これに対し、中学校の学習指導要領において、音読・朗読は「伝統的な言語文化」にのみ展開され、古文、漢文に限定的な言及であって、位置づけが大きく異なる。小・中ともに、二〇〇八（平成二〇）年版までは「読むこと」に音読が指導事項として存在していたが、削除となった。一方で、高等学校の学習指導要領には、「「B読むこと」に関する指導については、文章を読み深めるため、音読、朗読、暗唱などを取り入れること。」との文言が見られる。

「読むこと」に音読が置かれていた、以前の学習指導要領の範囲にはなるのだが、国立教育政策研究所から興味深い指導事例が示されている。定番教材「少年の日の思い出」の朗読を扱った、中学一年生の指導例である。単元の目標は「(1)朗読する文章の内容に関心をもち、内容が分かりやすく伝わるように朗読しようとする。（関心・意欲・態度）(2)場面の展開や登場人物などの描写に注意して読み、内容の理解に役立てることができる。（読むこと）」である。「朗読シート」を使い、「朗読する際の観点（声の強弱・高低、話す速度、間の取り方など）を示し、その効果を理解させる」という指導内容、つまり韻律的特徴に注目して音読（朗読）しようというねらいである。例えば、次の台詞については、「怒っていると思ったから」「強く」読むとした生徒の例が示されている。

「おまえは、エーミールのところに行かなかればなりません。」と、母はきっぱりと言った。

（「少年の日の思い出」）

指示語句としては「きっぱり」しかないが、怒っているという心情を読み取り、強い音調で読むよう生徒が工夫できている。

ここで挙げた実践例は、韻律的特徴の感情、態度、意図などの情報を表示する機能に目を向けたものであるが、前述のように、部分的に文を取り出し、統語構造との関連付けを踏まえて、音読、ひいては読解につなげる授業展開も考えられるだろう。

前述の指導事例には、「表現力豊かに読めるというような朗読そのものを評価するわけではない」ともあり、これは重要な観点である。「朗読」とすると、表現が豊かかどうかを評価することになるが、目的はそこになく、声に出して読むことは、読み手である児童・生徒の、登場人物の心情の捉え方、作品の把握など、多角的にそして的確に読めるよう力を貸すものと考えている。また、それらの表現により、教師側で、児童・生徒の理解度や学習のありようを把握することがしやすくなるという効果がある。二〇一七（平成二九）年告示の小学校の学習指導要領の国語の解説編の高学年には、「音読が、文章の内容や表現をよく理解し伝えることに重点があるのに対して、朗読は、児童一人一人が思ったり考えたりしたことを、表現性を高めて伝えることに重点がある。」とあり、これによれば、音読は「内容や表現を理解し」て伝えるもの、朗読はこれに加えて「表現性」を求めるものであって、通常の授業の範囲では、「音読」で十分であり、また、表情が豊かな音声すなわち朗読ではない。校種、学年を問わず、「音読」の価値と効果を再確認いただければ幸いである。

＊参考文献＊

・国立教育政策研究所教育課程研究センター『評価規準の作成、評価方法等の工夫改善のための参考資料（中学校国語）』同センター、二〇一一年

・白勢彩子「朗読音声のイントネーションの定性的比較」『東京学芸大学紀要　人文社会科学系Ⅰ』第六二集、二〇一一年一月

・白勢彩子「小学校教科書と「パラ言語情報」」『学芸国語国文学』第四五号、二〇一三年三月

・白勢彩子「小学校の物語文における発話行為を詳述する語句について」『東京学芸大学紀要　人文社会科学系Ⅰ』第六七集、二〇一六年一月

・森大毅・前川喜久雄・粕谷英樹共著『音声は何を伝えているか』コロナ社、二〇一四年

・Taro Okahisa & Ayako Shirose "Influence of hand gestureson prosodic disambiguation of syntactically ambiguous phrases," Acoustical Science and Technology 39(2), 2018. 3

定番教材を脱構築するために

石井正己

本書を編集してみて、定番教材はこの三〇項目で十分なのだろうかという疑念は残る。だが、巻末の「教科書採択データベース案内」を頼りに調べれば、教科書採択の歴史を踏まえて、その教材がどのような位置にあるかはおおかた知ることができる。そうしたところから、新たな作品研究と教材研究が始まれば、本書はそのための役割を十分果たしたことになる。各項目の末尾に置かれた「参考文献」は、その項目だけでなく、現在の研究水準を推し量る指標にもなる。まずはこの三〇項目を現時点の基本的な定番教材と考えて、最後に、定番教材という視点から考えられる、残された課題や今後の展望を思いつくままに述べておきたい。

小・中・高で採択される「春はあけぼの」

本書の「13 徒然草」でも指摘しているように、『徒然草』序段の「つれづれなるままに」は、小・中・高の国語教科書で繰り返し採択されている。古典学習が小学校から始まったために、その現象はいちじるしくなった。だが、「つれづれなるままに」以上に深刻な問題をはらむのは、『枕草子』の第一段「春はあけぼの」である。このことは、「名著の真意問い採択を――小学校からの古典教材」（『毎日新聞』二〇一七年四月一〇日夕刊）に述べた。それがあったので、本書では、代表的な定番教材でありながら「枕草子」を立項しなかった。

そこでは、古典教材の系統化がなされていない典型的な例として「春はあけぼの」の段の採択を取り上げた。これは小学校と中学校の教科書で全社が採択しているだけでなく、高等学校の「国語総合」「古典A」「古典B」でも採択している場合がある。「つれづれなるままに」と同じように、子供たちは小・中・高と三回にわたって、この段を学ぶ可能性が高い。しかし、実は、そのような状況をそれぞれの学校種の教師はほとんど知らないのではないか。そのことで最も困惑するのは、他ならぬ生徒たちであろう。その前提には、学校種ごとに行われる教科書検定制度がそれを黙認している、という事実があることは言うまでもない。本書を編集しなければならないと考えた契機は、まずここにあった。

小学校では「自分流の『枕草子』を作って、友達と読み合いましょう」という働きかけがあり、見本として、「夏は空。」「冬はこたつ。」の例を挙げる。これは「夏は夜。」「冬はつとめて。」を踏まえた作文であるが、この例文は「春はあけぼの」がまったく読めていないことを露呈している。内容は理解せず、枠組みだけ使って作文を書かせる活動は、『枕草子』の理解においても、作文教育の推進においても、まことに不幸なことではないか。そうであるにもかかわらず、さらに中学校でも、「自分流の『枕草子』を書こう」という活動が見られるのであるから、驚く。

　このようになってしまう背景には、「古典は、今はわからなくても、将来気がつけばいい」という考えがあろう。あるいは、「古典は、何度読んでも、その都度に新しさが発見できるはずだ」という意見もあろう。だが、そもそも、冒頭の「春はあけぼの。」にしても、『古今集』以来の美意識には見られないものであり、そこにこの段の斬新さがあった。そうした文学史に対する認識がなければ、この一文を読んだとは言いがたい。この「春はあけぼの」の段を読むというのは、単純そうに見えて、実は意外に難しいことを認識しなければならない。

　例えば、「秋は夕暮れ。」を取り上げれば、後の『新古今集』の秋歌上で、寂蓮法師・西行法師・藤原定家が「秋の夕暮れ」で結ぶ三夕の歌を詠んだことがすぐに思い浮かぶ。だが、春歌上の後鳥羽院の「見渡せば山もと霞む水無瀬川夕べは秋となに思ひけん」、秋歌上の藤原清輔の「薄霧の籬（まがき）の花の朝じめり秋は夕べとたれかいひけん」のような歌も現れている。『新古今集』は、一方では『枕草子』を評価し、一方では『枕草子』を批判して、多様な美意識を承認していることがよくわかる。「春はあけぼの」の段を理解するならば、最低この程度のことは認識しておく必要がある。私には、古典学習のまとめにあたる高等学校三年生の教材でもいいように思われる。

定番教材になりにくい随筆・評論

もう一つ、私が三〇年以上、編集に関わってきた中学生用の副読本『新・国語の資料』（正進社）に触れておきたい。これは何度かの改訂を経て、今日のかたちに落ち着いたが、それでも教科書が改訂されるたびに大幅な改訂を行い、そうではない時期でも現場の声を聞いて毎年のように変更を加えてきた。最近では、教師用に、付録としてＣＤを付けたり、赤字で指導のポイントを示したり、ＱＲコードを入れたりしている。生徒に渡しておくだけの資料集ではなく、授業でよりよく活用されることを願って、メディア環境の変化とともに資料集を進化させてきた、と言っていい。

　今、この資料集は、大きく、古典編、近・現代文学編、言語編、表現編、音読編の五部で構成している。その際に、古典編は物語・説話、随筆、伝統芸能、和歌・俳諧、漢詩・漢文、近・現代文学編は小説・戯曲、随筆・評論、詩、短歌、俳句、外国文学というジャンル別に構成し、それぞれの中で作品や作家を年代順に配列している。

今、手元にある一九九三（平成五）年の資料を見ると、このときに大きな改訂を考えたことがわかる。五社の教科書の教材データを詳細に整理すると、近・現代文学編には文学史に名前が載らないような作家の作品が数多く含まれることに気がついた。それらの多くは随筆・評論に属する文章であり、しかも、教科書による重複はわずかであった。それは、随筆・評論には定番教材がほとんどなく、それぞれの教科書独自の教材である、ということを意味する。従って、文学史に載る作家だけでは、生徒たちが手にしている教科書の現状との距離は埋められない、と感じた。

そこで、「教科書に載る作者編」として別立てにし、三〇人を五十音順に選んだ。三〇年近く前のデータとしても興味深いので、ここに挙げてみる。このときは、赤瀬川隼（小説家）、一ノ瀬恵（言語学者）、伊藤和明（ジャーナリスト）、井上ひさし（小説家・劇作家）、内海隆一郎（小説家）、大岡信（詩人）、大林宣彦（映画監督）、長田弘（詩人）、落合恵子（小説家・随筆家）、河合隼雄（心理学者）、川崎洋（詩人）、工藤直子（詩人）、倉本聰（放送作家）、斎藤隆介（児童文学作家）、澤口たまみ（随筆家）、椎名誠（随筆家・小説家）、立松和平（小説家）、鶴見俊輔（哲学者・評論家）、手塚治虫（漫画家）、中村桂子（生物学者）、西岡常一（宮大工）、ねじめ正一（詩人・小説家）、野坂昭如（小説家）、原ひろ子（文化人類学者）、別役実（劇作家）、三木卓（詩人・小説家）、水口博也（ジャーナリスト）、村上春樹（小説家）、米倉斉加年（俳優・演出家・絵本作家）、C・W・ニコル（冒険家・小説家）であった。

この三〇人は、複数の教科書で採択している作家を第一に選んだが、一社であっても知名度や話題性を考慮して選んだところがある。そのときは大半の方が存命だったが、この間に多くの方が亡くなっていることに驚く。当時はまだ文学史に位置づけにくかったが、今ならば既に一角を占めると言っていい方が多い。その後、教科書改訂のたびに数人を入れ替えてきたが、今はこの枠組みをなくし、各ジャンルの末尾に位置づけている。具体的に取り上げる余裕はないが、時代の動向に敏感な現代作家の随筆・評論は、定番教材になりにくい、ということはやはり留意しておきたい。今回の三〇項目にも随筆・評論は含まれていない。

消えた「最後の授業」と平和教材

一方、かつては定番教材とされていた作品が消えてゆく場合もある。その典型は、府川源一郎が『消えた「最後の授業」―言葉・国家・教育―』(大修館書店、一九九二年)で取り上げた、フランスの作家アルフォンス・ドーデの小説「最後の授業」であろう。府川の研究はその後も、『「稲むらの火」の文化史』(久山社、一九九九年)、『「ごんぎつね」をめぐる謎―子ども・文学・教科書―』(教育出版、二〇〇〇年)と続く。それぞれに資料の博捜と緻密な分析を行い、教材史研究の良質なモデルを提示している、と言っていい。

ドーデの「最後の授業」は、普仏戦争で敗れたフランスのアルザス地方がプロイセン領になり、教室ではドイツ語を教えることになるので、これが最後のフランス語の授業である、という内容の小説であり、私自身も小学校で学んだ記憶がある。府川は、作品が成立した背景に始まり、日本における翻訳・再話・脚色の歴史に触れ、戦前の国語教材と戦後の国語教科書の採録のデータにもとづく周到な分析を行っている。

これはフランスのドイツ支配に対する反発の感情が盛んになる時期に書かれた小説だが、実は、アルザス地方はもともとドイツ語圏に属していた。学校嫌いのフランツ少年が日常的に話していたのはアルザス語であり、フランス語もドイツ語も国家が強いた言語であった、という事情が明らかにされてゆく。そうした社会背景の分析を通して、小説に書かれた現象をそのまま鵜呑みにしてしまうことへの危険性を喚起した。作品を読み、教材を扱う方法とともに、その難しさとおもしろさがよく示されている。

この「最後の授業」は、一九七二(昭和四七)年度を最後に中学校の国語教科書から消え、さらに、一九八六(昭和六一)年度を最後に小学校の国語教科書から消えたという。府川の分析で興味深いのは、平和教材の代表とされてきた「最後の授業」が消えた背景に、日本の戦争時の加害責任が問われ、それに耐えうるものではなかったという認識があった、と述べた点がある。この分析自体がやはり時代の雰囲気をよく伝えているが、ここで浮上していた加害責任の問題は、その後、歴史の修正主義の台頭と相まって急速に後退してしまった。本書では「08　一つの花」を取り上げたが、東京大空襲や広島・長崎の原爆に対する認識でさえ風化しつつあるのが現実ではないか。

私自身は教科書に並ぶような国民をつくる装置として博物館を重視し、先に『博物館という装置―帝国・植民地・アイデンティティ―』(勉誠出版、二〇一六年)を編んだ。これは植民地支配と関わる博物館の存在を世界的にとらえようと試みたものである。その契機には、講演や調査で中国や韓国に行くと、博物館に相当する施設の多くで、日本の植民地支配の記憶を可視化する展示が見られたことがある。それは広島・長崎や沖縄を歩いたとき以上の衝撃であり、戦争は終わっていないし、国家間の理解はなされていない、という思いを深くした。その後、植民地と移民地の国語・日本語教科書の研究を進めた原点もそこにあり、この定番教材の研究もそれと無縁ではない。

恋愛が教えられない国語科の授業

定番教材を並べてみて改めて思うことに、平和教材の乏しさだけでなく、恋愛教材の貧しさがある。本書の「16　走れメロス」を典型として、「17　故郷」「18　少年の日の思い出」、さらには「28　山月記」にしても、友情が持続しなかった場合も含めて、友情をめぐる教材はずいぶん多いことがわかる。おそらく教師たちはこのテーマが大好きなのだろう、と想像される。小・中・高という発達段階を意識しながらも、友情というテーマは教室という場で扱いやすいにちがいない。

それに対して、男女関係の恋愛は教室という場にふさわしくない、という暗黙の了解があるのではないか。小学校の段階から「02　いなばの白うさぎ」では結婚問題がいちじるしく後退し、「04　百人一首」でも恋の歌がほとんど採択されていないことはすでに指摘した。中学校の「11　竹取物語」で結婚は拒否され、それは「25　舞姫」にまで継承されているのではないか。恋愛から結婚へ、そして、その後の人生へという道筋は、高等学校の「21　伊勢物語」の「筒井筒」や「24　雨月物語」の「浅茅が宿」、「26　こころ」に至ってやっと現れるが、決して安定してはいない。

その前提には、学習指導要領で「生きる力」と言っても、そこになんら具体的な内容は示されず、後は暗黙の了解のもとで教材採択と教科書検定が行われている実態がある。先のような友情の重視と恋愛の軽視という教材の非対照性は、こうして言挙げしなければ、おそらく気づかれないまま済んでしまう。むしろ、気づかれないままに済んでしまえばいいのであって、国語科の授業ではそんなことに関わりたくない、という気持ちもあるにちがいない。だが、その結果、子供たちは恋愛を学ばないままに大人になってしまうのではないか。

その一方で、今、世界で問題になっているのは、同性の恋愛や結婚であることは誰でも知っている。「3年B組金八先生」（第六シリーズ）で性同一性障害で苦しむ女子生徒を取り上げたのは、二〇〇一（平成一三）年のことだった。私たちはドラマで性同一性障害の苦しさを知ったが、今では特別なことではなく、ごく身近なことになっている。そうした動きと関連があるのだろうか、例えば、古典では、「その奇変を好むや、殆ど乱に近づき、醜穢読むに堪えざるところ少なからず」（藤岡作太郎『国文学全史2　平安朝篇』平凡社、一九七四年、初版は東京開成館、一九〇五年）とまで言われた『とりかへばや物語』は、高等学校の国語教科書に採択され、入試問題にも出て、すでに市民権を獲得している。

今、話題になっているのは井原西鶴の『男色大鑑』であろう。西鶴の定番教材としては『日本永代蔵』の「世界の借屋大将」、『世間胸算用』の「小判は寝姿の夢」があるが、どちらも町人物である。『男色大鑑』は好色物であり、しかも男同士の恋愛をテーマにした話が並ぶ。だが、畑中千晶「「好き」の牽引力」（『朝陽』第六八号、二〇一九年五月）によれば、コミカライズ版『男色大鑑』の「武士編」「歌舞伎若衆編」「無惨編」（KADOKAWA、二〇一六年）が海外でも話題になり、その背景にBL（ボーイズ・ラブ）への関心が高まっていることを指摘する。とても教室では扱えないという拒絶反応がありそうだが、この関心はもう教室の中に入り込んでいると考えた方がいい。

日本語文学という視座の重要性

思えば、「国語」という教科の中に中国の古典である漢文が入っているのは、不思議なことではないか。それは、訓読によって中国の古典を日本語化してきた長い歴史があり、日本文学が大きな影響を受けてきたことによる。そうしたこともあって、「国語」の中に漢文を位置づけ、国語教科書の教材にしてきたのである。本書でも、「10　故事成語」「20　春望」「30　史記」として立項した。日本文学でないにもかかわらず、これらが国語教科書の中に大きな位置を占めるのはそうした事情による。

先に、「国語」という教科はナショナリズムと親和性が高い、と述べたが、漢文教材はそれと矛盾しないことになる。漢文ばかりでなく、国語教科書には意外に多くの外国文学が含まれていることに気がつく。本書では、A・トルストイ再話の「01　おおきなかぶ」、魯迅の「17　故郷」、ヘルマン・ヘッセの「18　少年の日の思い出」を立項したが、これらはロシア、中国、ドイツの作品である。

実は、本書を編もうと考えた経緯の中には、『世界の教科書に見る昔話』（三弥井書店、二〇一八年）を編んだ経験があった。これは、昔話教材の国際比較を考える前提をつくりたいと考え、日本だけでなく、中国・韓国・インド・ドイツ・ロシア・フランス・アメリカの教科書に載る昔話とその背景を研究者が解説している。それぞれの国の教科書には伝統的な言語文化に対する意識を見ることができるが、例えば、アメリカの小学校教科書では、ネイティブ・アメリカンの民話だけでなく、イソップ童話、中国版シンデレラの「葉限」、ギリシア神話、マリの神話、メキシコの神話を紹介している。多国籍社会であるアメリカの伝統教育がこうして多様性を保証しているのは、なるほどと納得される。

そうしたことから考えてみるならば、日本の国語教科書は、現実に始まっている教室の多国籍化に対応できているのだろうか。北海道の『アイヌ神謡集』や沖縄の『おもろそうし』の採択の重要性については、「02　いなばの白うさぎ」で触れた。だが、帰国した子供たちはもちろん、在日外国人やこれから増える外国人労働者の子供たちの存在は、「国語」の視野に入っているのだろうか。小学校の学習指導要領で言えば、「わが国の言語文化」とともに、「世界の風土や文化などを理解し、国際協調の精神を養うのに役立つこと」に、もっと自覚的でありたい。それを推進しようとするならば、「翻訳による日本語文学」という視座が重要になるのではないか。

国語教科書が外国文学の採択に意識的でなければ、子供たちは成長するほどに、外国文学から離れてしまうことになる。英語をはじめとする外国語教育は、実用的な語学学習を行うので、そこで外国文学を学ぶことはほとんど期待できない。子供たちはその狭間で、外国文学を読む機会を奪われている。中国の場合は特別で、漢詩・漢文のみならず、魯迅の「故郷」で学ぶことができるが、韓国・台湾・フィリピン・インドネシア、……とたどっても、アジア文学に触れる機会はない。池澤夏樹が『世界文学全集　I―06』（河出書房新社、二〇〇八年）で、中国の残雪『暗夜』とベトナムのバオ・ニン『戦争の悲しみ』を入れたのは画期的だった。しかし、それでもやはり、世界文学全集の地図にアジア文学の居場所は見つかっていないように見える。世界文学全集も国語教科書も、いまだにポストコロニアリズムにはほど遠いところにある、と言っておかなければならない。

また、こうして定番教材を検討してみると、「道徳の教科化」と同時に、「教科の道徳化」が急速に進んでいることを実感する。だが、本書の執筆者の多くがそれを危惧して、読むことの主体性や多様性を尊重していることからすれば、未来はそう暗くない。しかし、誤解を恐れずに言えば、定番教材ではやはり、政治・経済・人権・差別・格差・障害・虐待・ジェンダー、高齢化、……といった課題に向き合う姿勢は見えてこない。学習指導要領に呪縛された国語教科書にそうしたことを期待すること自体、無理な注文であることはよくわかっている。こうした課題は随筆・評論で担うべきことだとすれば、定番教材の埒外になるのだろう。だが、目の前の課題から逃避して、言語技術のスキルを教え、言わずもがなのステレオタイプ化した道徳観を示す程度ならば、国語科の授業が子供たちにとって魅力的なものに映るはずはない。

本書は、定番教材に対する解答を示したというより、教師ばかりでなく、私たちにより深い課題を残す結果になったかもしれないが、それでもよかったのではないかと考えている。

＊参考文献＊

・河出書房新社編集部編『池澤夏樹、文学全集を編む』河出書房新社、二〇一七年

＊付記＊

本書を編集するにあたり、正進社の河原里恵さんと旺文社の藤倉尚子さんに資料のご教示をいただいた。記して感謝申し上げたい。

教科書採択データベース案内

安松拓真

小学校・中学校・高等学校の国語教科書に採択された教材を調査するのに役立つ資料をまとめた。近年、多くの資料が電子化・データベース化によって便利に利用できるため、Web上で公開されている有用な資料を中心にまとめた。大まかに小学校→中学校→高等学校という配列になっているが、いずれも万能な資料ではない。目的によっても必要な情報が異なるため、対象年度や概要の欄を併せて参照されたい。

資料名	東書文庫　蔵書検索					
書誌情報／URL	www.tosho-bunko.jp/opac/TBSearch					
校種	小学校	○	中学校	○	高校	—
対象年度	1949(昭和24)年～現在					
概要	東書文庫所蔵の教科書の検索が可能。1949(昭和24)年以降の小中学校の国語教科書作品に関しては、作品名・作品著者による検索が可能。小中学校の教材採録状況について調査する上で、はじめに調査しておきたいデータベースである。					

資料名	神奈川県立総合教育センター　小学校国語　教科書題材データベース					
書誌情報／URL	https://kjd.edu-ctr.pref.kanagawa.jp/daizai/					
校種	小学校	○	中学校	—	高校	—
対象年度	1949(昭和24)年～2004(平成16)年					
概要	小学校国語教科書に掲載された題材を検索することができるデータベース。キーワード検索が可能で、「発行年」「出版者(ママ)」「学年」「題材種別」の条件指定も可能。「題材種別」は生活・物語・読書・総合・説明・随想・詩歌・作文・言語・脚本・記録・ローマ字・その他と細分化されている。表示件数が多すぎるとエラーになってしまうため、網羅的に見ることは難しい。					

資料名	読んでおきたい名著案内　教科書掲載作品　小・中学校編					
書誌情報／URL	阿武泉監修　日外アソシエーツ株式会社　2008(平成20)年					
校種	小学校	○	中学校	○	高校	—
対象年度	1949(昭和24)年～2006(平成18)年					
概要	小中学校国語教科書に掲載された文学作品約8,000点を網羅している。掲載された教科書の出版社、掲載年が綿密にまとめられている。巻末に作品名索引が付されている。					

資料名	光村図書　教科書クロニクル				
書誌情報／ＵＲＬ	https://www.mitsumura-tosho.co.jp/chronicle/index.html				
校種	小学校	○	中学校	○	高校	—
対象年度	小学校は1971(昭和46)年～現在、中学校は1955(昭和30)年～現在				
概要	光村図書が各年度版で掲載してきた作品の一覧を見ることができる。一覧表や検索機能はないものの、各年度版の表紙が確認でき、教材名・作者／筆者名を全て記載している。小中学校の教科書会社のHPの中では、最も資料が充実している。				

資料名	小学校・中学校国語科における我が国の言語文化教育 ――伝統的な言語文化教育からの継承と展開について――					
書誌情報／ＵＲＬ	西川学　関西外国語大学研究論集　第111号　2020年3月 https://kansaigaidai.repo.nii.ac.jp/?action=pages_view_main&active_action=repository_view_main_item_detail&item_id=7944&item_no=1&page_id=13&block_id=21					
校種	小学校	△	中学校	○	高校	—
対象年度	2016(平成28)年～2020(令和２年)年					
概要	伝統的な言語文化の系統的な指導という観点から、学習指導要領改訂に伴う教材選定状況を分析した論考。小学校は光村図書、中学校は光村図書・東京書籍について、作品名と内容紹介の一覧表が付されている。作品名や著作者名という観点からはデータを整理することが難しい、古典教材について考える際の参考資料となる。					

資料名	中学校国語教科書教材目録					
書誌情報／ＵＲＬ	吉田裕久編 広島大学教育学部国語教育学研究室 1995(平成7)年・1998(平成10)年					
校種	小学校	—	中学校	○	高校	—
対象年度	1993(平成５)年度版は1993(平成５)年度から1996(平成８)年度まで 1997(平成９)年度版は1997(平成９)年度から2000(平成12)年度まで					
概要	中学校国語教科書に掲載された教材の目録が対象年度ごとに冊子にまとめられている。現在、目録自体は他のデータベースでも知ることができるが、改訂によって各社がどのように教材を引き継ぎ、入れ替えたかが丁寧に手書き線で示された「比較対照表」は労作である。たとえば、1993(平成５)年度版は1984(昭和59)年度・1987(昭和62)年度・1990(平成２)年度・1993(平成５)年度版の目次を同じ頁に載せ、教科書会社ごとの教材異同が一目で分かるよう工夫されている。時期は限定されるものの、1990年代の教科書会社ごとの中学校教材の動静を詳しく知ることができる。また、巻末には教材を作品別・著者別それぞれ五十音順に並べた索引があり、小説だけでなく随筆や詩、古典についても詳細な目録を作っており、これは他のデータ類には見られない特徴である。					

<table>
<tr><th>資料名</th><th colspan="6">読んでおきたい名著案内　教科書掲載作品13000</th></tr>
<tr><td>書誌情報／ＵＲＬ</td><td colspan="6">阿武泉監修　日外アソシエーツ株式会社　2008（平成20）年</td></tr>
<tr><td>校種</td><td>小学校</td><td>—</td><td>中学校</td><td>—</td><td>高校</td><td>○</td></tr>
<tr><td>対象年度</td><td colspan="6">1949(昭和24)年～2006(平成18)年</td></tr>
<tr><td>概要</td><td colspan="6">高等学校国語教科書に掲載された文学作品13,000点を網羅している。掲載された教科書の出版社、掲載年が綿密にまとめられている。また、巻末に作品名索引が付されている。2007年以降の調査は下記「NIER　戦後教科書」データベースと併用する必要があるが、高等学校の教材採録状況について調査する上で、はじめに調査しておきたい資料である。阿武泉は「高等学校国語科教科書における文学教材の傾向」(『国文学　解釈と教材の研究』第53巻13号、2008年9月)にて同年まで調査を継続したと述べているが、データは公開されていないようである。
また、著作となる前身として、2006年までのデータベースのCD－ROMが横浜国立大学図書館に所蔵されている(HL00297970)。</td></tr>
</table>

<table>
<tr><th>資料名</th><th colspan="6">NIER　戦後教科書</th></tr>
<tr><td>書誌情報／ＵＲＬ</td><td colspan="6">国立教育政策研究所　教育図書館
https://nierlib.nier.go.jp/lib/database/TEXTBOOK/advanced/?lang=0</td></tr>
<tr><td>校種</td><td>小学校</td><td>△</td><td>中学校</td><td>△</td><td>高校</td><td>○</td></tr>
<tr><td>対象年度</td><td colspan="6">1949(昭和24)年度～現在
作品・作品名の検索は、高校の平成19（2007）年以降のみ</td></tr>
<tr><td>概要</td><td colspan="6">小・中・高全ての学校種に対応しているが、教科書の書誌情報が中心である。編著者・使用年度・検定年などの詳細な書誌情報を知ることができる。また、小学校のみ教師用指導書の書誌事項も検索することができる。作品名や著者名の検索は高校のみ対応しており、上に挙げた阿武泉の仕事を引き継いだ形でデータが集積されている。そのため、2007（平成19）年以降の高校の教材採録状況について調査する上で、はじめに調査しておきたいデータベースである。ただし、検索可能な【目次あり】と扱われているのは原則として「国語総合」「現代文」「現代文Ａ」「現代文Ｂ」のみで、古典は一部しか検索対象とならない。</td></tr>
</table>

資料名	高等学校国語科現行教科書教材に関する調査 教科書掲載作品リストの作成を通して				
書誌情報／URL	中司貴大　早稲田大学教育国語国文学科卒業論文 2016（平成18）年度 http://www.f.waseda.jp/a-wada/open.html				
校種	小学校	—	中学校	—	高校	○
対象年度	2007(平成19)年～2016(平成27)年				
概要	卒業研究として、阿武泉の研究以降の文学教材の作品リストが公開されている。Excelデータの形で、教科書ごとに作品名・著者名が羅列されており、データの利便性が高い。ただし、近代の文学教材に関する調査研究であるため、「国語総合」も含め、古典教材は対象外となっている。データの分析に基づく論考も閲覧可能。				

資料名	教育図書館レファレンス事例集					
書誌情報／URL	国立教育政策研究所教育研究センター教育図書館　2012（平成24）年 https://www.nier.go.jp/library/ref_jirei.pdf					
校種	小学校	—	中学校	—	高校	—
概要	レファレンスの事例集。「教科書掲載作品を探す」の事例集と、資料編の「教育関係参考文献紹介　教科書関係」の文献紹介が特に有用である。事例集は、データベースや索引類を駆使することで調査可能なことと、教科書の現物を調査するしか方法がないことの線引きが明確であり、教科書・教材について調査研究する際の参考になる。					

資料名	教科書目録情報データベース					
書誌情報／URL	公益財団法人教科書研究センター附属教科書図書館 http://textbook-rc-lib.net/Opac/search.htm?s=-cKZ-xZqMVYzA_3dOR9fO1zB6wh					
校種	小学校	△	中学校	△	高校	△
対象年度	1949(昭和24)年～現在					
概要	小・中・高全ての教科書の書誌事項をまとめたデータベース。掲載された作品や著作者を調べることはできないが、大量のデータも処理が可能で、使用年度の一覧表も比較しやすい。また、特別支援学校の教科書にも対応している。					

執筆者紹介（掲載順）

加藤康子（かとう・やすこ）	元梅花女子大学教授
井上陽童（いのうえ・ようどう）	小平市立小平第十小学校主任教諭
大澤千恵子（おおさわ・ちえこ）	東京学芸大学准教授
松原洋子（まつばら・ようこ）	帝京科学大学教授
田中成行（たなか・なりゆき）	岩手大学准教授
出口久徳（でぐち・ひさのり）	立教新座中学校・高等学校教諭
田中俊江（たなか・としえ）	立教新座中学校・高等学校教諭
愛甲修子（あいこう・しゅうこ）	東京学芸大学附属小金井中学校教諭
手塚翔斗（てづか・しょうと）	福島県立会津学鳳高等学校教諭
赤星将史（あかほし・まさふみ）	大田区立志茂田中学校教諭
数井千春（かずい・ちはる）	東京学芸大学附属小金井中学校教諭
川嶋正志（わかしま・まさし）	共立女子中学高等学校教諭
疋田雅昭（ひきた・まさあき）	東京学芸大学准教授
水野雄太（みずの・ゆうた）	城北高等学校教諭
植田恭代（うえた・やすよ）	跡見学園女子大学教授
中村　勝（なかむら・まさる）	立教新座中学校・高等学校教諭
小仲信孝（こなか・のぶたか）	跡見学園女子大学教授
伊藤かおり（いとう・かおり）	東京学芸大学専任講師
多比羅拓（たひら・たく）	八王子学園八王子高等学校教諭
安松拓真（やすまつ・たくま）	東京都立両国高等学校教諭
菅俊輔（かん・しゅんすけ）	東京学芸大学附属小金井中学校教諭
白勢彩子（しろせ・あやこ）	東京学芸大学教授

編者紹介

石井正己（いしい・まさみ）

1958年、東京生まれ。東京学芸大学教授、一橋大学大学院連携教授、柳田國男・松岡家記念館顧問、韓国比較民俗学会顧問。日本文学・民俗学専攻。
本書に関連する単著に『図説 日本の昔話』『図説 源氏物語』『図説 百人一首』『図説 古事記』『ビジュアル版 日本の昔話百科』（すべて、河出書房新社）、編著に『子どもに昔話を！』『昔話と絵本』『児童文学と昔話』『子守唄と民話』『世界の教科書に見る昔話』（すべて、三弥井書店）、『全訳古語辞典』『全訳学習古語辞典』（ともに、旺文社）、『新・国語の便覧』（正進社）、『文学研究の窓をあける』（笠間書院）、監修に『増補改訂版 絵で見てわかるはじめての古典①～⑩』（学研プラス）などがある。

国語教科書の定番教材を検討する！

令和３（2021）年１月20日　初版発行
令和６（2024）年10月11日　再版二刷発行

定価はカバーに表示してあります。

発行者　吉田敬弥
発行所　株式会社 三弥井書店
〒108-0073　東京都港区三田３－２－39
電話03-3452-8069
振替00190-8-21125

ISBN978-4-8382-3375-5 C0037　整版・印刷　エーヴィスシステムズ